Werner Siepe

Erfolgreiches Ersteigern von Haus oder Wohnung

Leitfaden für Bietinteressenten

Über den Autor

Werner Siepe ist als Dozent für Mathematik an einem Kolleg in Düsseldorf tätig. Darüber hinaus nimmt er seit 1990 einen Lehrauftrag an der ebs IMMOBILIEN-AKADEMIE wahr, einer Weiterbildungsgesellschaft der European Business School in Oestrich-Winkel.

Siepe ist Autor zahlreicher Fachbücher rund um die Immobilie. Im Siepe Verlag sind u.a. die Ratgeber „Leitfaden für Käufer von Häusern und Eigentumswohnungen", „So finanzieren Sie Ihr Eigenheim richtig" sowie „Richtig Steuern sparen mit Haus und Wohnung" erschienen.

ISBN 3-9804805-4-2

1. Auflage August 1997

Herstellung: Druckerei Plump OHG, Rheinbreitbach

Inhaltsverzeichnis

Vorwort

Den Immobilienerwerb durch Zwangsversteigerung kennen die meisten nur vom Hörensagen. Zwar sind Rechtspfleger und Gläubigerbanken mit der Praxis der Zwangsversteigerung aus ihrer Sicht vertraut. Der Bietinteressent steht jedoch, sofern er juristischer Laie auf diesem Gebiet ist, ziemlich ratlos da.

Immobilienerwerb durch Zwangsversteigerung

Hier will dieses Buch eine Lücke schließen, indem es konsequent vom Standpunkt des Bieters aus die Versteigerungspraxis beleuchtet und Hilfe zur Selbsthilfe beim erfolgreichen Ersteigern eines Hauses oder einer Wohnung anbietet. Der vorliegende Ratgeber soll ein „Bieter-Handbuch" sein, quasi eine Do-it-yourself-Anleitung für den Bietinteressenten.

Hilfe zur Selbsthilfe

Nach den einleitenden Kapiteln „Tatsachen statt Gerüchte" und „Zwischen Wunsch und Wirklichkeit" geht es im 3. Kapitel unter dem Stichwort „Information ist alles" zur Sache. Hier finden Sie das Know-how, das Sie beim Ersteigern von Immobilien brauchen. Neben zahlreichen Checklisten und Arbeitshilfen sind auch Beispiele und Fälle aus der Praxis aufgeführt, die ich so selbst erlebt habe.

Know-how des Ersteigerns

Im 4. Kapitel mache ich Sie mit den wirtschaftlichen und rechtlichen Chancen des Ersteigerns sowie den speziellen Stolperfallen vertraut. Im Anhang finden Sie ein kleines Lexikon für Bietinteressenten sowie Dokumente zum Ersteigern einer Eigentumwohnung in Düsseldorf.

Chancen und Risiken

Um die anfangs recht kompliziert anmutende Materie so anschaulich und praxisnah wie möglich darzustellen, habe ich der Versuchung widerstanden, das Zwangsversteigerungsrecht in seiner ganzen Fülle vor Ihnen auszubreiten. Wichtige juristische Fachbegriffe und Paragraphen habe ich daher in den Anhang verbannt.

juristische Fachbegriffe im Anhang

Versteigerungsgeschäft

Aus eigener praktischer Erfahrung weiß ich, daß das Zwangsversteigerungsrecht nur die äußere Form, also lediglich die Prozedur, vorgibt. Der eigentliche Inhalt der Versteigerung - das Versteigerungsgeschäft - ist wirtschaftlicher Natur: Eine Ware, hier die Immobilie, soll in Geld verwandelt werden, wobei der Preis dieser Ware, ähnlich wie bei der Preis- beziehungsweise Kursbildung an der Börse, nicht vorher feststeht, sondern erst im Versteigerungstermin ausgehandelt wird.

Angebot und Nachfrage

Angebot und Nachfrage regeln auch hier den Preis, nur tragen Anbieter und Nachfrager recht seltsam klingende Namen: Der Nachfrager heißt Bietinteressent, während die Aufgabe des Anbieters praktisch von dem Gläubiger (zum Beispiel der Bank) wahrgenommen wird. Der Rechtspfleger schließlich gleicht einem Notar, der für die ordnungsgemäße Abwicklung des Versteigerungsgeschäftes zuständig ist.

Im Einkauf liegt der Gewinn

Für den Bietinteressenten ist dabei erfreulicherweise zu beobachten, daß seit Mitte der neunziger Jahre infolge des großen Angebots an Versteigerungsobjekten relativ niedrige Preise beim Ersteigern erzielt werden können. Getreu dem Kaufmannsspruch „Im Einkauf liegt der Gewinn" kann heute so mancher Bieter beim Amtsgericht sein Schnäppchen machen.

Parallelen

Es gibt folglich eine Parallele zur Situation Mitte der achtziger Jahre, als eine Versteigerungswelle über die Bundesrepublik hereinbrach. Just in dieser Zeit entschloß ich mich zum ersten Mal, eine Immobilie zu ersteigern. Im Juni 1987 erschien dann mein erstes Buch über den Immobilienerwerb durch Zwangsversteigerung. Nach nunmehr zehn Jahren lege ich eine Neuausgabe unter dem Titel „Erfolgreiches Ersteigern von Haus oder Wohnung" vor.

Dank an Rechtspfleger

Viele Tips und Ratschläge, die ich in dem vorliegenden Buch an Sie weitergebe, habe ich den an den Amtsgerichten tätigen Rechtspflegern zu verdanken. Mein besonderer Dank gilt Herrn Justizoberamtsrat Horst Schiffhauer aus Varel, selbst Rechtspfleger und Kommentator des Zwangsversteigerungsgesetzes. In uneigennütziger Weise hat er mich auf sachliche Unklarheiten und Ungenauigkeiten meines im Jahr 1987 erschienenen ersten Ersteigerungsbuches aufmerksam gemacht.

Ich darf meinen Dank an Herrn Schiffhauer und viele Rechtspfleger im Düsseldorfer Raum an dieser Stelle verbinden mit der Bitte, auch weiterhin zur gründlichen Information und Aufklärung der Bietinteressenten beizutragen, damit der Immobilienerwerb durch Zwangsversteigerung endgültig den Ruch des „Dubiosen" und „Undurchsichtigen" verliert.

mehr Transparenz in Sicht

Mit Interesse habe ich von der Gesetzesinitiative der Bundesländer erfahren, nach der das Zwangsversteigerungsverfahren effizienter und für die Bietinteressenten transparenter gestaltet werden soll.

Mut zum Ersteigern

Den Lesern, die noch keine Vorkenntnisse oder praktische Erfahrung im Ersteigern haben, möchte ich mit diesem Buch Mut machen. Sie werden erleben, daß Ihnen vieles in Fleisch und Blut übergeht, wenn Sie einige Versteigerungstermine persönlich wahrgenommen haben. Vielleicht macht Ihnen das Bieten und Ersteigern dann so viel Spaß, daß Sie den Fernseh-Krimi zu Hause gegen knisternde Spannung und Nervenkitzel im Gerichtssaal austauschen. Sie wären nicht der erste, dem es so erginge.

Früher hatte ich von Zwangsversteigerungen selbst keine blasse Ahnung. Ich stand vor der Wahl, entweder mich gründlich zu informieren und dann auch tatsächlich zu ersteigern oder die Finger davon zu lassen. Spätestens nach der Lektüre des Buches wissen Sie, wie ich gewählt habe.

Erkrath, im Juli 1997

Werner Siepe

1. Tatsachen statt Gerüchte: Sind Zwangsversteigerungen ein Buch mit sieben Siegeln?

Das Gefährlichste an den Halbwahrheiten ist, daß fast immer die falsche Hälfte geglaubt wird. HANS KRAILSHEIMER

Bauen, Kaufen und Ersteigern

Bauen oder Kaufen, so heißt die übliche Alternative für den Erwerber eines Hauses oder einer Wohnung. Weitgehend unbekannt ist hingegen das **Ersteigern**, also der Erwerb von Haus oder Wohnung per Zuschlag beim Amtsgericht.

Versteigerungsgerüchte

So nimmt es denn auch nicht wunder, wenn sich um das Ersteigern von Immobilien viele Gerüchte und Halbwahrheiten ranken. Angeblich kämen immer mehr Eigenheime unter den Hammer, bedingt durch Arbeitslosigkeit und die Zunahme von Scheidungen oder Erbstreitigkeiten. Angesichts der Übermacht der Profis hätten Laien beim Ersteigern praktisch keine Chance. Und schließlich: Immobilienmakler oder Banken ersteigerten die Immobilien zum halben Preis oder darunter.

Der oben zitierte Hans Krailsheimer hat schon recht, wenn er sagt, daß von den Halbwahrheiten „fast immer die falsche Hälfte geglaubt wird“. Erstaunlicherweise werden die erwähnten **Versteigerungsgerüchte** besonders intensiv von Leuten verbreitet, die noch nie einen Versteigerungstermin besucht, geschweige denn eine Immobilie ersteigert haben.

Versteigerungspraxis

Die **Versteigerungspraxis** sieht oft ganz anders aus, als einige Medien wahrhaben wollen. Ein eigenes Urteil traue ich mir nach mehr als zehnjähriger Beschäftigung mit der „Versteigerungsszene“ schon zu. Schließlich habe ich bis heute weit über 200 Versteigerungstermine im Raum Düsseldorf besucht und einige Male auch selbst Immobilien ersteigert, obwohl ich weder Makler noch Banker bin. Lassen Sie mich zu Anfang daher Tatsachen statt Gerüchte auftischen.

1.1 Die Versteigerungswelle – lügt die Statistik?

ab 1995 wieder mehr Versteigerungen

Zumindest ein Trend ist klar: Seit Mitte der 90er Jahre steigt die Anzahl der Versteigerungstermine wieder rapide an. Im Jahr 1997 ist mit mindestens 36.000 Terminen zu rechnen, dies sind durchschnittlich 3.000 Termine im Monat oder 150 Termine pro Gerichtstag.

Der von der *Argetra in Ratingen* herausgegebene **Versteigerungskalender** listet die Termine getrennt nach den einzelnen Bundesländern auf. Quelle dieses Kalenders sind die öffentlichen Bekanntmachungen der Gerichte, die beispielsweise in den Amtsblättern der Regierungspräsidenten veröffentlicht werden.

Statistik der Versteigerungstermine

Jahre	Versteigerungstermine insgesamt*
1986	45.100
1987	49.100
1988	45.600
1989	36.900
1990	28.100
1991	22.500
1992	20.800
1993	21.400
1994	21.900
1995	26.200
1996	32.300

** Quelle: Der Versteigerungskalender, Argetra GmbH Verlagsagentur, Ratingen*

Angesichts der seit 1995 sprunghaft ansteigenden Zahlen kann man vom Beginn einer neuen **Versteigerungswelle** sprechen. Im ersten Halbjahr 1997 stiegen die Zwangsversteigerungen gegenüber dem gleichen Zeitraum des Vorjahres um 21 Prozent, und zwar auf rund 19.300 Versteigerungstermine.

neue Versteigerungswelle

Ein Ende ist noch nicht in Sicht. Der Höhepunkt der gegenwärtigen Welle von Immobilienversteigerungen wird wohl erst im Jahr 1998 erreicht.

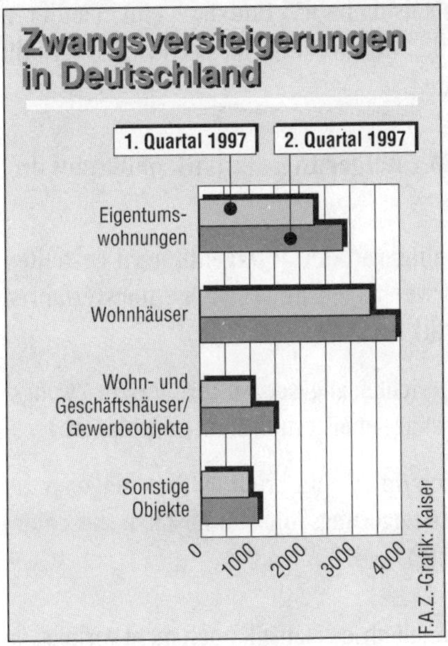

Quelle: Daten Info Service

Neue Versteigerungs-welle in Sicht

Die letzte Versteigerungswelle schwappte in den Jahren 1985 bis 1987 über, die vorletzte Mitte der 70er Jahre. Offenbar ziehen wirtschaftliche Schwächeperioden eine Welle von Versteigerungen nach sich, und zwar mit einer zeitlichen Verzögerung von zwei bis drei Jahren. Der Grund leuchtet ein: Wenn die Immobilienpreise als Spätfolge der Rezession abbröckeln, können notleidende Objekte auf dem freien Markt nicht mehr abgesetzt werden.

Pleitewelle

Die Versteigerungswelle fällt zeitlich fast immer mit der **Pleitewelle** zusammen. So werden im Jahr 1997 knapp 30.000 Konkurse erwartet, so viel wie noch nie in Deutschland. Die Zwangsversteigerung von Immobilien läßt sich zumindest zahlenmäßig mit der zwangsweisen Auflösung von Unternehmen vergleichen, die Ursachen sind naturgemäß verschieden.

30.000 Firmenpleiten und 40.000 Immobilienversteigerungen im Jahr - hat die Statistik recht? Oder ist die Statistik nur „eine große Lüge, die aus lauter kleinen Wahrheiten besteht“? Von Winston Churchill ist der Satz überliefert: „Ich traue nur der Statistik, die ich selbst gefälscht habe". Und nach einem anderen Bonmot ist die Statistik „wie ein Bikini, sie zeigt vieles, verhüllt aber das Entscheidende".

Eine aussagekräftige **Versteigerungsstatistik** müßte aus drei Teilen bestehen:

Versteigerungsstatistik

- Zahl der von Gläubigern oder Miteigentümern gestellten Anträge auf Zwangsversteigerung (Versteigerungsverfahren laut Gerichtsstatistik)
- Zahl der von den Gerichten angesetzten Termine zur Zwangsversteigerung (Versteigerungstermine laut Amtsblättern)
- Zahl der tatsächlich im Termin erteilten Zuschläge an die Meistbietenden (Ersteigerungsfälle laut Zuschlagsbeschlüssen der Amtsgerichte).

Solange eine solche dreigliedrige Statistik noch nicht vorliegt, ist man auf Schätzungen angewiesen. Beispiel: Nach meiner Erfahrung endet nur jeder zweite angekündigte Versteigerungstermin tatsächlich mit der Erteilung des Zuschlags. Die Gründe dafür sind: kurzfristige Aufhebung des Termins durch Rücknahme des Versteigerungsantrags, einstweilige Einstellung des Verfahrens noch im Termin, Versagung des Zuschlags wegen Nichterreichens bestimmter Grenzen oder erfolglose Versteigerung mangels Abgabe von Geboten.

Zweittermine

Außerdem müssen **Zweittermine** für Objekte, die im gleichen Kalenderjahr ein zweites Mal zur Versteigerung anstehen, ausgeschieden werden, um Doppelzählungen zu vermeiden. Geht man von 40.000 Versteigerungsterminen im Jahr 1997 und einer „Zuschlagsquote" von 50 Prozent aus, kommen tatsächlich „nur" 20.000 Immobilien unter den sprichwörtlichen Hammer, also sehr viel weniger als gemeinhin angenommen.

hauptsächlich Wohnimmobilien

Um Mißverständnissen vorzubeugen: 20.000 **Ersteigerungsfälle** sind immer noch zu viel. Etwa zwei Drittel davon entfallen auf Wohnimmobilien, also Eigentumswohnungen, Ein- und Zweifamilienhäuser sowie Mietwohnhäuser, so daß man zur Zeit von rund 13.000 ersteigerten Wohnobjekten im Jahr ausgehen kann.

Eigenheime unter dem Hammer

Schon vor mehr als zehn Jahren ermittelte die awos GmbH aus Bochum im Auftrag des Bundesbauministeriums, daß im Durchschnitt jedes zweite ersteigerte Objekt vorher vom Eigentümer bewohnt war. 7.500 bis 9.000 **Eigenheime** wurden also tatsächlich auf dem Höhepunkt der letzten Versteigerungswelle - im Jahr 1985 - ersteigert.

Da zur Zeit mehr Mietobjekte als Eigenheime unter den Hammer kommen, schätze ich die Zahl der ersteigerten Eigenheime auf „nur" 5.000 pro Jahr. Für rund 10.000 **vermietete Wohnungen** wird der Zuschlag erteilt, der Rest von 5.000 Versteigerungsobjekten entfällt auf **Gewerbeimmobilien** und **unbebaute Grundstücke**.

1.2 Des einen Leid . . . sind Scheidungen die Ursache?

notleidende Eigentümer

„Des einen Leid ist des anderen Freud". Diese Volksweisheit bestätigt sich gerade auch bei Zwangsversteigerungen. Die Leidtragenden sind die in Not geratenen Eigentümer. Welche Gründe liegen bei den **notleidenden Eigentümern** von Haus oder Wohnung aber vor?

zwei Versteigerungsformen

Eine vorläufige Antwort liefern die beiden **Versteigerungsformen** selbst, und zwar die Zwangsversteigerung (auch Vollstreckungsversteigerung genannt) und die Teilungsversteigerung (zuweilen auch als Aufhebungsversteigerung bezeichnet).

Zwangsversteigerung

Zur **Zwangsversteigerung** kommt es, wenn die Eigentümer ihren Zins- und Tilgungsverpflichtungen gegenüber den Gläubigern nicht mehr nachkommen können und ihre Zahlungen einstellen. Folge: Die Gläubiger, also in der Regel die Banken, kündigen die Darlehen und leiten die Zwangsversteigerung ein. Im

Prinzip handelt es sich um eine Vollstreckung in Haus- oder Wohnungseigentum des Schuldners. Daher wird diese Form auch „Vollstreckungsversteigerung“ genannt.

Die Gründe der in finanzielle Not geratenen Eigentümer sind vielfältig. Beispielsweise können die Einnahmen infolge persönlicher Schicksale wie Arbeitslosigkeit oder Krankheit gesunken sein. Es ist aber auch möglich, daß ihnen die Ausgaben für Haus oder Wohnung im Laufe der Zeit auf Grund einer falschen finanziellen Beratung über den Kopf gestiegen sind.

finanzielle Engpässe

Weniger Einnahmen und/oder mehr Ausgaben führen aber zu **finanziellen Engpässen**. Der Bietinteressent sollte es sich verkneifen, die Schuld einseitig dem Schuldner in die Schuhe zu schieben. Überheblichkeit oder Besserwisserei sind völlig fehl am Platz, denn schließlich kann jeder einmal in eine finanzielle Notsituation geraten.

keine Vorverurteilung des Schuldners

Mein Rat: Hüten Sie sich vor einer „Verurteilung“ der Schuldner! Menschenverachtende Sätze wie „Schuldner Müller oder Schulze wird versteigert“ kann ich nur mißbilligen. Es werden Immobilien versteigert und nicht Menschen. Oder sollten die Gierigen unter den Bietinteressenten bereits die Schuldner als „Versteigerungsobjekte“ ansehen? In diesem Falle träfe wohl besser der Satz „Gier frißt Hirn“ zu, und zwar bezogen auf die künftigen Ersteigerer und nicht auf die Noch-Eigentümer.

Was geht mich diese „Moralpredigt“ des Autors eigentlich an, werden Sie als Bietinteressent vielleicht fragen. Die Antwort will ich Ihnen nicht schuldig bleiben: Erstens sollten Sie sich gedanklich in die Lage des in finanzielle Not geratenen Eigentümers hineinversetzen können, um dessen Reaktion Ihnen als Bietinteressent gegenüber zu verstehen. Und zweitens können Sie aus den Fehlern der anderen eine Menge lernen.

Banken sind übrigens mit Erklärungen für die Zunahme von „echten“ Zwangsversteigerungen schnell bei der Hand: Schuld seien vor allem die Ehescheidungen, an zweiter Stelle sei die Arbeitslosigkeit zu nennen, so lautet ihre Diagnose. Doch Zweifel sind angebracht. Oft sollen die genannten Gründe von fahrlässigem Verhalten der Geldgeber ablenken.

Beispiel: Wenn der Eigentümer schon beim Bau oder Kauf finanziell falsch beraten wurde, kann der Traum vom Eigenheim sehr schnell in einem Alptraum enden. Banker geben im vertraulichen Gespräch gerne zu, daß die Ursache von nicht wenigen Zwangsversteigerungen in der falschen Finanzierung zu suchen sei.

Scheidungen als Ursache

Scheidungen als Ursache? Die Tatsache, daß jede dritte Ehe geschieden wird, darf nicht zu falschen Schlüssen verleiten. Wenn die Geschiedenen beispielsweise gemeinsam eine schuldenfreie Immobilie besitzen, kann von finanziellen Engpässen zunächst keine Rede sein.

Teilungsversteigerung

Dennoch kann es zur Versteigerung kommen, weil sich die beiden Ex-Eheleute nicht über das gemeinsame Haus einigen können und einer der beiden Miteigentümer die Versteigerung beantragt. Diese sogenannte **Teilungsversteigerung** (oder Aufhebungsversteigerung) kommt in den letzten Jahren immer häufiger vor. Nicht nur Scheidungen, sondern auch Streitigkeiten unter den Erben von Immobilien können zu diesen „unechten" Versteigerungen führen. Mindestens jede zehnte Versteigerung wird „zum Zwecke der Aufhebung der Gemeinschaft" durchgeführt, wie die Juristen formulieren. Mit anderen Worten: Einer der Ex-Ehegatten oder der Erben ist es „leid", die ohnehin zerstrittene Gemeinschaft fortzuführen.

Eigentümer- contra Bieterinteressen

Als betroffener Eigentümer finden Sie viele nützliche Ratschläge in einem Buch über Teilungs- und Zwangsversteigerungen, das Anfang 1998 ebenfalls im Siepe Verlag erscheint. In dem vorliegenden Buch möchte ich vor allem die Bietinteressenten ansprechen, die sich für „echte" Zwangsversteigerungen interessieren. Die Teilungsversteigerungen sind für Dritte unter den Bietern in der Regel weniger attraktiv, da meist einer der Eigentümer unbedingt die Immobilie ersteigern oder zumindest durch eigenes Bieten den Preis hochtreiben will. Ausnahmen bestätigen selbstverständlich die Regel. So kann es beispielsweise vorkommen, daß die Eigentümer nur Geld sehen wollen und keine oder nur sehr geringe eigene Gebote abgeben.

Groß ist auch die Enttäuschung bei Dritten, falls sich die Eigentümer noch im Laufe des oft langwierigen Verfahrens zur Teilungsversteigerung einigen und den Versteigerungstermin „abblasen".

Kehren wir zurück zu der Frage nach den Ursachen von Zwangsversteigerungen. In ihrem bereits 1985 veröffentlichten Gutachten „Perspektiven der Wohnungsfinanzierung" kommt die GEWOS-Kommission (GEWOS = Gesellschaft für Wohnungs- und Siedlungswesen) zu dem Ergebnis, daß nur in jedem siebten Fall (in 59 von 415 untersuchten Zwangsversteigerungsfällen) Ehescheidung als **personenbezogene Ursache der Zwangsversteigerung** genannt wurde (siehe Tabelle „Personenbezogene Ursachen der Zwangsversteigerungen").

Arbeitslosigkeit als Ursache

Es mag vielleicht überraschen, daß laut Tabelle auch die **Arbeitslosigkeit** nur in jedem siebten Fall als Grund für die finanziellen Nöte genannt wird. Doch mit dieser Analyse steht die GEWOS-Kommission nicht allein. Auch die schon oben erwähnte awos-Studie kommt zu dem Schluß, daß Ehescheidungen und Arbeitslosigkeit bei der Verursachung von Zahlungsschwierigkeiten einen wesentlich niedrigeren Stellenwert besitzen, als in der öffentlichen Diskussion und in den Stellungnahmen der Kreditwirtschaft unterstellt wird.

Wo liegt aber dann die Hauptursache? Nach GEWOS ist es die ungünstige Einkommensentwicklung (in 213 von 415 Fällen), nach awos führten in einem Drittel der Fälle die Einkommensrückgänge maßgeblich zu den Zahlungsschwierigkeiten.

In zwei Drittel der Fälle liegen die Gründe nach awos in einer **Fehlplanung der Anfangsbelastung** (beispielsweise Pla-

Personenbezogene Ursachen der Zwangsversteigerungen

Ursachen	Einfamilien-haus	Sonstige Objekte	Keine Angabe	Gesamt absolut	Gesamt in Prozent
Ungünstige[1] Einkommensentwicklung	113	98	2	213	51
Nebeneinkünfte nicht dauerhaft erzielbar	6	11	-	17	4
Wegfall des Einkommens eines Angehörigen	11	7	-	18	4
Überschätzung der möglichen Eigenleistung	11	13	-	24	6
Nachträgliche Baukostenerhöhung	22	9	-	31	7
Nachträgliche, wesentliche Zinserhöhung	8	4	-	12	3
Nachträgliche Erhöhung des Wohngeldes/ Erbbauzinses usw.	-	-	-	-	-
Ehescheidung	28	31	2	59	14
Krankheit/Tod	11	11	-	22	5
Arbeitslosigkeit	35	21	-	56	13
Sonstige Gründe	91	78	2	171	41
keine Angabe	9	10	-	19	5
Gesamt	345	293	4	642	152[2]
in Prozent	54	46	1	101	

1) Das heißt: Hinter den Erwartungen zum Zeitpunkt des Kaufs zurückgeblieben.
2) Prozentnotierung bezogen auf die Gesamtzahl der Fälle
Mehrfachnennungen waren möglich (maximal zwei); die Nennungen beziehen sich auf 415 Fälle. Die Addition der prozentualen Gewichte der einzelnen Argumente ist wegen Mehrfachnennung nicht ohne weiteres möglich.

Quelle: Perspektiven der Wohnungsfinanzierung, Gutachten einer unabhängigen Kommission der Arbeitsgemeinschaft Deutscher Verband für Wohnungswesen, Städtebau und Raumplanung e. V. und GEWOS e. V. Gesellschaft für Wohnungs- und Siedlungswesen e. V, Bonn, im September 1985

nungsfehlleistungen durch Dritte, Nachfinanzierung infolge fehlenden Eigenkapitals oder nicht erbrachter Selbsthilfeleistungen) sowie in **Belastungssteigerungen über die Zeit** (zum Beispiel Zinserhöhungen bei variablen Zinssätzen oder bei Ablauf einer zu kurzen Zinsfestschreibungsfrist, schrittweiser Abbau der öffentlichen Förderung, Nachsparen bei noch nicht angesparten Bausparverträgen). Die betroffenen Eigentümer machen laut awos überwiegend die **falsche finanzielle Beratung** durch Bauträger sowie Immobilien- und Finanzierungsmakler für die Zahlungsprobleme verantwortlich.

falsche Finanzierung als Ursache

Auf dem Höhepunkt der Versteigerungswelle Mitte der 80er Jahre meinte der Vorsitzende des Verbandes der Privaten Bausparkassen, die Zwangsversteigerungen ließen sich „überwiegend auf falsche Finanzierung zurückführen". Die häufigsten Fehler seien, so der Verbandsvorsitzende damals, „zu hohe Verschuldung, zu kurze Zinsbindung, zu wenig Eigenkapital".

falsche Versprechungen von Anbietern und Vermittlern

In der Tat begehen viele ehemalige Bauherren und Käufer bereits in der Bau- beziehungsweise Kaufphase schwere finanzielle Fehler. Auch heute fallen immer noch - oder schon wieder - zu viele Eigentümer auf die Versprechungen von Bauträgern, Immobilienverkäufern, Anlageberatern, Maklern oder Bankern herein, daß Bauen und Kaufen auch mit wenig oder sogar ohne Eigenkapital möglich sei, oder daß man, so die beliebte Masche bei den völlig überteuerten Steuersparmodellen, mit ersparten Steuern mühelos Grundvermögen bilden könne. Von diesen Halbwahrheiten wird tatsächlich nur die falsche Hälfte geglaubt.

geplatzte Bauherren- oder Bauträgermodelle

Auch intelligente Leute oder gut verdienende Kapitalanleger haben in der Vergangenheit zu viel geglaubt und zu wenig gewußt. Sie erwarben Immobilien zu Spitzenpreisen und teilweise zu Spitzenzinsen (etwa Anfang der 80er oder 90er Jahre), aber die versprochenen hohen Steuerersparnisse oder hohen Mieten erzielten sie nicht. Die geplatzten Bauherren- oder Bauträgermodelle der 80er und 90er Jahre sind daher oft der Grund für eine spätere Zwangsversteigerung bei Eigentumswohnungen.

Viele Hauseigentümer, die in **Zahlungsschwierigkeiten** geraten sind, haben sich übereilt und ohne ausreichende finanzielle Vorüberlegungen in das Abenteuer „Grundbuch statt Sparbuch" gestürzt und dabei wichtige Investitions- und Finanzierungsregeln sträflich mißachtet.

Preisrückgang als Ursache

Selbstverständlich soll außer den bisher genannten Gründen nicht der **Preisrückgang bei Immobilien** seit 1995 vergessen werden, der es vielen Eigentümern unmöglich machte, ohne Verluste noch schnell zu verkaufen.

Die Ursachen der neuerlichen Versteigerungswelle sind also sowohl personenbezogen (Einkommensverluste, falsche finanzielle Beratung) als auch objektbezogen (Wertrückgang und schlechtere Vermietbarkeit). Damit Sie nicht selbst einmal die Fehler der anderen wiederholen, möchte ich Ihnen einige Grundregeln an die Hand geben, die Sie beim Bauen, Kaufen oder Ersteigern von Haus oder Wohnung beachten sollten.

Grundregeln beim Bauen, Kaufen oder Ersteigern

- Bewahren Sie sich ein gesundes Mißtrauen gegenüber Bauträgern, Immobilienverkäufern, Anlageberatern, Maklern und Bankern! („Das Mißtrauen ist die Mutter der Sicherheit", sagt man in Frankreich)
- Täuschen Sie sich nicht selbst, indem Sie Ihr Eigenkapital oder Ihr nachhaltig erzielbares Einkommen zu hoch ansetzen, sondern rechnen Sie vorsichtig!
- Lassen Sie sich von einem wirklich unabhängigen und fachlich versierten Immobilien- und Finanzierungsberater die tatsächliche monatliche Belastung für zehn Jahre und mehr ausrechnen, oder werden Sie selbst Fachmann auf diesem Gebiet!
- Lassen Sie sich von einem guten Steuerberater die tatsächliche Steuerersparnis ausrechnen, oder machen Sie sich selbst schlau auf diesem Gebiet!
- Handeln Sie anders als die Masse, handeln Sie antizyklisch. Das heißt: Hände weg von Immobilien in Phasen hoher Preise, hoher Zinsen und hoher Nachfrage (etwa 1990/91)!

- Suchen Sie nach Schnäppchen in Phasen niedriger Preise, niedriger Zinsen und geringer Nachfrage (1997/98)! Schwimmen Sie gegen den Strom!

1.3.... des andern Freud – ersteigern nur Makler und Banken?

„Die Konkurrenz ist groß. Ausgebuffte Makler bieten ebenso mit wie die Vertreter der Gläubigerbank", meldet die Zeitschrift „Plus" in ihrer Juni-Ausgabe 1997 unter der Überschrift „Gekonnt zuschlagen".

angebliche Übermacht der Profis

„Börse Online" wird in der Ausgabe Nr. 25/96 (Juni 1996) noch deutlicher: „Angesichts der Übermacht der Professionellen bei Versteigerungsterminen finden Privatleute nur noch in einem von hundert Fällen ihr ganz persönliches Schnäppchen".

Bei diesen Aussagen kann ich mir nur verwundert die Augen reiben. Woher nehmen diese Schreiber nur ihre Erkenntnisse? Ich bin mir sicher, daß kein Schreiber solch unsinniger Zeilen die Versteigerungspraxis kennt.

Privatleute als Ersteigerer

Beispiel: Wenn Privatleute nur in einem von hundert Fällen zum Zuge kämen, wären sie schnell von der Bildfläche verschwunden. Die Wirklichkeit sieht aber völlig anders aus: In den Gerichtssälen tummeln sich immer mehr private Interessenten, die weder Makler noch Banker sind. Meist kommt auch der **Ersteigerer** aus den Reihen der Privatleute.

Rechtspfleger erteilen Zuschlag

Wer ein Haus oder eine Wohnung ersteigert, hat den Zuschlag auf das von ihm abgegebene Meistgebot vom **Rechtspfleger** erhalten. Beamtete Rechtspfleger führen also die Versteigerungstermine beim Amtsgericht durch und erteilen den Meistbietenden den Zuschlag. Wer als Journalist in Presse, Rundfunk oder Fernsehen von „Amtsrichtern" oder „Auktionatoren" schwafelt, beweist damit nur seine eigene Unkenntnis. Der Rechtspfleger - das unbekannte Wesen? Wohl nur für Leute, die sich in der Versteigerungsszene nicht auskennen und noch nie einen Versteigerungstermin hautnah erlebt haben.

Sicherlich, auch **Immobilienmakler** können im Versteigerungstermin mitbieten und für sich selbst oder ihre Kunden eine Immobilie ersteigern. Meist scheuen sie jedoch den enormen Zeitaufwand im Vorfeld des Termins. Falls ihr Kunde selbst bietet, muß er keineswegs den Zuschlag erhalten. Wird er überboten, war die Maklermühe umsonst. Erhält der Kunde des Maklers aber glücklicherweise den Zuschlag, steht dem Makler die Provision nur zu, falls dies auch für den Sonderfall des Ersteigerns und nicht nur für den „rechtsgeschäftlichen Erwerb“ durch Kauf einer Immobilie per notariellen Kaufvertrag vorher schriftlich vereinbart war.

Immobilienmakler als Bieter

Vielen Maklern fehlt einfach auch das Know-how des erfolgreichen Ersteigerns. Andererseits sind mir einige Immobilienmakler bekannt, die sich in der Versteigerungspraxis gut auskennen und eine Immobilie preisgünstig für sich selbst ersteigern wollen. Die Furcht vor „ausgebufften“ Maklern sollte Ihnen jedenfalls ebenso fremd sein wie mir.

Die Hauptkonkurrenten in meinen eigenen Ersteigerungsfällen waren nicht unter den Maklern, sondern unter den anderen privaten Bietern oder den Vertretern der Gläubigerbanken auszumachen. Sie ahnen es sicherlich längst: Auch ich zähle zu den Privatleuten. Ich war und bin weder Makler noch Banker und werde es in Zukunft sicherlich auch nicht werden. Berührungsängste mit Maklern oder Bankern kenne ich nicht, und eine generelle Makler- oder Bankenschelte möchte ich auch nicht betreiben.

hauptsächliche Bietkonkurrenten

Nach der schon etwas älteren GEWOS-Untersuchung ersteigerte die **Gläubigerbank** in 30 Prozent der Fälle die Immobilie selbst. Meist aber nur notgedrungen, weil das Bietinteresse oder die Gebote allzu gering waren.

Gläubigerbank als Ersteigerer

Wenn man noch die drei Prozent der Fälle berücksichtigt, in denen der Schuldner oder Miteigentümer ersteigert, bleiben noch 67 Prozent der Fälle übrig. Das heißt, in zwei von drei Fällen ersteigert ein Dritter, und dies ist meistens ein Privater und kein Makler.

Warum reißen sich aber die Banken im Versteigerungstermin nicht um die notleidenden Objekte? Die Antwort ist eigentlich ganz einfach: Die Banken hoffen, daß ein Dritter mindestens 70 Prozent des Verkehrswertes bietet oder doch wenigstens so viel, daß sich die Alternative „Selbst ansteigern und dann selbst verwerten" schon aus Kostengründen nicht lohnt. Schließlich kann es ja nicht zu den Hauptaufgaben der Banken gehören, mit Immobilien zu handeln.

70-Prozent-Grenze

Die **70-Prozent-Grenze** besitzt für die Gläubigerbanken noch eine zusätzliche Bedeutung. Wenn der Gläubiger die Immobilie niedrig ansteigert und anschließend unter 70 Prozent des Verkehrswertes an einen Dritten weiterverkauft, müssen dem Schuldner dennoch 70 Prozent des Verkehrswertes angerechnet werden. Im Klartext heißt das: Der Schuldner wird in diesem Fall vom an sich noch höheren Verlust befreit.

Befriedigungsfiktion

Auf Grund dieser Vorschrift (wir lernen sie später noch unter dem geheimnisvollen Namen **„Befriedigungsfiktion"** laut § 114 a des Zwangsversteigerungsgesetzes kennen) liegt es für die Gläubigerbanken näher, die Immobilie schon im ersten Versteigerungstermin zu mindestens 70 Prozent des Verkehrswertes einem Dritten zu überlassen.

Angst vor Banken oder Profis ist daher unbegründet. Wer ist in der Versteigerungsszene schon Profi, und wer ist Amateur? Ich kenne viele Amateure (darunter Handwerker, Beamte und selbst Pfarrer), die ein Haus oder eine Wohnung ersteigert haben, nachdem sie sich das notwendige Wissen beschafft hatten. Dazu fällt mir ein Wort von Dean Cromwell ein: „Viele Amateure können getrost schwören, keine Profis zu werden - sie sind es bereits".

Halten Sie sich von Zeitgenossen fern, die Ihnen einreden wollen, es gäbe Profi-Methoden, wie man in 90 Minuten - gemeint ist der Versteigerungstermin – das Geschäft seines Lebens macht. Meiden Sie außerdem jeden Kontakt mit **„Versteigerungshaien"**, die sich an Schuldner unter dem Deckmantel der Nächstenliebe heranmachen. Das Ziel dieser „Nothelfer der letzten Stunde" ist immer gleich: Sie wollen die Immobilie zum günstigsten Preis selbst ersteigern und scheuen dabei vor faulen Tricks nicht zurück.

Vorsicht vor Versteigerungshaien

- Fürchten Sie weder Banken noch angebliche Profis! Sie haben nur dann starke Konkurrenten, wenn diese bereit sind, Sie zu überbieten! Das Bieten kann man nicht verbieten!
- Nehmen Sie Versteigerungstermine übungshalber wahr, beobachten und lernen Sie! Sammeln Sie so viele eigene praktische Erfahrungen wie möglich! Werden Sie ein guter Amateur!

1.4. Schnäppchen, Schnäppchen, Schnäppchen – werden Immobilien verschleudert?

„ Ersteigern für 30% bis 50 % unter dem Verkehrswert" verspricht die Informationszeitschrift eines Duisburger Maklers, der alle zur Versteigerung anstehenden Immobilien in der Region auflistet. „Häuser für die Hälfte" – so hieß die Schlagzeile in einer Beilage der Bild am Sonntag, in der noch hinzugefügt wurde: „Ein einsamer Rekord: Ein Rentner ersteigerte für 2.000 DM im niederrheinischen Viersen ein Haus, das einmal mit 370.000 DM gehandelt worden war".

Immobilien zu Schleuderpreisen?

Werden Immobilien zu **Schleuderpreisen** versteigert? Gibt es keine Grenze nach unten? Ich kann nur eindringlich warnen: Fallen Sie nicht auf Bauernfänger herein, die als „billiger Jakob" in Zwangsversteigerungen auftreten. Lassen Sie sich mehrere Erfolgsbeispiele geben und nehmen Sie Kontakt mit dem tatsächlichen Erwerber auf! Sie werden sich womöglich wundern . . .
Dazu ein Beispiel: Ein „Repräsentant für Immobilien aus

Vorsicht vor Bauernfängern

Zwangsversteigerungen" bot per Kleinanzeige seine Dienste an. Als Nachweis dafür, daß „der Erwerb einzelner Objekte durchaus für rund 10 bis 50 Prozent des Wertes realisierbar" sei, wurde unter anderem eine Eigentumswohnung mit einem Verkehrswert von 85.000 DM genannt, die angeblich für 16.138,82 DM(!), also für 19 Prozent des Verkehrswertes, ersteigert wurde.

Bluff mit 19 Prozent

Tatsache oder Gerücht? Aus dem Zuschlagsbeschluß des betreffenden Amtsgerichts geht hervor, daß der Erwerber selbst Gläubiger war und daß die Summe aus besagten 16.138,82 DM und der Restforderung mindestens fünfzig Prozent des Verkehrswertes betrug. Übrigens: Kurze Zeit später kamen mehrere der besagten Objekte erneut unter den Hammer.

Sicher: Jeder Ersteigerer will das vielzitierte **Schnäppchen** beim Amtsgericht machen. Dagegen ist auch nichts einzuwenden. Was aber beim Immobilienerwerb ein Schnäppchen ist, darüber kann man durchaus geteilter Meinung sein. Als Verbraucher wissen Sie, was ein Schnäppchen ist. Sie kaufen eine Ware preisgünstig ein. Das heißt, der von Ihnen tatsächlich gezahlte Preis liegt unter dem üblichen Marktpreis.

Schnäppchenpreise bei Immobilien

Was liegt näher, als diese einfache Schnäppchenregel auf den Kauf von Häusern und Wohnungen ebenfalls anzuwenden? Schnäppchenpreise bei Immobilienkäufen liegen also dann vor, wenn die gezahlten Preise unter den ortsüblichen Marktpreisen für vergleichbare Objekte liegen. Das Problem: **Ortsübliche Vergleichspreise** lassen sich bei Immobilien nicht immer einfach ermitteln. Die **Preisspiegel** der Maklerverbände RDM (Ring Deutscher Makler) und VDM (Verband Deutscher Makler) liefern nur einen groben Anhaltspunkt. Und quasi-amtliche Preisspiegel der Städte und Gemeinden in Anlehnung an die bekannten Mietspiegel existieren nicht.

Kaufpreissammlungen

Am ehesten können Ihnen noch **Kaufpreissammlungen** der örtlichen Gutachterausschüsse helfen, die Auskunft geben über die notariell beurkundeten Preise für Immobilienkäufe in der jüngsten Vergangenheit. Leider erstellen weder Gutachterausschüsse noch Gerichte eine Statistik über die **Ersteigerungspreise**.

Steigpreis und Verkehrswert

Es ist gang und gäbe, den Ersteigerungspreis (kurz „Steigpreis") in Prozent des Verkehrswertes auszudrücken und dann bei Prozentsätzen von 70 bis 80 Prozent von „Schnäppchen" zu sprechen. Diese sehr einfache Methode eignet sich aber nur dann, wenn der vom Gutachter geschätzte **Verkehrswert** in etwa dem ortsüblichen Marktpreis entspricht.

überhöhte Verkehrswerte

Nicht selten sind die Verkehrswerte überhöht, weil die Gutachten schon ein Jahr oder mehr zurückliegen und die Immobilienpreise mittlerweile nachgegeben haben. Es kann auch sein, daß der Gutachter schwere Mängel des Versteigerungsobjektes gar nicht berücksichtigen konnte, da ihm eine Innenbesichtigung vom Eigentümer verwehrt wurde.

zu niedrige Verkehrswerte in Ausnahmefällen

Auch das Umgekehrte kann vorkommen. So liegen die Verkehrswerte von älteren Gutachten in Zeiten stark steigender Immobilienpreise eher auf zun niedrigem Niveau. Oder der Gutachter hat die besonderen Vorzüge der Immobilie mangels Innenbesichtigung gar nicht würdigen können.

Ein Ersteigerungspreis in Höhe von 80 Prozent des Verkehrswertes kann im ersten Fall (sinkende Preise, keine Preisabschläge für Mängel) also fast schon zu viel sein. Wer hingegen im zweiten Fall (steigende Preise, keine Zuschläge für besondere Ausstattung) eine Immobilie zum Verkehrswert oder gar etwas darüber ersteigert, kann durchaus ein Schnäppchen machen.

unsinnige Prozentregeln

Zuweilen kursiert noch das Gerücht, daß im ersten Versteigerungstermin mindestens 70 Prozent des Verkehrswertes geboten werden müßten. Im zweiten Termin reichten 50 Prozent, und im dritten Termin könnte man dann die Immobilie gar unter 50 Prozent ersteigern. Erst eins, dann zwei, dann drei - wer an solchen kolportierten Unsinn glaubt, der zuweilen gar von Rechtsanwälten erzählt wird, ist selbst schuld.

Richtig ist vielmehr, daß ein Bieter, der nicht gleichzeitig Gläubiger ist, im ersten Versteigerungstermin bei Geboten unter 50 Prozent des Verkehrswertes keinen Zuschlag erhalten kann. Diese **50-Prozent-Grenze** dient dem Schuldnerschutz und soll Verschleuderungen verhindern. Gilt die 50-Prozent-Grenze in einem späteren Zweittermin nicht mehr, ist ein Ersteigern unter 50 Prozent des Verkehrswertes zwar theoretisch möglich. In der Praxis wird die Gläubigerbank dies durch eigenes Mitbieten aber verhindern.

50-Prozent-Grenze als Schuldnerschutz

Nur in ganz seltenen Fällen geschieht dies nicht. Ein Verschleudern des Eigentums ist aber nach Urteilen des Bundesfinanzhofes und des Bundesverfassungsgerichtes auch dann verboten, wobei die **Verschleuderungsgrenze** vom Einzelfall abhängt und im Durchschnitt bei 30 bis 40 Prozent des Verkehrswertes anzusetzen ist. In nur zwei von über 200 Versteigerungsterminen habe ich es selbst erlebt, daß der Steigpreis im Zweittermin unter 50 Prozent des Verkehrswertes (nämlich 34 bzw. 40 Prozent) lag. Nach einer Untersuchung der GEWOS geschah dies in sechs Prozent der Fälle, in denen ein Dritter ersteigerte.

Verschleuderungsgrenze

Sehr viel bedeutsamer für Bietinteressenten ist die schon einmal erwähnte **70-Prozent-Grenze**, die ebenfalls im ersten Versteigerungstermin zu beachten ist. Wenn Sie mindestens 50 Prozent, aber weniger als 70 Prozent des Verkehrswertes bieten, kann die Gläubigerbank, die durch Ihr Gebot einen Ausfall erleiden würde, einen Antrag auf Versagung des Zuschlags stellen. Sie wird von diesem Antragsrecht in fast allen Fällen Gebrauch machen. Stellt sie den Antrag, muß der Rechtspfleger dem Antrag auch stattgeben.

70-Prozent-Grenze als Gläubigerschutz

Die 70-Prozent-Grenze soll in erster Linie dem Gläubigerschutz dienen. Indirekt hilft sie auch dem Schuldner, denn die Praxis zeigt, daß Ersteigerungspreise unter 70 Prozent des Verkehrswertes die große Ausnahme bleiben. Je höher aber der Steigpreis, desto geringer sind die Restschulden aus Sicht des Schuldners bzw. die möglichen Ausfälle aus Gläubigersicht.

Auch wenn Immobilien nicht zu Schleuderpreisen versteigert werden, sind Zwangsversteigerungen sowohl für die Schuldner als auch für die Gläubiger häufig mit erheblichen Nachteilen verbunden. Da die **Versteigerungserlöse** nach der allerdings noch aus dem Jahre 1986 stammenden awos-Studie durchschnittlich nur 70 Prozent der Verkehrswerte, diese wiederum nur circa 70 Prozent der Anschaffungs- beziehungsweise Herstellungskosten betragen, deckt das Versteigerungsergebnis durchschnittlich nur die Hälfte der Gestehungskosten ab.

Höhe der Versteigerungserlöse

Infolgedessen wird beim Schuldner nicht nur das Eigenkapital aufgezehrt, sondern es ergibt sich für ihn in der Regel sogar ein „negatives" Eigenkapital. Das heißt, nach dem Verlust des Wohneigentums und des dafür eingesetzten Eigenkapitals verbleiben für ihn noch **Restschulden** in einer Größenordnung von 50.000 bis 200.000 DM (siehe Gutachten der GEWOS-Kommission und awos-Studie). Es ist also nicht so, wie viele glauben, daß der Schuldner nach der Versteigerung automatisch von der Restschuld befreit ist. Er bleibt vielmehr noch jahre- und jahrzehntelang auf seinem Schuldenberg sitzen.

Verluste für Schuldner

Die Gläubiger erleiden endgültige Kapitalausfälle dann, wenn sie selbst ansteigern und beim anschließenden Weiterverkauf weniger als 70 Prozent des Verkehrswertes erzielen, denn die Differenz zwischen 70 Prozent des Verkehrswertes und niedrigerem Verkaufspreis kann nach Beendigung des Verfahrens, wie schon erwähnt, gegenüber dem Schuldner nicht mehr geltend gemacht werden. Nach dem GEWOS-Gutachten wurde in 40 Prozent der Fälle, in denen die Gläubigerbank ersteigerte, der Betrag von 70 Prozent des Verkehrswertes bei der Weiterveräußerung nicht erreicht.

Kapitalausfälle für Gläubiger

Falls das Objekt von Dritten ersteigert wird und der Steigpreis unter den aktuellen Schulden einschließlich der Zins- und Tilgungsrückstände liegt, erwirbt die Gläubigerbank eine **Restforderung** gegenüber dem Schuldner. Die awos-Studie schätzt die Ausfälle pro Objekt für einzelne Gläubiger auf 35.000 bis 50.000

Restforderungen gegenüber Schuldner

DM, falls das Objekt von Dritten ersteigert wurde, und bemerkt, daß diese Forderungen gegen den Schuldner zumeist erst nach Ablauf einiger Jahre weiter verfolgt oder an Inkassoorganisationen abgetreten werden.

Schnäppchen: ja, aber

Halten wir fest: Schnäppchen sind beim Immobilienerwerb aus Zwangsversteigerung jederzeit möglich. Doch nicht jede Ersteigerung von Haus oder Wohnung stellt ein Schnäppchen dar. Dies gilt vor allem in den Fällen, wo der Steigpreis nur unwesentlich vom deutlich überhöhten Verkehrswert abweicht.

Die Zeiten für Schnäppchenjäger sind seit 1996 wieder besser geworden, da die Anzahl der Versteigerungstermine rasant zunimmt und gleichzeitig das Bieterinteresse infolge gesunkener Kaufkraft wieder etwas nachläßt.

Spitzenpreise Anfang der 90er Jahre

Verschenkt oder gar verschleudert wird auf dem Spezialmarkt für Immobilienversteigerungen aber nichts. Anfang der 90er Jahre erreichten die Steigpreise infolge eines immensen Bieterinteresses und eines gleichzeitig geringen Angebots von Versteigerungsobjekten sogar Spitzenwerte. Man konnte sich des Eindrucks nicht erwehren, daß Ersteigern damals teurer war als der klassische Kauf von Immobilien auf dem freien Markt. Seit Mitte der 90er Jahre hat sich der Trend nach meinen Beobachtungen aber wieder umgekehrt.

- Seien Sie mißtrauisch gegenüber sensationell geringen Erwerbspreisen bei Zwangsversteigerungen! Beschäftigen Sie sich nicht weiter damit oder überpüfen Sie alles sehr genau!
- Wollen Sie den tatsächlichen Erwerbspreis für ein ersteigertes Objekt wissen, fragen Sie am besten den Erwerber selbst und lassen Sie sich evtl. den Zuschlagsbeschluß von ihm zeigen!
- Schnäppchen beim Amtsgericht machen Sie nur, wenn Ihr Ersteigerungspreis unter ortsüblichen Vergleichspreisen liegt! Hüten Sie sich davor, den vom Gericht festgesetzten Verkehrswert als alleinigen Maßstab zu nehmen!

2. Zwischen Wunsch und Wirklichkeit: Das magische Viereck des Bietinteressenten

Zu mancher richtigen Entscheidung kam es nur, weil der Weg zur falschen gerade nicht frei war. HANS KRAILSHEIMER

Der übliche Weg: Bauen oder Kaufen

Wer auf der Suche nach einem Haus oder einer Wohnung ist, stürzt sich in der Regel auf die Flut von Kleinanzeigen in der Mittwoch- oder Samstagausgabe seiner Tageszeitung und nimmt Kontakt mit dem Eigentümer, Bauträger oder Makler auf. Vielleicht hört er sich auch noch bei seiner Hausbank und im Bekanntenkreis um. Zugegeben, auch ich habe auf diese Weise jahrelang gehandelt und auch zugegriffen, als ich unbedingt bauen beziehungsweise kaufen wollte.

Der andere Weg: Ersteigern bei Gericht

Nach einigen Enttäuschungen über zu teure Privat- und Maklerangebote bin ich dann vor gut zehn Jahren, anläßlich eines Gerichtsbesuchs, mehr zufällig auf die Möglichkeit, Immobilien beim Amtsgericht preisgünstig zu ersteigern, gestoßen.

magisches Viereck des Bieters

Die erste Immobilie ersteigerte ich 1985, weitere folgten später und mein letztes Schnäppchen datiert vom Frühjahr 1997. Damit der Traum vom so oft zitierten Schnäppchen beim Amtsgericht auch für Sie kein Alptraum wird, sollten Sie sich allerdings zunächst über Ihre persönlichen Wünsche klar werden. Das richtige Objekt am richtigen Ort zum richtigen Zeitpunkt und zu einem günstigen Preis muß Ihr Ziel sein. Um dieses **„magische Viereck“** des Bieters erst einmal richtig kennenzulernen, sollten Sie das nächste Kapitel aufmerksam lesen.

2.1 Persönliche Immobilienwünsche und angebotene Versteigerungsobjekte

Klären Sie zunächst, was Sie überhaupt ersteigern wollen. Sehen Sie sich dazu die „Checkliste Objekt“ auf den Seiten 33 und 34 an. Konzentrieren Sie sich insbesondere auf die Punkte Objektart, Nutzungsart, Größe und Baujahr. Legen Sie sich aber auch nicht zu sehr fest, sonst klaffen Wunsch (zum Beispiel freistehendes Einfamilienhaus zum Selbstbewohnen oder Mietwohnhaus) und Wirklichkeit (unerschwinglicher Preis) doch zu sehr auseinander.

Versteigerungsobjekte sind keine Schrottimmobilien

Können die angebotenen **Versteigerungsobjekte** Ihre Wünsche denn überhaupt erfüllen? Es gibt viele Leute, die dies glattweg verneinen, da sie glauben, es würden ja doch nur „Schrottimmobilien", die keiner haben will, versteigert. Sie vergessen dabei, daß die Ursache für eine Zwangsversteigerung in erster Linie bei dem in finanzielle Bedrängnis geratenen Eigentümer und nicht in der Minderwertigkeit des Objekts zu suchen ist.

Eine zur Versteigerung anstehende Immobilie kann sogar neuwertig sein. So wurden beispielsweise Ende April 1997 insgesamt 16 Neubau-Eigentumswohnungen in Herrsching am Ammersee versteigert, da der Bauträger pleite ging und die Gläubigerbank den Bau noch fertigstellen ließ. Es werden also nicht nur „alte Hütten" und „vergammelte Wohnungen" versteigert.

Am Amtsgericht Düsseldorf kommen seit Mitte der 90er Jahre immer noch geplatzte Bauherrenmodelle aus den 80er Jahren unter den Hammer. Wer von zur Zwangsversteigerung anstehenden Eigentumswohnungen, die im Bauherrenmodell errichtet wurden, auf mindere Bau- und Ausstattungsqualität schließt, hat die wahren Gründe für eine Versteigerung nicht verstanden.

persönliche Objektstrategie

Meine ganz persönliche **Objektstrategie** möchte ich Ihnen nicht vorenthalten. Da ich mittlerweile schon mein zweites Eigenheim mit meiner Familie bewohne, scheidet eine geplante Selbstnutzung zunächst einmal aus. Ich konzentriere mich also auf Mietwohnhäuser und vermietete Eigentumswohnungen, und zwar vorzugsweise auf Objekte aus den 80er und 90er Jahren. Bei der Wohnungsgröße bevorzuge ich 2- bis 3-Zimmer-Wohnungen mit einer Wohnfläche von 50 bis 80 Quadratmetern.

Besonders achte ich auf die wirtschaftliche Zuverlässigkeit der Mieter, die ich auch im Ersteigerungsfalle „übernehme". Bei vermieteten Eigentumswohnungen kommt es mir besonders auf eine qualifizierte Hausverwaltung und eine intakte Eigentümergemeinschaft an. Ich besorge mir daher Teilungserklärungen, Wirtschaftspläne und vor allem die Protokolle der letzten Eigentümerversammlungen.

Grundregeln zur Objektauswahl

- Wünschen und träumen Sie ruhig, aber bleiben Sie zugleich Realist!
- Entscheiden Sie zunächst, ob Sie die gewünschte Immobilie selbst nutzen oder vermieten wollen!
- Vergleichen Sie Neubauten mit Immobilien aus zweiter Hand!
- Legen Sie sich eine persönliche Objektstrategie zurecht (Objekt- und Nutzungsart, Größe, Baujahr, Zustand und Ausstattung)!
- Vergleichen Sie Immobilien, die am freien Markt angeboten werden, mit zur Zwangsversteigerung anstehenden Objekten!
- Prüfen Sie bei vermieteten Immobilien insbesondere die laufenden Mietverhältnisse sowie – bei Eigentumswohnungen – die Hausverwaltung!

Checkliste 1 „Objekt"

Objektart

Haus:

○ Suche ich ein Ein-, Zwei- oder Mehrfamilienhaus, Geschäftshaus oder Wohnhaus mit Gewerbeteil?

○ Muß das Haus freistehend sein, oder gebe ich mich auch mit einer Doppelhaushälfte oder einem Reihenhaus zufrieden?

Eigentumswohnung:

○ Wie viele Wohnungen soll das Haus höchstens besitzen (2/3/4/5/6/?) ?

○ Wie viele Geschosse soll das Haus höchstens haben (2/3/4/5/6/?) ?

○ In welchem Geschoß soll die Eigentumswohnung liegen (EG/1.OG/2.OG/3.OG/? OG/DG)?

Nutzungsart

○ Will ich das Haus oder die Wohnung selbst nutzen und bewohnen (Selbstnutzung)?
○ Will ich das Haus oder die Wohnung an Dritte vermieten (Kapitalanlage)?
○ Suche ich ein Haus (Zweifamilienhaus oder Einfamilienhaus mit Einliegerwohnung), das ich sowohl selbst nutzen als auch an Dritte vermieten kann?

Größe

Haus:

○ Wie groß soll das Grundstück mindestens sein (150 qm/200 qm/300 qm/400 qm/500 qm/? qm)?
○ Wie groß soll die Frontseite des Hauses mindestens sein (5m/6 m/7m/8m/9m/? m)?

Haus oder Eigentumswohnung:

○ Wieviel Wohnfläche benötige ich mindestens (in qm)?
○ Wie viele Zimmer (außer Küche, Diele, Bad) benötige ich mindestens (1/2/3/4/5)?

Zustand

○ Wie alt darf das Objekt sein
(Baujahr vor 1950/1950-59/1960-69/1970-79/1980-89/ab 1990)?
○ Welche Anforderungen stelle ich an die einzelnen Bauteile:
Dach: ....
Fundament: ....
Wände: ....
Decken: ....
Böden: ....
Fenster: ....
Türen: ....
Treppen: ....
○ Welche Baumängel oder Bauschäden nehme ich gerade noch in Kauf?

Raumaufteilung und Ausstattung

○ Wie soll der Grundriß gestaltet sein?
○ Auf welche Ausstattung lege ich besonderen Wert?

Raum für Notizen

....
....
....

3.2 Gewünschte Lage des Objekts und tatsächlicher Versteigerungsort

Sie kennen sicher den Maklerspruch, wonach es beim Erwerb eines Hauses oder einer Wohnung vor allem auf drei Dinge ankommt: erstens die Lage, zweitens die Lage, drittens die Lage.

Fragen Sie sich also anhand der Checkliste 2 „Lage", wo das Objekt liegen soll, das Sie ersteigern wollen. Achten Sie insbesondere auf den regionalen **Standort** (Makrolage) und die **Wohn- und Verkehrslage** (Mikrolage) innerhalb eines Stadtbeziehungsweise Ortsteils!

Makro- und Mikrolage

Sicherlich sind Top- oder Spitzenlagen bei Objekten, die versteigert werden, wohl nur selten zu finden. Da andererseits schlecht gelegene Objekte (beispielsweise starke Lärmbelästigung) für Sie tabu sein sollten, lenken Sie Ihre Aufmerksamkeit am besten auf Versteigerungsobjekte in guter oder zumindest mittlerer Wohn- und Verkehrslage mit einer gewachsenen Umgebung.

Wichtig: Gehen Sie keine faulen Kompromisse ein und halten Sie sich an die Regel „Lieber eine gute Lage mit schlechter Ausstattung als eine schlechte Lage mit guter Ausstattung des Objekts". Die Begründung für diese Regel liegt auf der Hand: Eine nicht mehr zeitgemäße oder qualitativ minderwertige Ausstattung der Wohnung läßt sich ändern, die Lage jedoch nicht.

Lage wichtiger als Ausstattung

Als künftiger **Selbstnutzer** werden Sie natürlich eine Lage in der Nähe Ihres Arbeitsplatzes bevorzugen. Es sei denn, Sie arbeiten zu Hause oder suchen eine schön gelegene Wohnung als Altersruhesitz. Bei selbstgenutzten Einfamilienhäusern (freistehend, Doppelhaushälfte oder Reihenhaus) kommt es ganz entscheidend auf die nähere Umgebung einschließlich der Nachbarn sowie die Nähe zu Einkaufs- und Erholungsmöglichkeiten an.

Lage bei Selbstnutzern

Suchen Sie ein Mietwohnhaus oder eine vermietete Eigentumswohnung als **Kapitalanleger**, sollte das Mietobjekt in der Nähe

Lage für Kapitalanleger

Ihres Wohnortes liegen. Ihr Vorteil: Sie können die Lage besonders gut beurteilen und sind bei auftretenden Problemen (zum Beispiel Mängel am Objekt oder häufiger Mieterwechsel) schnell vor Ort.

persönliche Lagestrategie

Meine persönliche **Lagestrategie** als Vermieter orientiert sich beispielsweise ausschließlich am Großraum Düsseldorf. Da ich in Düsseldorf arbeite und in Erkrath (15 km östlich von Düsseldorf) wohne, habe ich bisher nur Mietobjekte in und um Düsseldorf ersteigert. In höchstens 15 bis 30 Fahrtminuten kann ich daher an Ort und Stelle sein.

Amtsgericht als Versteigerungsort

Sie ahnen es bereits: Objekte, die versteigert werden, kommen nicht direkt „vor Ort“ unter den Hammer, sondern beim zuständigen **Amtsgericht**. Zwar kann der Termin (laut Gesetz nach dem Ermessen des Gerichts) auch an einem anderen Ort im Gerichtsbezirk (zum Beispiel direkt auf dem Grundstück) abgehalten werden. Dies habe ich allerdings noch nie erlebt.

Machen Sie daher das zuständige Amtsgericht ausfindig und erkundigen Sie sich, an welcher Gerichtsstelle (oft ist es eine Nebenstelle) Immobilien versteigert werden. Notieren Sie sich dann Straße, Hausnummer, Stockwerk und Saalnummer.

- Machen Sie sich mit der gewünschten Lage sowie Umgebung vertraut und fragen Sie die Menschen, die dort wohnen, ob sie sich wohlfühlen!
- Sammeln Sie Pluspunkte, aber auch eventuelle Minuspunkte, und wägen Sie Lage sowie Umgebung auch unter dem Gesichtspunkt eines späteren Verkaufs ab!
- Lernen Sie die Gerichtsstelle kennen, indem Sie einen Versteigerungstermin probeweise wahrnehmen!

Checkliste 2 „Lage“

Makrolage (Standort, Region)

○ In welchem Raum suche ich ein Objekt?
○ Welches Bundesland?
○ Welche Stadt/Städte, welcher Kreis?
○ Wie ist die Wirtschaftsstruktur des Raumes zu beurteilen (sehr gut/gut/mittel/eher schwach)?

falls Selbstnutzung:

○ Suche ich die Nähe zum Arbeitsplatz? Wie weit darf dieser entfernt sein (5 km/10 km/20 km/30 km/? km)?

falls Vermietung:

○ Suche ich die Nähe zum Wohnort? In wieviel Fahrtminuten kann ich das Mietobjekt erreichen?

Mikrolage (Wohn- und Verkehrslage)

○ Will ich in die Innenstadt oder bevorzuge ich einen speziellen Stadtteil beziehungsweise eine Randlage (stadtnahe Umgebung)?
○ Welcher Stadt- oder Ortsteil soll es sein?
○ Suche ich eine ruhige Wohnlage? Nehme ich eventuell vorhandenen Verkehrslärm in Kauf (unter welchen Voraussetzungen)?
○ Suche ich günstige Verkehrsverbindungen (Autobahnnähe, Nähe von Bahnhof oder Bushaltestellen)?

falls Selbstnutzung:

○ Gefällt mir die Wohnlage? Werde ich mich dort auf Dauer wohlfühlen?
○ Will ich öffentliche Verkehrsmittel benutzen?

falls Vermietung:

○ Sind Wohn- und Verkehrslage günstig? Würde ich dort auch als Mieter wohnen wollen? Ist die Entfernung zu meinem Wohnort zumutbar (Betreuung und Verwaltung)?

Öffentliche Einrichtungen

○ Sind Kindergarten, Grundschulen und weiterführende Schulen in der Nähe? Gibt es Kinderspielplätze?
○ Sind Behörden schnell erreichbar?
○ Gibt es genügend kulturelle Angebote vor Ort?

Einkaufs- und Erholungsmöglichkeiten
- ○ Sind Läden für den täglichen Bedarf in der Nähe?
- ○ Sind Arzt und Apotheke schnell erreichbar?
- ○ Gibt es Gaststätten, Restaurants oder Cafés in der Nähe?
- ○ Sind Sportstätten (zum Beispiel Schwimmbad) in der Nähe?
- ○ Gibt es Grünanlagen und Wald in der Nähe?

Nähere Umgebung und Nachbarn
- ○ Wie soll die unmittelbare Umgebung bebaut beziehungsweise gestaltet sein?
- ○ Lege ich Wert auf gute Nachbarschaft?
- ○ Welche Nachbarn passen zu mir beziehungsweise zu meinen Mietern?
- ○ Welche Nachbarn wünsche ich mir?

Raum für Notizen

....

....

....

2.3. Geplanter Zeitpunkt des Erwerbs und angekündigter Versteigerungstermin

Haben Sie sich schon Gedanken darüber gemacht, wann Sie ersteigern wollen? Nehmen Sie doch einfach die Checkliste 3 „Termin“ zur Hand und beantworten Sie die dort gestellten Fragen!

Versteigerungstermin

Wer ein Objekt günstig ersteigern will, muß eine gehörige Portion Ausdauer mitbringen. Für eine sorgfältige und planvolle Vorbereitung auf den **Versteigerungstermin** – darüber wird im 3. Kapitel noch zu reden sein – müssen Sie in der Regel mindestens vier Wochen einkalkulieren. Und selbst dann ist ja noch lange nicht gesagt, daß Sie gleich beim ersten Mal zum Zuge kommen.

Es ist daher vorteilhaft, den Versteigerungstermin so früh wie möglich (zum Beispiel schon zwei bis drei Monate vorher) zu erfahren und nicht erst auf die Ankündigung in der Lokalpresse zu warten. Je mehr Zeit Sie bis zum Versteigerungstermin haben, desto besser, denn unter Zeitdruck getroffene Entscheidungen sind riskant.

Geben Sie die Hoffnung aber auch nicht auf, wenn der Versteigerungstermin für Sie zu früh kommt. Vielleicht gibt es ja noch einen zweiten oder dritten Termin für Ihr gewünschtes Objekt.

Bedenken Sie außerdem, daß das erste anvisierte Objekt nicht unbedingt das für Sie am besten geeignete sein muß. Für jeden Bietinteressenten gibt es eine zweite Chance, wenn er beim ersten Mal nicht zum Zuge kommt.

Einstieg in Tiefpreis- und Tiefzinsphasen

Generell gilt: In Zeiten sinkender Immobilienpreise und niedriger Hypothekenzinsen wie 1996-1998 ist der Einstieg in den Immobilienerwerb günstig. Konzentrieren Sie sich daher auf **Tiefpreis- und Tiefzinsphasen** und meiden Sie Hochpreis- und Hochzinsphasen wie 1990-1991. Es reicht, wenn Sie für den geplanten Erwerb eines Hauses oder einer Wohnung die richtige Phase erwischen. Den exakt günstigsten Zeitpunkt überhaupt erreichen auch Profis nicht.

persönliche Terminstrategie

Meine persönliche **Terminstrategie** macht sich diese einfachen Erkenntnisse zunutze. Ersteigert habe ich im Zeitraum 1985-1988 und wiederum seit 1995. Völlig herausgehalten habe ich mich in der Aufschwung- und Boomphase von 1989 bis 1994, als mir die Immobilienpreise und/oder Hypothekenzinsen zu hoch erschienen.

Termine in Schulferien oder in der Nähe von Feiertagen

Hinzu kommt noch eine ganz spezielle Termintaktik. Da ich mich auf vermietete Versteigerungsobjekte spezialisiert habe und mich nicht auf ein einziges Mietobjekt versteife, wähle ich vorzugsweise Versteigerungstermine, die in den Schulferien oder in der Nähe von Feiertagen liegen.

Warum? Die Antwort ist einfach: Viele mögliche Bietkonkurrentens sind in Urlaub und können daher den „schlecht gelegenen" Versteigerungstermin gar nicht wahrnehmen. Andererseits gibt es Leute, die ausgerechnet ihren freien Tag dazu benutzen, dem Amtsgericht einen Besuch abzustatten.

Beispiel: Am Freitag, 30. Mai 1997, einen Tag nach Fronleichnam (gesetzlicher Feiertag in Nordrhein-Westfalen), versammelte sich ein gutes Dutzend Zuhörer zur Versteigerung einer Eigentumswohnung beim Amtsgericht Düsseldorf – darunter viele Neugierige und natürlich der Autor dieses Buches, der auf seine Ersteigerungschance lauerte. Trotz der noch relativ großen Anzahl von Zuhörern war mir schnell klar, daß es für mich nur wenige ernsthafte Bietkonkurrenten gab.

Ersteigern im Januar statt im Dezember

Ersteigern Sie außerdem, wenn möglich, eher im Januar als im Dezember. Begründung: Das **Dezemberfieber** mit oft überstürztem Immobilienerwerb kurz vor Jahresschluß ist abgeklungen, und die **Januarkälte** reizt nur wenige zum Kauf oder Ersteigern einer Immobilie.

- Wählen Sie für Ihren Immobilieneinstieg die richtige Phase! Überstürzen Sie nichts, aber zögern Sie nicht so lange, bis die Immobilienpreise und die Hypothekenzinsen wieder in die Höhe schnellen!
- Achten Sie auf „unattraktive" Versteigerungstermine!

Checkliste 3 „Termin"

Persönliche Zeitplanung

- ○ Wann möchte ich ein Haus oder eine Wohnung erwerben (sofort / in 3 Monaten / in 6 Monaten / in ? Monaten / in ? Jahren / weiß nicht)?
- ○ Möchte ich in das Objekt selbst einziehen oder an Dritte vermieten?

für Noch-Mieter:

- ○ Wieviel Monate Kündigungsfrist muß ich einhalten?
- ○ Kann ich aus einem Zeitmietvertrag im Einvernehmen mit dem Vermieter aussteigen? (sog. Aufhebungsvereinbarung)

für Umsteiger:

- ○ Muß ich erst mein Haus oder meine Eigentumswohnung verkaufen, bevor ich ein neues Objekt ersteigere? Habe ich schon einen sicheren Käufer?

für Selbstnutzer mit Umzug an anderen Ort:

- ○ Will ich warten, bis ein neues Schuljahr beginnt, damit die Kinder den Schulwechsel besser verkraften?
- ○ Will ich umziehen, wenn ich die neue Stelle antrete? Oder laß ich die Familie später nachkommen und ziehe zunächst einmal in ein Appartement ein?

Preis- und Zinsphase

- ○ Ist der Zeitpunkt zum Erwerb günstig? (sinkende bis stagnierende Immobilienpreise, niedrige Hypothekenzinsen)
- ○ Soll ich auf sinkende Immobilienpreise setzen und noch abwarten, oder ist es jetzt höchste Zeit zum Einstieg?
- ○ Soll ich auf sinkende Hypothekenzinsen setzen, oder ist das Zinsniveau schon jetzt vergleichsweise niedrig?
- ○ Steige ich antizyklisch ein (im Tief kaufen, gegen den Strom schwimmen)?

Persönliche Einkommens- und Vermögensverhältnisse

- ○ Reicht mein jetziges Einkommen aus, um die monatliche Belastung für Zins und Tilgung zu tragen, oder muß ich erst noch künftige Einkommenssteigerungen abwarten?
- ○ Habe ich schon jetzt genügend Eigenkapital, um das Objekt zu erwerben, oder muß ich noch einige Zeit ansparen?

falls Vermietung:

- ○ Kann ich auf Grund meiner Kreditwürdigkeit eventuell auf den Einsatz von Eigenkapital zum jetzigen Zeitpunkt verzichten oder den Eigenkapitaleinsatz auf rund 10 Prozent des Ersteigerungspreises beschränken?
- ○ Finde ich eine Bank, die das Objekt tatsächlich zu 90 oder 100 Prozent fremdfinanziert?

Versteigerungstermin

- ○ Kann ich den festgelegten Versteigerungstermin überhaupt selbst wahrnehmen? Falls Nein: Finde ich eine absolut zuverlässige Person, der ich eine Vollmacht erteilen kann und die am Termin für mich bietet?
- ○ Liegt der Termin in den Schulferien, in der Nähe von Feiertagen oder am Anfang eines Jahres? (günstig, da geringeres Bietinteresse)

Raum für Notizen

....

....

3.4. Individuelle Preisvorstellung und geschätzter Verkehrswert

Die wichtigste Frage gilt wie immer dem Preis. Um ein wirkliches Schnäppchen beim Amtsgericht zu machen, sollten Sie weniger als den ortsüblichen Vergleichspreis zahlen.

Immobilienangebote vergleichen

Ortsübliche Marktpreise für vergleichbare Objekte erfahren Sie am besten von ortsansässigen Maklern oder durch systematisches Durchforsten der **Immobilienangebote** im Anzeigenteil Ihrer Tageszeitung. Ziehen Sie am besten zehn Prozent von den in den Annoncen genannten Preisen ab, denn meist kann der Käufer den angebotenen Preis auf dem freien Markt um diese Spanne herunterhandeln. Dies trifft vor allem auf einen Käufermarkt wie 1995-1998 zu, bei dem der Käufer auf Grund eines Angebotsüberschusses eine stärkere Markt- und Machtposition als der Verkäufer besitzt.

Auch Preisspiegel der Maklerverbände und Kaufpreissammlungen der örtlichen Gutachterausschüsse können Ihnen nützliche Dienste leisten.

Verkehrswert als grober Anhaltspunkt

Der vom Gericht festgesetzte **Verkehrswert** stimmt in aller Regel mit dem vom Gutachter geschätzten Wert überein. Allerdings gibt der angegebene Verkehrswert nur einen groben Anhaltspunkt, da er im Vergleich zu aktuellen Marktpreisen zu hoch oder zu niedrig ausfallen kann.

Ersteigerungspreise

Die **Ersteigerungspreise** orientieren sich dennoch zumindest prozentual am Verkehrswert. Nach einer schon gut zehn Jahre zurückliegenden GEWOS-Untersuchung wurden in 68 Prozent der Fälle zwischen 50 und 90 Prozent des Verkehrswertes erzielt. In jedem dritten Fall lag der Steigpreis also über 90 beziehungsweise unter 50 Prozent des Verkehrswertes. In 11 Prozent der Fälle übertraf er sogar den Verkehrswert, und in nur sechs Prozent aller Fälle erreichte er nicht einmal die Hälfte des Verkehrswertes.

Allerdings sind alle genannten Prozentsätze mit großer Vorsicht zu genießen, und zwar aus mehreren Gründen. Erstens handelt es sich nur um Durchschnittswerte, die je nach Objekttyp (zum Beispiel Eigentumswohnung oder Einfamilienhaus) und Region (zum Beispiel Bayern oder Nordrhein-Westfalen, Großstadt oder Land) stark schwanken. Und zweitens sagen die Prozente noch gar nichts darüber aus, ob jemand wirklich ein Schnäppchen gemacht hat.

Vergleich von Verkehrswert und Marktpreis

Bevor Sie also Prozente ausrechnen, sollten Sie den vom Gericht festgesetzten Verkehrswert erst einmal mit tatsächlich gezahlten Marktpreisen für vergleichbare Objekte vergleichen. Zwar soll der Verkehrswert dem Marktpreis entsprechen, aber ist das auch so? Hat der vom Gericht beauftragte Gutachter beispielsweise einen Marktabschlag bei einem Preisrückgang auf dem Immobilienmarkt berücksichtigt? Ist das Gutachten vielleicht schon zwei oder drei Jahre alt und der ermittelte Verkehrswert daher schon überholt?

Doch ich will Sie nicht zu sehr verunsichern. Gehen Sie zunächst ruhig einmal von 80 Prozent des Verkehrswertes aus und vergleichen Sie diesen Betrag mit Ihrer in der Checkliste 4 „Preis" individuell berechneten **Preisobergrenze**!

individuelle Preisobergrenze festlegen

Liegt Ihre Preisobergrenze in der Nähe von 80 Prozent des Verkehrswertes, kann das Objekt für Sie – vom Preis her gesehen – interessant sein.

- Ermitteln Sie ortsübliche Marktpreise für vergleichbare Objekte! Schnäppchen machen Sie nur, wenn der bei der Versteigerung erzielte Preis unter vergleichbaren Kaufpreisen liegt!
- Nehmen Sie 80 Prozent des Verkehrswertes nur als vorläufigen, groben Ausgangswert!
- Legen Sie Ihre individuelle Preisobergrenze fest!

Checkliste 4 „Preis"

Ortsübliche Vergleichspreise

- ○ Was kosten Häuser und Wohnungen, die mit den Versteigerungsobjekten vergleichbar sind, auf dem freien Markt?
- ○ Habe ich Informationsquellen über ortsübliche Kaufpreise genutzt? Beispiele: Preisspiegel der Maklerverbände, Kaufpreissammlungen der örtlichen Gutachterausschüsse, Immobilienangebote im Anzeigenteil der Tageszeitung.

Verkehrswerte von Versteigerungsobjekten

- ○ Wie hoch sind die Verkehrswerte der für mich interessanten Versteigerungsobjekte?
- ○ Wenn das Objekt für 80 Prozent des Verkehrswertes ersteigert werden kann: Wie hoch ist dann der Ersteigerungspreis?
- ○ Kann ich mir ein Objekt mit einem Preis in Höhe von 80 Prozent des Verkehrswertes überhaupt finanziell leisten?

Individuelle Preisobergrenze

- ○ Wieviel will ich maximal für Haus oder Wohnung zahlen?
- ○ Kann ich die gesamten Anschaffungskosten (Preis plus Nebenkosten) auch finanzieren?

falls Selbstnutzung:

- ○ Wieviel Eigenkapital (Bargeld, Sparguthaben, Bausparguthaben, Sparbriefe, Wertpapiere, Versicherungsguthaben) habe ich?
- ○ Wieviel möchte ich davon einsetzen? (Faustformel: möglicher Erwerbspreis = Eigenkapital x 5, in der Regel müssen Sie also mindestens 20 Prozent Eigenkapital nachweisen)
- ○ Wie hoch ist das durchschnittliche Nettoeinkommen der Familie im Monat?
- ○ Was bleibt übrig, wenn ich die Lebenshaltungskosten einschließlich Versicherungs- und Bausparbeiträge vom Nettoeinkommen abziehe?
- ○ Will ich den gesamten Rest (Nettoeinkommen minus Lebenshaltungskosten) für den Erwerb des Objekts aufwenden?
- ○ Bleibt meine maximal mögliche Belastung für Zins und Tilgung unter 40 Prozent des Nettoeinkommens?

falls Vermietung von gebrauchten Wohnimmobilien:

- ○ Will ich höchstens das 14fache/15fache/16fache/xfache der Jahresnettokaltmiete als Preis zahlen? (Einkaufsfaktor)

- ○ Ist die zugrundegelegte Miete nachhaltig erzielbar?
- ○ Decken die Mieteinnahmen in etwa die Hypothekenzinsen bei Aufnahme von 90 bis 100 Prozent Fremdkapital?
- ○ Kann ich die Belastung für Zins und Tilgung bei vorübergehenden Mietausfällen aus meinem Einkommen tragen?
- ○ Hält meine Bank das vermietete Versteigerungsobjekt für finanzierbar?

Raum für Notizen

....

....

Lassen Sie mich, bevor wir im nächsten Kapitel ans „Eingemachte" gehen, das Wichtigste an dieser Stelle zusammenfassen: Die ideale Immobilie, die allen Wünschen gerecht wird, gibt es bei Versteigerungen genauso wenig wie auf dem freien Markt. Das **magische Viereck** (gewünschtes Objekt in ausgezeichneter Lage zu einem günstigen Zeitpunkt für einen niedrigen Preis) erreichen zu wollen, grenzt an Zauberei.

magisches Viereck bei Immobilien

Greifen Sie sich daher die Ecken heraus (zum Beispiel Lage und Preis), die für Sie am wichtigsten sind, und informieren Sie sich eingehend über den Immobilienerwerb. Entsprechende Literaturhinweise finden Sie im Anhang (zum Beispiel mein Buch „Leitfaden für Käufer von Häusern und Eigentumswohnungen", ebenfalls erschienen im Siepe Verlag).

Literaturhinweise

Um die Übersicht zu bewahren, habe ich in der folgenden Checkliste 5 „Fragebogen" noch einmal die wichtigsten Punkte aufgeführt. Entsprechend Ihren persönlichen Bedürfnissen sollten Sie die zutreffenden Punkte ankreuzen. Sie können damit Ihre Immobilienwünsche eingrenzen und besser mit der Wirklichkeit vergleichen.

Mein Rat: Nähern Sie Wunsch und Wirklichkeit dadurch an, daß Sie Kompromisse eingehen. Sie sollten aber keine faulen Kompromisse oder Kompromisse um jeden Preis eingehen.

Darf ich Ihnen noch verraten, wo ich meine Kreuzchen auf dem Fragebogen setzen würde?

✘ Eigentumswohnung
✘ Vermietung
✘ Wohnfläche ca. 50 – 80 qm
✘ Baujahr 1970-1989
✘ Makrolage Düsseldorf und Umgebung
✘ Zeitpunkt 1996-1998
✘ Preis in Höhe der 15fachen Jahresnettokaltmiete
✘ Eigenkapital in Höhe von 10 Prozent des Steigpreises.

Checkliste 5 „Fragebogen"

Objektart:

☐ Eigentumswohnung
☐ Einfamilienhaus (freistehend/Doppelhaushälfte/Reihenhaus)
☐ Zweifamilienhaus
☐ Mehrfamilienhaus
☐ Wohn- und Geschäftshaus
☐ Gewerbeimmobilie

Nutzungsart:

☐ Selbstnutzung
☐ Vermietung (Kapitalanlage)
☐ teils Selbstnutzung
☐ teils Vermietung

Größe:

Grundstücksfläche: ca..... qm
Nutz- bzw. Wohnfläche: ca..... qm
Zahl der Zimmer: 1/2/3/4/5

Baujahr: vor 1950/1950-59/1960-69/1970-79/1980-89/ab 1990

Makrolage: Raum: Stadt:

Mikrolage: Stadt- oder Ortsteil:

Zeitpunkt: sofort/in circa 3 Monaten/in ca. 6 Monaten/ in ca. 1 Jahr/ in ca...... Jahren

Preisvorstellung: ca.................. DM
vorhandenes Eigenkapital: ca.................. DM
besondere Wünsche: ....
....
....

3. Information ist alles: Sieben-Punkte-Plan für Bieter

Träume sind nicht Taten. Ohne Arbeit wird dir nichts geraten.
ERNST MORITZ ARNDT

Angenommen, Sie haben sich entschlossen, ein Haus oder eine Wohnung zu ersteigern. Sie kennen Ihre Wünsche hinsichtlich Objekt, Lage, Zeitpunkt und Preis genau. Zum Beispiel: Reihenhaus oder Doppelhaushälfte mit mindestens 100 qm Wohnfläche zur Selbstnutzung, Baujahr ab 1980, ruhige Wohnlage, gute Verkehrslage, bis circa 15 Kilometer entfernt von Ihrem Arbeitsplatz, Einzug innerhalb der nächsten drei Monate, Preis maximal 300.000 DM.

feste Wünsche

Wie erreichen Sie nun Ihr Ziel, ein für Sie geeignetes Objekt zu einem besonders günstigen Preis zu ersteigern? Die Antwort will ich Ihnen nicht vorenthalten: Mit viel Eigeninitiative, überdurchschnittlicher Ausdauer, genügend persönlicher Planung und Fachwissen. Nun, ich will Sie mit dieser Antwort nicht auf den Arm nehmen. Vielmehr will ich deutlich machen, daß das erfolgreiche Ersteigern leichter gesagt als getan ist. Woher soll beispielsweise das Fachwissen kommen? Vorausgesetzt, daß Sie viel Eigeninitiative und überdurchschnittliche Ausdauer besitzen.

Fachwissen und Planung

Wie gehen Sie also vor? Nun, der Weg zum Ersteigern von Haus oder Wohnung beim Amtsgericht ist zwar lang und mühsam, aber er lohnt sich, das weiß ich aus eigener Erfahrung. Denken Sie an den Spruch von Konfuzius: Der Weg ist das Ziel. Wo ein Wille ist – Sie wollen doch? -, da ist auch ein Weg. Diesen Weg möchte ich Ihnen aufzeigen. Wie gesagt, der Weg ist lang. Es empfiehlt sich daher, in kleinen Schritten vorzugehen. Fangen wir also an und folgen Sie mir unauffällig!

Der Weg ist das Ziel

3.1 Wie finde ich ein geeignetes Objekt? – Suche und Auswahl von Versteigerungsobjekten

Woher erfahren Sie denn nun, welche Objekte wann und wo versteigert werden? Vielleicht aus der Tageszeitung? Sicher, dies ist eine Möglichkeit. Aber wo finden Sie die richtigen Anzeigen?

Im **Immobilienteil** Ihrer Zeitung, insbesondere in der Samstagausgabe, gibt es ab und zu einmal Annoncen der Gläubiger (insbesondere Hypothekenbanken), die auf eine bevorstehende Zwangsversteigerung hinweisen. Clevere Gläubigerbanken oder von ihnen beauftragte Makler ersetzen die eher abschreckend wirkenden Wörter „Zwangsversteigerung" und „Verkehrswert" durch die reizvollen Umschreibungen „Notverkauf" und „möglicher Erwerbspreis", um so mehr Interessenten anzulocken. In ganz seltenen Fällen machen die notleidenden Eigentümer selbst auf die Zwangsversteigerung ihres Hauses oder ihrer Wohnung per Annonce aufmerksam. Sie geben dabei die Telefonnummer eines Bekannten an und melden sich am Telefon auch unter dessen Namen, um ihre „Schande" nicht eingestehen zu müssen.

versteckte Anzeigen

Die Amtsgerichte hingegen lassen ihre Anzeige meist unter den „**amtlichen Bekanntmachungen**" einrücken, wo sie kaum einer vermutet. Ausnahmen, in denen die Gerichtsannonce erfreulicherweise im Immobilienteil zu finden ist (beispielsweise unter „Grundstücke"), bestätigen nur die Regel.

amtliche Bekanntmachungen

Recht originell, aber sicherlich nicht sehr werbewirksam, ist die Ankündigung einer Immobilienversteigerung in der Rubrik „Kunstauktionen" oder „Möbelversteigerungen". Auch dies kommt vor, wenngleich auch nur aus einem Mißverständnis zwischen Auftraggeber und Anzeigenabteilung der Zeitung heraus.

Einen Nachteil hat die Suche in der Tageszeitung immer: Sie können nie sicher sein, ob Sie auch alle Ankündigungen finden. Vielleicht befindet sich gerade unter den nicht gelesenen Annoncen Ihr Wunschobjekt?

Besser, allerdings auch viel unbequemer ist es, gleich selbst zur Quelle, das heißt zum Amtsgericht zu gehen. Der erste Schock sitzt meistens sehr tief, denn das, was Sie dort am „Schwarzen Brett“, an „**Gerichtstafeln**“ oder „Schaukästen“ vorfinden, ist für den Laien so unübersichtlich, unverständlich und ungenießbar, daß zunächst nur der Kopf geschüttelt wird.

Gerichtstafel als Quelle

Nach dem ersten Kopfschütteln erwacht vielleicht dann doch die Neugierde, wenn man ein bekanntes Objekt („Schau mal, das Haus in der Bahnhofstraße 1 wird versteigert . . .“) oder einen bekannten Namen in dem Wust von Formularen ausfindig macht. Gern hätte man noch mehr über das Objekt (Wohnfläche und Anzahl der Zimmer) oder den Schuldner (etwa die Höhe der Schulden) erfahren, aber ausgerechnet diese Angaben fehlen.

Kopfschütteln beim Amtsgericht

Es wäre zu überlegen, ob die versteckte Kamera nicht einmal einige, natürlich auch stumme Reaktionen (ungläubiges Staunen, erster Leseversuch, Brille aufsetzen, zweiter Leseversuch, Nase plattdrücken am Glaskasten) für die Fernsehsendung „Verstehen Sie Spaß?“ aufzeichnen sollte. Sicherlich habe ich mich beim ersten Mal, als ich zufällig vor der Gerichtstafel stand, ähnlich verhalten. Heute beobachte ich eher belustigt die Reaktionen meiner Mitmenschen, während ich mit dem Ausfüllen von Objektlisten beschäftigt bin.

versteckte Kamera

Eine **Objektliste** (siehe Arbeitshilfe 1 „Objektliste“ auf Seite 53) können Sie selbst erstellen. Sie enthält alle wissenswerten Punkte über die Objekte, die Sie in die engere Wahl ziehen wollen. Die Checkliste 6 „Versteigerungsdaten“ (Seite 55) informiert Sie über alle wesentlichen Daten.

Objektliste

Ein Beispiel soll das Vorgehen erläutern: Angenommen, Sie interessieren sich für eine Eigentumswohnung in Düsseldorf (Preis unter 200.000 DM) und lesen die Ankündigung einer Zwangsversteigerung an der Gerichtstafel (siehe Musterformular „Zwangsversteigerung“ im Anhang). Notieren Sie sich dann folgende sieben Punkte:

7 wichtige Punkte

1. Aktenzeichen (Geschäfts-Nr.)
2. Versteigerungstermin (Tag, Datum, Uhrzeit)
3. Versteigerungsort beziehungsweise Gerichtsstelle (Straße, Haus-Nr., Stockwerk, Zimmer-Nr.)
4. Lage des Versteigerungsobjekts (Ortsteil, Straße, Haus-Nr., Geschoß)
5. Eigentümer (Name, Wohnort)
6. Verkehrswert
7. Sonstige Daten zum Objekt (zum Beispiel Baujahr, Wohnfläche, Anzahl der Zimmer, Tiefgaragen-Stellplatz)

unwichtige Punkte weglassen

Es kann natürlich sein, daß Sie unter Punkt 7 auch andere Dinge, falls sie erwähnt sind, aufschreiben (zum Beispiel Grundstücksfläche bei Häusern, Name des Rechtspflegers, Hinweis auf zweiten Termin). Verzichten Sie aber darauf, die ganzen Grundbuchangaben (Blattnummer, Flur- und Flurstücknummer, Datum der Eintragung des Versteigerungsvermerks, Miteigentumsanteil in Bruchschreibweise sowie Grundstücksgröße bei Eigentumswohnungen) festzuhalten. Diese Punkte benötigen Sie vorläufig nicht.

Objektart herausfinden

Die **Objektart** (Haus oder Eigentumswohnung) können Sie ganz einfach herausfinden: Bei einem Kreuzchen vor „Wohnungseigentum“ (siehe Musterformular „Zwangsversteigerung“ im Anhang) handelt es sich um eine Eigentumswohnung. Steht das Kreuzchen hingegen vor „Grundstück“, haben Sie es mit einem Haus oder einem unbebauten Grundstück zu tun. Auf Spezialfälle (Erbbaurecht und so weiter) werde ich später noch eingehen. Für diejenigen unter Ihnen, die alles ganz genau wissen wollen (warum auch nicht?), habe ich in der Checkliste 6 „Versteigerungsdaten“ noch einmal alles Wissenswerte aufgeführt.

- Schreiben Sie nur die wesentlichen Punkte in Ihre Objektliste!
- Bestimmen Sie die Objektart (Haus oder Eigentumswohnung) anhand des Kreuzchens!
- Vergessen Sie auf keinen Fall, das Aktenzeichen aufzuschreiben!

Aber jetzt höre ich Sie stöhnen: Welch ein Aufwand! Woher nehme ich die Zeit? Ich habe doch Wichtigeres zu tun, als die zuständigen Amtsgerichte Woche für Woche abzuklappern. Ihnen kann geholfen werden! Es existieren zwei vernünftige Wege, um ohne großen Zeitaufwand (für das Studium der Gerichtstafel oder der Gemeindetafel, an der auch meist die Versteigerungstermine angeschlagen sind) an die notwendigen Informationen, natürlich gegen eine Gebühr, zu kommen.

Zeit ist Geld

Da ist zunächst einmal das **Amtsblatt** des zuständigen Regierungspräsidenten zu nennen. In einer speziellen Beilage „Öffentlicher Anzeiger zum Amtsblatt für den Regierungsbezirk." finden Sie wöchentlich alle neu angekündigten Zwangsversteigerungstermine im Regierungsbezirk, geordnet nach Amtsgerichten in alphabetischer Reihenfolge.

Veröffentlichungen im Amtsblatt

Das Amtsblatt für den Regierungsbezirk Düsseldorf kostet im Abonnement gerade einmal 42 DM im Jahr und ist erhältlich über den Verlag A. Bagel in Düsseldorf. Seit über zehn Jahren flattert mir jeden Mittwoch dieses Amtsblatt ins Haus. Können Sie sich eine preisgünstigere Informationsquelle – 52 Ausgaben für 42 DM pro Jahr – vorstellen?

Amtsblatt als preisgünstige Infoquelle

Sie hätten also im Amtsblatt für den Regierungsbezirk Düsseldorf bereits Mitte Juli 1996 folgendes lesen können (siehe Beispiel A aus der Objektliste):

*6551 Im Wege der Zwangsvollstreckung soll am **Donnerstag, dem 28.11.1996 um 9.50 Uhr** im Gebäude des Amtsgerichts **40213 Düsseldorf, Mühlenstraße 34, 1. Obergeschoß, Saal A 101,** das im Grundbuch von Unterbilk Blatt 11902 eingetragene Wohnungseigentum, Bezeichnung gemäß Bestandsverzeichnis: 107, 67449644/10 000 Miteigentumsanteil an dem Grundstück Gemarkung Unterbilk, Flur 7, Flurstück 381, Gebäude- und Freifläche, Bruchstr. 9, 11, 13, 15, 131, 15a, 15b, Suitbertusstr. 12, Größe 6 358 qm, verbunden mit dem Sondereigentum*

schwer verdaulicher Text

an der im Aufteilungsplan mit Nr. ***70c*** *bezeichneten Wohnung in der Bruchstraße* 9, 11, 13, 14 im* ***Erdgeschoß*** *gelegen nebst Keller, versteigert werden. Der Versteigerungsvermerk ist in das genannte Grundbuch am 1.2.1996 eingetragen worden. Zu diesem Zeitpunkt war als Eigentümer eingetragen:* ***Emil Schulte*, Düsseldorf*** *(heute: unbekannten Aufenthalts). Der* ***Verkehrswert*** *wurde gemäß § 74a Abs. 5 ZVG festgesetzt auf:* ***175 000,- DM.*** *Dabei entfallen auf die laut Gutachten ca.* ***56 qm*** *große 1-Zimmer-Wohnung in der* ***Bruchstraße* 13 (Baujahr 1982/1983)*** *165 000,- DM, auf ein Sondernutzungsrecht an einem Kfz-Einstellplatz 10 000,- DM* ***(65 aK 179/95).***

*) Angaben zur Straße und zum Eigentümer sind aus Datenschutzgründen geändert.

Zugegeben, das ist starker Tobak, was Ihnen da an Lesestoff zugemutet wird. Bestandsverzeichnis, Gemarkung, Flur, Flurstück, Sondereigentum, Aufteilungsplan – welch eine Fülle von für Laien unverständlichen Fachbegriffen!

sonderliche Hinweise

Trösten Sie sich: Im Prinzip kommt es für Sie nur auf die von mir fett ausgedruckten Punkte an, die ich dann auch in die Ihnen bereits bekannte Objektliste unter Beispiel A aufgenommen habe. Zwei Pikanterien am Rande: Der ungewöhnliche Miteigentumsanteil von 107,67449644/10 000 (!) konnte wohl nur einem höchst pedantischen Architekten einfallen: Und der Hinweis „unbekannten Aufenthaltes“ deutete unmißverständlich darauf hin, daß sich der Eigentümer mit unbekanntem Ziel ins Ausland abgesetzt hatte.

Im Prinzip gibt das Amtsblatt nur die Ihnen bereits bekannte Ankündigung des Amtsgerichts laut Gerichtstafel wieder (siehe auch im Anhang unter 5.3). Alles andere (zum Beispiel Suche von geeigneten Objekten, Aufschreiben der wesentlichen Punkte, Erstellen einer Objektliste) bleibt natürlich Ihnen überlassen.

So bürokratisch die Terminsankündigungen im Amtsblatt auch klingen mögen: Sie können zumindest sicher sein, daß Sie durch

Arbeitshilfe 1 „Objektliste"

Versteigerungsort: Amtsgericht Düsseldorf

Punkte	**Beispiel A**	**Beispiel B**
1. Aktenzeichen	65a K 179/95	65a K 116/96
2. Versteigerungstermin	Do, 18.11.1996, 9.50 Uhr	Fr, 30.5.1997, 9.00 Uhr
3. Versteigerungsort	40213 Düsseldorf, Mühlenstr. 34, 1. OG, Saal 101	
4. Lage	Unterbilk, Bruchstr.* 13, EG	Flingern-Nord, Siegstr.*15, 1. OG
5. Eigentümer	Emil Schulte*, Düsseldorf	Gerd Müller*, Nürnberg
6. Verkehrswert	175.000 DM	160.000 DM
7. sonstige Daten	Bauj. 1982/83, Wfl. 56 qm, mit TG-Stellplatz	Bauj. 1974, Wfl. 53 qm, mit TG-Stellplatz

*) Angaben zur Straße und zum Eigentümer sind aus Datenschutzgründen geändert.

den Bezug des Amtsblattes von allen Versteigerungsterminen im jeweiligen Regierungsbezirk erfahren, und zwar mindestens sechs Wochen vor dem Versteigerungstermin.

Versteigerungskalender als Infoquelle

Sie können natürlich auch andere Informationsquellen nutzen. So etwa den **Versteigerungskalender**, der am Ende eines jeden Monats bei der Argetra Verlagsagentur GmbH in Ratingen erscheint. Er enthält alle Versteigerungstermine für den jeweils nächsten Monat und darüber hinaus, und zwar nach Amtsgerichten und Kalendertagen geordnet. Es gibt unterschiedliche Regionalausgaben (zum Beispiel Ausgabe Nordrhein mit den Regierungsbezirken Köln/Düsseldorf, Bundesland Bayern), von denen jede aus einer Ortsliste (sämtliche Orte mit den zuständigen Amtsgerichten und den betreffenden Terminen in alphabetischer Reihenfolge) und einer Terminliste (sämtliche Termine mit Versteigerungsdaten in zeitlicher Reihenfolge) besteht.

In unserem Beispiel hätten Sie also im Versteigerungskalender folgende Eintragung vorgefunden:

Kurznotiz laut Versteigerungskalender

Donnerstag, 28.11.1996, 9.50 Uhr
Amtsgericht Düsseldorf, (Tel. 0211/8306-0), 65a K 179/95

Objekt Lage	*40223 Düsseldorf, Bruchstr.* 13*
Eigentümer	*Emil Schuldner*, Düsseldorf*
Objekt Art	*Eigt.wohng. Nr. 70c im EG, 1-Zimmer-Wohnung, TG-Stellplatz, Wohnfläche 56 qm, Bauj. 1982/83, Anteil 107,67449644/10 000*
Grundbuch	*Unterbilk 11902*
Grösse	*6 538 qm*
Wert	*DM 175 000,-*

*) Straßenbezeichnung und Name des Eigentümers aus Datenschutzgründen geändert.

Die Angaben aus dem Versteigerungskalender gehen selbstverständlich auf die Terminsankündigungen der Amtsgerichte (zum Beispiel im Amtsblatt) zurück und reichen für Sie als Bietinteressent zunächst aus. Der Versteigerungskalender ist allerdings bei weitem nicht so billig wie das Amtsblatt. Er kostet 238,80 DM im Halbjahres-Abo bzw. 392,40 DM im Jahres-Abonnement.

Meine Meinung steht seit über zehn Jahren fest: Nur wer es besonders bequem haben will, sollte sich für den Bezug des Versteigerungskalenders oder -kataloges entscheiden. Wer andere Informationsquellen wie Gerichtstafel oder Amtsblatt nutzt, kann getrost darauf verzichten.

Wenn Sie bei der Suche und Auswahl von Versteigerungsobjekten strategisch klug vorgehen wollen, sollten Sie die für Sie am

Checkliste 6 „Versteigerungsdaten“

- ○ Haben Sie das Aktenzeichen notiert? Ohne Nennung des Aktenzeichens erhalten Sie vom Amtsgericht keine weiteren Informationen (zum Beispiel Einsicht in das Gerichtsgutachten).

Aktenzeichen

- ○ Haben Sie den Versteigerungstermin in Ihrem Terminkalender vermerkt? Können Sie den Versteigerungstermin überhaupt wahrnehmen? Wenn nicht: Können Sie einen Vertreter hinschicken, dem Sie eine notariell beglaubigte Bietungsvollmacht besorgen?

Versteigerungstermin

- ○ Kennen Sie den Versteigerungsort oder die Gerichtsstelle? Die Gerichtsstelle ist oft (bei großen Amtsgerichten) nicht einfach zu finden. Erkundigen Sie sich vorher, damit Sie am Versteigerungstermin nicht allzu lange suchen und unnötige Zeit verlieren!

Versteigerungsort

- ○ Haben Sie die Lage (Straße, Haus-Nr., Geschoß) vermerkt? Achten Sie darauf, daß grundbuchliche Lagebezeichnung (Gemarkung, Straße) und kommunale Lagebezeichnung (Ortsteil, Straße, Hausnummer) voneinander abweichen können!

Lage

- ○ Haben Sie den Namen des Eigentümers und dessen Wohnort notiert (wichtig für spätere Kontaktaufnahme)?

Eigentümer

- ○ Ist der Verkehrswert angegeben und von Ihnen notiert’? In einigen seltenen Fällen ist der Verkehrswert nicht angegeben, da er erst im Versteigerungstermin festgelegt wird.

Verkehrswert

- ○ Haben Sie sonstige wesentliche Daten aufgeschrieben? Dazu gehören, falls angegeben: Grundstücksfläche (bei Häusern und unbebauten Grundstücken; ist immer angegeben), Wohnfläche, Anzahl der Zimmer und Baujahr (evtl. angegeben), evtl. Hinweis auf 2. Termin, Name des zuständigen Rechtspflegers (wichtig für spätere Kontaktaufnahme)

Sonstiges

besten geeignete **Informationsquelle** nutzen. Folgende Quellen können Sie anzapfen:

Infoquellen im Überblick

- **Gerichtstafel** (Aushänge beim zuständigen Amtsgericht)
- **Amtsblatt** (spezielle Beilage für den jeweiligen Gerichtsbezirk mit Ankündigung von Versteigerungsterminen)
- **Versteigerungskalender oder -kataloge** (nach Orten und Terminen geordnete Zwangsversteigerungen)
- **Tageszeitungen** (mit Ankündigung von Versteigerungsterminen im Immobilienteil oder unter „amtlichen Bekanntmachungen")
- **sonstige Quellen** (zum Beispiel Ihre Hausbank oder der für Ihre Eigentumswohnung zuständige Hausverwalter).

eigene Methode finden

Als Bietinteressent werden Sie Ihre eigene Methode zur Suche und Vorauswahl von Versteigerungsobjekten im Laufe der Zeit entwickeln. Der eine schwört auf die Gerichtstafel, der zweite verläßt sich auf die wöchentliche Lektüre des Amtsblatts. Andere abonnieren den Versteigerungskalender oder erfahren eher zufällig vom Hörensagen, daß die Versteigerung einer ihnen bekannten Immobilie (zum Beispiel Nachbarhaus oder Eigentumswohnung eines Miteigentümers) ansteht.

Meine eigene Methode stützt sich auf vor allem auf das „Studium" von Gerichtstafel und Amtsblatt. Beispiel: Anfang Februar 1997 animierten mich die historisch niedrigsten Hypothekenzinsen in der Bundesrepublik, systematisch nach einem preisgünstigen Versteigerungsobjekt zu suchen.

systematische Suche

Art, Lage, Zeitpunkt und Preisvorstellung legte ich von vornherein fest: Eigentumswohnung als Kapitalanlage (Baujahr 1970-1989, Wohnfläche 50 – 80 qm), Raum Düsseldorf (mit Amtsgerichten Düsseldorf, Mettmann und Langenfeld), Erwerb im Laufe der nächsten Monate, möglicher Erwerbspreis bei maximal 2.500 DM pro qm Wohnfläche.

Die Gerichtstafel beim Amtsgericht Düsseldorf bescherte mir acht „Angebote". Hinzu kamen noch vier weitere Objekte, die laut Amtsblatt an den Amtsgerichten Mettmann und Langenfeld versteigert werden sollten.

Terminkalender reicht

Statt zwölf Objektlisten (siehe Arbeitshilfe 1 „Objektliste" auf Seite 53) auszufüllen, begnügte ich mich damit, alle zwölf Objekte in meinen **Terminkalender** einzutragen. Dabei reichten mir jeweils zwei Zeilen zur Eintragung in meinen privaten „Ersteigerungskalender".

Kurznotiz in 2 Zeilen

Beispiel für den Freitag, 30.5.1997:

„65a K 116/96, 9 h, D'dorf, Saal 101, ETW Siegstr. 15, 1. OG, 53 qm, Bj. 1974, 160.000 DM"*
(siehe auch Beispiel B laut Arbeitshilfe „Objektliste").

*) Straßenbezeichnung aus Datenschutzgründen geändert.

Mein Ziel bei dieser Methode ist es, so früh wie möglich von gerade angekündigten Versteigerungsterminen zu erfahren. So war der Aushang für die am 30.5.1997 zur Versteigerung anstehende Eigentumswohnung bereits Anfang Februar 1997 beim Amtsgericht erfolgt.

Terminbestimmung

Grundsätzlich muß das Amtsgericht die **Terminbestimmung** allen Verfahrensbeteiligten mindestens vier Wochen vor dem Versteigerungstermin zustellen. In der Praxis liegt die Zeitspanne zwischen Terminbestimmung (mit Aushang an der Gerichtstafel) und tatsächlichem Versteigerungstermin aber bei zwei und mehr Monaten. In obigem Beispiel waren es fast fünf Monate. Einsamer Rekord: Anfang März 1997 stieß ich beim Amtsgericht Düsseldorf auf die Ankündigung eines Termins, der am 12. Dezember 1997 (!) stattfinden soll. Flugs trug ich in meinen Terminkalender unter dem 12.12.1997 ein:

„65a K 51/96, 9 h, D'dorf, Saal 101, ETW Bismarckweg 10, 1. OG, 79 qm, Bj. 1973, 290.000 DM"

Es kann auch vorkommen, daß Sie von einer kommenden Versteigerung bereits erfahren, bevor überhaupt von Amts wegen ein Versteigerungstermin bestimmt worden ist.

Mitteilung vom Hausverwalter

Beispiel: Im Mai 1996 teilte der Hausverwalter auf einer Eigentümerversammlung mit, daß demnächst zwei Eigentumswohnungen aus der Wohnanlage versteigert würden. Die Eigentümerin habe Zinsrückstände bei der Gläubigerbank sowie Hausgeldrückstände bei der Hausverwaltung auflaufen lassen. Die Mieten einschließlich Nebenkosten würden zur Zeit an den vom Gericht bestellten **Zwangsverwalter** überwiesen. Die Eigentümerin selbst habe sich mit unbekanntem Ziel ins Ausland abgesetzt. Sie sei „unbekannten Aufenthalts", wie es im Juristendeutsch so schön heißt.

Kontakt mit Rechtsanwalt

Als ich dies als Teilnehmer der Eigentümerversammlung und Miteigentümer an der Wohnanlage erfuhr, nahm ich Kontakt mit der Gläubigerbank und dem Zwangsverwalter auf, um Näheres zu erfahren. Ich konnte sogar den Rechtsanwalt, der für die unbekannt verzogene Eigentümerin tätig war, telefonisch erreichen. Zu meiner Überraschung teilte mir der Rechtsanwalt mit, daß er eine Vollmacht zum freihändigen Verkauf der beiden Eigentumswohnungen besitze.

Daraufhin sandte ich am 12.6.1996 ein Fax mit folgendem Inhalt nach Konstanz am Bodensee, wo der Rechtsanwalt seine Praxis hat:

„ETW Bruchstr. 13, Düsseldorf-Unterbilk, Eigentümerin ......*

Sehr geehrter Herr ....,

unter Bezugnahme auf das mit Ihnen geführte Telefonat bestätige ich Ihnen nochmals, daß ich als Miteigentümer der o.a. Wohnanlage am Erwerb der beiden ETW's Nr. 70 b+c mit einer Gesamtwohnfläche von ca. 116 qm grundsätzlich interessiert bin.

Meine Kaufpreisvorstellung für beide Wohnungen beläuft sich auf insgesamt 300.000 DM inkl. 2 TG-Stellplätze. Ich habe bei meiner Kaufpreisvorstellung vergleichbare Kaufpreise in Höhe von rund 2.600 DM/qm zugrundegelegt, insbesondere auch den von mir tatsächlich gezahlten Kaufpreis für den Erwerb von zwei vergleichbaren Wohnungen in der Wohnanlage (Kauf erfolgte im Februar 1996).

Beim Zwangsverwalter sowie bei der Gläubigerbank werde ich weitere Informationen über die beiden im Eigentum Ihrer Mandantin stehenden ETW's einholen.

eigenes Kaufangebot

Falls Sie weitere Informationen haben, bitte ich um eine telefonische Nachricht unter 02104/42420 (oder unter Fax 02104/449199).

Mit freundlichen Grüßen

Werner Siepe"

*) Straßenbezeichnung aus Datenschutzgründen geändert.

Warum diese Offenheit, werden Sie fragen. Der Grund: Ich wollte die beiden Eigentumswohnungen noch vor dem Versteigerungstermin freihändig zu einem günstigen Preis erwerben.

Günstiger Preis? Rechnen wir nach: Im Februar 1996 hatte ich zwei Eigentumswohnungen mit einer Gesamtwohnfläche von 88 Quadratmetern und zwei TG-Stellplätzen für 230.000 DM von einem Privatmann gekauft, der noch einige Monate zuvor 300.000 DM haben wollte. Bei Ansatz von 15.000 DM pro TG-Stellplatz kam ich auf einen tatsächlich gezahlten Kaufpreis von knapp 2.300 DM pro qm Wohnfläche (200.000 DM Kaufpreis für die beiden Wohnungen geteilt durch insgesamt 88 qm Wohnfläche).

günstiger Kaufpreis von 2.300 DM/qm

Diesen für ein 13 Jahre altes Objekt in guter Düsseldorfer Wohn- und Verkehrslage recht günstigen Kaufpreis wollte ich mir auch beim Kauf der beiden anderen Eigentumswohnungen sichern.

höhere Preisvorstellung bei Gläubigerbank

Die Gläubigerbank hielt zwar einen Kaufpreis von 2.800 bis 3.000 DM pro qm Wohnfläche (ohne TG-Stellplätze) für angemessen und nammte mir zunächst einen Gesamtkaufpreis von 340.000 bis 360.000 DM. Ich war jedoch zuversichtlich, den Preis auf 300.000 DM herunterhandeln zu können. Schließlich war der Gläubigerbank mein „alter" Preis von 2.300 DM/qm bekannt.

Leider meldete sich der Konstanzer Rechtsanwalt nicht mehr. Es kam, wie es kommen mußte. Am 16.7.1996 bestimmte das Amtsgericht Düsseldorf zwei Versteigerungstermine für die beiden Eigentumswohnungen, und zwar auf den 28.11.1996 um 9.30 und 9.50 Uhr (siehe auch das Beispiel A laut Arbeitshilfe „Objektliste").

Geduld bewahren

Mein Plan eines freihändigen Erwerbs war also nicht aufgegangen. Ich mußte mich also bis Ende November gedulden. Schlimmer noch: Mögliche Bietkonkurrenten unter den **Miteigentümern** waren mir gewiß, da der Hausverwalter alle Eigentümer am 2.8.1996 wie folgt anschrieb:

„Information über Zwangsversteigerungsverfahren, Miteigentümerin ...... (z.Z. unbekannten Aufenthalts), Amtsgericht Düsseldorf – Aktenzeichen 65a K 179/95

Sehr geehrte Eigentümerin, sehr geehrter Eigentümer,

das Amtsgericht Düsseldorf hat uns mit Schreiben vom 16.7.1996 (Zugang: 24.7.1996) über den Fortgang des gegen Ihre o.g. Miteigentümerin eingeleiteten Zwangsversteigerungsverfahrens informiert. Diese Information sind wir gehalten, nachfolgend weiterzugeben.

Versteigerungsgegenstand ist das Sondereigentum (107,67/10.000 Miteigentumsanteile) an der Wohnung im ErdgeschOß des Hauses Düsseldorf, Bruchstr. 13 nebst Kellerraum und TG-Einstellplatz.*

Der Verkehrswert des Versteigerungsobjekts ist durch Gutachten des ..... vom 25.4.1996 für die 56 qm große Wohnung auf 165.000 DM und für den Stellplatz auf 10.000 DM (insgesamt mithin 175.000 DM) festgesetzt worden. Die Gutachten können während der üblichen Geschäftsstunden auf der Geschäftsstelle des Versteigerungsgerichts in Düsseldorf, Mühlenstr. 34, eingesehen werden.

Brief des Hausverwalters an alle Miteigentümer

Wir weisen darauf hin, daß die Eigentümergemeinschaft und somit alle Miteigentümer „Beteiligte" gem. § 9 ZVG sind und im Falle eines Hausgeldzahlungsrückstandes/-ausfalls gesamtschuldnerisch haften.

Das Gericht hat den Termin für die Zwangsversteigerung, an der jeder Miteigentümer teilnehmen kann, festgesetzt auf:

Donnerstag, den 28.11.1996 um 9.50 Uhr – Saal A 101 (Gerichtsgebäude Düsseldorf, Mühlenstr. 34, 1. OG).

Jedem Eigentümer steht es frei, die Gesamtunterlagen, von denen Ihr Beirat im übrigen vollständige Kopien erhalten hat, innerhalb der Bürozeiten bei der Verwaltung einzusehen.

Mit freundlichen Grüßen
....................."

*) Straßenbezeichnung aus Datenschutzgründen geändert.

Um Mißverständnisssen vorzubeugen: Die Information aller Miteigentümer über bevorstehende Zwangsversteigerungsverfahren durch den Hausverwalter halte ich für außerordentlich sinnvoll. Schließlich ist ja dem Hausverwalter und damit der Eigentümergemeinschaft daran gelegen, einen neuen – hoffentlich zahlungsfähigen – Eigentümer (möglichst aus den eigenen Reihen) zu gewinnen. Konsequenz für Sie als Bietinteressent bei Eigentumswohnungen: Falls Sie selbst noch nicht Miteigentümer in der Eigentumswohnungsanlage sind, müssen Sie die derzeitigen Miteigentümer als Bietkonkurrenten von vornherein mit einbeziehen.

Miteigentümer als Bietkonkurrenten

In meinem Falle (siehe Beispiel A) kam ich natürlich keinen Schritt weiter. Mein eigenes Bietinteresse ging zunächst einmal zurück. Ich beschränkte mich darauf, das Verkehrswertgutachten von der Gläubigerbank anzufordern und eine Innenbesichtigung der beiden vermieteten Wohnungen zu erreichen.

unzureichende Informationen

Einerlei, auf welchem Wege Sie von einer Versteigerung erfahren: Die erhaltenen Informationen sind leider noch zu dürftig. In einigen Fällen fehlt die Angabe der Wohnfläche und des Baujahrs. Bei Eigentumswohnungen bleibt oft unklar, auf welcher Etage sich diese befindet. Es gibt zwar zunehmend mehr Amtsgerichte, die auch diese Angaben im Gerichtsaushang vermerken. Verpflichtet sind sie dazu jedoch nicht.

Gerichte sind keine Makler

Viele Interessenten ärgern sich nun über diese „Schlamperei" und schimpfen über den schlechten Service. Sie vergessen dabei, daß sämtliche bisher genannten Informationen von den Amtsgerichten ausgehen, die in der Regel nur das veröffentlichen, was sie veröffentlichen müssen. Gerichte sind nun einmal keine Maklerunternehmen, und Gerichtsaushänge sind meilenweit entfernt von Maklerexposés. Würde ein Makler seine **Exposés** so aufmachen wie die Gerichtsankündigungen, wäre er rasch pleite. Versteigerungsgerichte und Makler haben so wenig gemeinsam wie Bauämter und selbständige Handwerker (wie jeder Vergleich hinkt auch dieser).

Lage und Verkehrswert

Seien Sie doch froh, wenn Sie zumindest die genaue Lage und den Verkehrswert des betreffenden Objekts kennen. Richtig ärgerlich wird es nur, wenn der **Verkehrswert** grundsätzlich erst im Versteigerungstermin festgesetzt wird (es gibt Rechtspfleger, die diese Methode bevorzugen) oder wenn die angegebene Lage zu einem Suchspiel herausfordert (beispielsweise „Berliner Str. 1-17, Wohnung Nr. 12.03 lt. Aufteilungsplan").

Auf die Lage kommt es an

Bleiben wir bei der **Lage**. Selbstverständlich möchten Sie das Objekt einmal von außen besichtigen. Was aber, wenn die genannte Adresse gar nicht mehr existiert, weil die im Grundbuch aufgeführte Straße mittlerweile umbenannt wurde? Was, wenn es zwar die Straße X noch gibt, aber die Hausnummer 50 gar nicht mehr vorkommt? Oder – auch das habe ich erlebt – Straße X und Hausnummer sowieso existieren zwar, aber dort steht nicht das vermutete Einfamilienhaus, sondern ein Hochhaus mit über 100 Wohnungen.

Ärgern Sie sich nicht, sondern wundern Sie sich nur: In der Versteigerungsszene gibt es nichts, was es nicht gibt. Ich darf Sie in „schwierigen" Fällen auf das Gutachten vertrösten (siehe nächstes Kapitel), denn der Gutachter wird das fragliche Objekt ja doch gefunden haben und erklären können, warum die im Grundbuch bezeichnete Lage nicht mehr stimmt.

Außenbesichtigung

Andererseits gilt auch: In 99 von 100 Fällen treffen die erwähnten Probleme nicht zu, denn das Haus steht an dem beschriebenen Ort. Fahren Sie in diesem Fall doch einmal vorbei und besichtigen Sie das Objekt gründlich von außen (eine Innenbesichtigung ist jetzt wohl noch nicht möglich und in diesem frühen Stadium auch gar nicht unbedingt erforderlich). Sie wissen doch, daß die Lage mindestens genauso wichtig ist wie technischer Zustand, Grundrißgestaltung und Ausstattung des Objekts. Und eine **Außenbesichtigung** klärt Sie schnell über die mehr oder minder gute Lage der Immobilie auf.

Stimmt auch noch der mögliche Erwerbspreis (rechnen Sie vorläufig ganz grob mit 80 Prozent des Verkehrswertes), sollten Sie dieses Objekt in die engere Wahl ziehen und den zweiten Schritt (siehe nächstes Kapitel) mutig angehen.

Verfügen Sie über alle Daten? Haben Sie das eine oder andere Objekt in puncto Lage, Größe und möglichem Erwerbspreis ausgewählt? Bieterherz, was willst du mehr? Ausführlicher wird Sie am Telefon auch ein Makler oder Privatmann über ein Haus oder eine Wohnung, die zum Verkauf anstehen, nicht informieren können.

Der erste Schritt zum erfolgreichen Ersteigern ist getan. Je früher Sie von einer bevorstehenden Versteigerung erfahren, desto besser für Sie. Es verbleibt Ihnen dann genügend Zeit, um weitergehende Informationen einzuholen.

Informationsvorsprung sichern

Generell gilt gerade auch für das Ersteigern von Haus oder Wohnung die Regel: Gut Informierte haben einen Vorsprung vor Schlecht Informierten. Sichern Sie sich daher einen **Informationsvorsprung**.

Hürde Innenbesichtigung

Die größte Hürde – die Innenbesichtigung – haben Sie noch vor sich. Leider können Sie aus den Gerichtsankündigungen nicht ersehen, wer das Objekt zur Zeit bewohnt. Sofern Sie den Namen des Eigentümers notiert haben, können Sie bei einer Außenbesichtigung zwar anhand von Klingel- oder Briefkastenschild feststellen, ob der Eigentümer selbst dort wohnt.

Bei vermieteten Eigentumswohnungen bleibt Ihnen der Name des Mieters jedoch zunächst einmal verborgen. Auch die für die Versteigerung zuständigen Rechtspfleger beim Amtsgericht sowie die Hausverwalter sind oft darüber nicht informiert. Wenn doch, werden sie eine Auskunft unter Berufung auf Datenschutzgründe verweigern.

- Wählen Sie eine für Sie geeignete Informationsquelle (z.B. Gerichtstafel, Amtsblatt, Versteigerungskalender) aus!
- Besichtigen Sie das Objekt erst einmal von außen!
- Ziehen Sie die Objekte, die von Lage, Größe und möglichem Erwerbspreis her interessant sind, in die engere Wahl!

3.2 Wie werte ich das Gutachten aus? – Verkehrswerte von Versteigerungsobjekten

Haben Sie einige Versteigerungsobjekte in die engere Wahl gezogen, rufen Sie am besten beim zuständigen Amtsgericht an und verlangen Sie die **Geschäftsstelle** für Zwangsversteigerungen. Fragen Sie den zuständigen Sachbearbeiter, ob unter dem angegebenen Aktenzeichen ein **Gutachten** vorliegt und wann Sie dieses einsehen können.

Geschäftsstelle anrufen

Vereinbaren Sie mit dem Sachbearbeiter (Namen und Zimmernummer notieren!) einen Termin, an dem Sie das oder die Gutachten einsehen können. Halten Sie diesen Termin auch ein, und berufen Sie sich höflich auf das Telefongespräch. Der Sachbearbeiter wird Ihnen, nachdem Sie das Aktenzeichen genannt haben, das Gutachten oder die komplette **Versteigerungsakte** (die Beamten sprechen auch von Beiheft) aushändigen.

Gutachten verlangen

Liegt das Gutachten gerade in der Kanzlei oder beim zuständigen Rechtspfleger, wird man Sie um Geduld bitten oder Sie an den Rechtspfleger, der gerade die Akten hat, verweisen.

Bei den meisten Gerichten liegen Einsichtsgutachten auf der Geschäftsstelle für die Interessenten bereit. Das heißt, die Gutachten sind während der üblichen Geschäftsstunden (meist morgens zwischen 9 und 13 Uhr) für jeden greifbar, und zwar unabhängig von der kompletten Versteigerungsakte.

Einsichtnahme meist nur morgens

Wenn Sie sich an diese einfachen bürokratischen Spielregeln (Telefonanruf, Terminabsprache, Aktenzeichen) halten, bekommen Sie die Unterlagen auch zu sehen. Es macht wenig Sinn, ohne Anmeldung beim Amtsgericht zu erscheinen, da das Gutachten oder die Akte vielleicht gerade unterwegs ist (typische Auskünfte: „ist in der Kanzlei“, „ist beim Rechtspfleger“, „ist nicht da“).

nicht unangemeldet erscheinen

Umsonst wird der Weg auch dann sein, wenn Sie das Aktenzeichen nicht kennen, denn das **Aktenzeichen** ist das „Sesamöffne-dich" an der Gerichtsstelle. Weiterhelfen könnte Ihnen der Sachbearbeiter in diesem Falle unter Umständen nur, wenn Sie ihm zumindest den Namen des Eigentümers nennen. Kennen Sie auch den nicht, wird man Sie höflich, aber bestimmt auf die Gerichtstafel aufmerksam machen. Mehr kann man nun wirklich nicht für Sie tun, denn schließlich befinden Sie sich ja bei Gericht und nicht bei einem Immobilienmakler.

Aktenzeichen nicht vergessen

Rechtspfleger und Sachbearbeiter könnten ganze Bände mit Geschichten füllen, die sie tagtäglich erleben. Gehen Sie anders vor, als die lieben Mitmenschen in den folgenden Beispielen. So ersparen Sie sich selbst und dem zuständigen Beamten unnötigen Ärger und Zeitverlust.

Geschichten am Rande

Beispiele:

Besucher A (kommt um 3 Uhr nachmittags): „Ich hätte gern das Gutachten ... gesehen".
Antwort: Publikumsverkehr ist nur von 9 bis 12 Uhr vormittags.

Besucher B (kommt forsch herein): „Ich hätte gern ein Haus".
Antwort: Schauen Sie sich die Gerichtstafeln im ersten und zweiten Stock an und kommen Sie, wenn Sie etwas gefunden haben, wieder.

Besucher C (ist sehr entschlossen): „Ich hätte gern das Gutachten über die Gerichtsstraße 19 eingesehen".
Antwort: Ich brauche das Aktenzeichen, wir haben die Akten nicht nach Straßen geordnet.

Besucher D (hält Anzeigen in der Hand): „Ich hätte dazu gern nähere Informationen".
Antwort: Das Gutachten ist gerade nicht da, kommen Sie doch nächste Woche mal wieder.

Glauben Sie, daß diese Zeitgenossen besonders zufrieden nach Hause gehen und einige Tage später wiederkommen? Ich denke nicht. Eher hört man sie noch auf dem Gang schimpfen („Unverschämtheit", „So etwas muß man sich bieten lassen", „Typisch Beamter", „Dafür opfere ich nun meine kostbare Zeit"), und vom Gericht haben sie fürs erste „die Nase voll".

Verärgerte Zeitgenossen

Mein Rat: Gehen Sie nach der 3-A-Methode („anders als andere") vor und suchen Sie einen zeitsparenden Weg, um an das Gutachten zu kommen. Den einfachsten Weg möchte ich Ihnen nicht vorenthalten: Lassen Sie sich das Gutachten von der **Gläubigerbank,** die das Versteigerungsverfahren in Gang gesetzt hat (Fachjargon „bestrangig betreibender Gläubiger"), übersenden. Den Namen der Gläubigerbank erfahren Sie entweder telefonisch vom Sachbearbeiter bzw. Rechtspfleger des Versteigerungsgerichts oder anläßlich Ihres angekündigten Besuchs auf der Geschäftsstelle beim Amtsgericht.

Gutachten von Gläubigerbank besorgen

Die Gläubigerbanken sind aus eigenem Interesse in aller Regel gern bereit, Bietinteressenten das Verkehrswertgutachten kostenlos zuzusenden. Am besten nehmen Sie direkt telefonischen Kontakt mit dem für die Versteigerung zuständigen Banker aus der Rechtsabteilung auf (Name und Telefon-Durchwahl erfahren Sie meist aus der Versteigerungsakte).

Telefonat mit Banker

Falls Sie das Gutachten auf der Geschäftsstelle des Amtsgerichts einsehen, sollten Sie nicht in den Fehler verfallen, das komplette Gutachten abzuschreiben, sondern konzentrieren Sie sich auf die wesentlichen Punkte! Im Vertrauen darauf, daß Sie später eine Kopie des Gutachtens von der Gläubigerbank kostenlos erhalten, gilt die Devise: Fassen Sie sich kurz!

Fasse dich kurz!

Fertigen Sie einfach ein **Exposé** an, so wie es auch bei Immobilienmaklern gang und gäbe ist. Spielen Sie ruhig einmal Makler und stellen Sie einige Exposés zusammen, denn wer sollte es sonst für Sie tun? Anleitungen und Beispiele finden Sie auf den nächsten Seiten. Studieren Sie zunächst die Checkliste 7 „Objektbeschreibung" und füllen Sie dann die Arbeitshilfe 2 „Exposé" aus.

Exposé anfertigen

Wie Sie sehen, enthalten die Exposés nicht nur Objekt, Lage, Baujahr, Größe sowie eine Kurzbeschreibung von Zustand und Ausstattung, sondern auch die typischen Versteigerungsdaten wie Verkehrswert, Versteigerungstermin und Versteigerungsort sowie das Aktenzeichen. Diese tabellarische Übersicht ist für Sie wesentlich sinnvoller als das unsystematische Sammeln einer Fülle von Zetteln. So gerüstet machen Sie später, wenn Sie mit Ihrer Bank die Finanzierung abklären wollen, den besten Eindruck.

Kurz-Exposés von Gläubigerbanken

Mittlerweile sind einige Gläubigerbanken selbst dazu übergegangen, derartige Exposés anzufertigen und ernsthaften Bietinteressenten zu übersenden. Machen Sie sich in einem solchen Fall die Vorarbeit dieser Banken zunutze, aber lassen Sie sich gleichzeitig auf jeden Fall auch das vollständige Gutachten übersenden.

- Keine unnützen Wege zum Amtsgericht! Sprechen Sie Besuchstermine telefonisch ab!
- Lassen Sie sich das Gutachten von der Gläubigerbank zusenden!
- Übernehmen Sie nur die wesentlichen Teile des Gutachtens in Ihr Exposé! Fügen Sie bereits bekannte Punkte (zum Beispiel Versteigerungstermin und Versteigerungsort) hinzu!

Ein besonderes Augenmerk legen Sie als Bietinteressent verständlicherweise auf die Höhe des vom Gericht festgesetzten Verkehrswertes. Fast immer richtet sich der Rechtspfleger dabei nach dem Schätzwert eines Gutachtens, das ein öffentlich bestellter und vereidigter Sachverständiger im Auftrag des Versteigerungsgerichts erstellt.

Verkehrswert = Als-ob-Marktpreis

Was versteht man denn nun eigentlich unter dem so oft genannten **Verkehrswert**? Ich möchte Sie nicht langweilen mit langatmigen Ausführungen nach Art der Gesetze und Richtlinien. Der Verkehrswert ist, kurz gesagt, der Wert eines Objekts, der auf dem Markt (im sogenannten freien Verkehr) tatsächlich erzielt werden könnte. Es soll sich also um einen bei einem freihändigen Verkauf voraussichtlich zu erzielenden Verkaufspreis handeln.

Der Verkehrswert ist ein „Als-ob-Marktpreis“, der nicht nur Objekt- und Nutzungsart, baulichen Zustand und Lage des Grundstücks, sondern auch die augenblickliche Marktsituation zu berücksichtigen hat.

Checkliste 7 „Objektbeschreibung"

Wesentliche technische Daten

- ○ Ist das Baujahr vermerkt? Ist das Baujahr der Bauakte entnommen oder nur geschätzt worden? In welchen Jahren sind Anbauten oder Modernisierungen erfolgt?
- ○ Ist die Grundstücksgröße laut Grundbuch angegeben?
- ○ Wieviel Quadratmeter beträgt die Wohnfläche?
- ○ Ist die Berechnung nach DIN 283 oder nach der II. Berechnungsverordnung erfolgt? (Nach DIN 283 sind Balkone, Loggien oder gedeckte Freisitze zu einem Viertel der Grundfläche, nach II. BV zur Hälfte der Grundfläche anzurechnen.)
- ○ Ist die Nutzfläche angegeben (bei gewerblichen Räumen oder bei Wirtschaftsräumen)? Wird ein Teil der Nutzfläche, entgegen der baurechtlichen Zulässigkeit, als Wohnraum genutzt?
- ○ Wieviel Kubikmeter beträgt der umbaute Raum? (Diese Angabe ist wichtig bei Häusern und Garagen, weniger bei Eigentumswohnungen.)

Baubeschreibung

- ○ Wie ist die Aufteilung der Räume?
- ○ Ist eine Grundrißzeichnung dem Gutachten beigefügt?
- ○ Wieviel Quadratmeter Wohnfläche entfallen auf die einzelnen Räume?
- ○ Ist eine Garage oder ein Stellplatz vorhanden?
- ○ Wie ist die Ausstattung des Hauses beziehungsweise der Wohnung (einfach/ mittel/ gut/sehr gut)?
- ○ Erwähnt der Gutachter besonders wichtige Details, zum Beispiel Qualität der Fenster und Türen, Ausstattung von Küche und Bad, Fußbodenbelag in Wohnräumen, Heizung?
- ○ Welche Besonderheiten werden im Gutachten erwähnt? Zum Beispiel besonders gute Ausstattung und Extras (offener Kamin, Fußbodenheizung), schlecht gepflegtes Haus, verwahrloste Wohnung (längeres Leerstehen), Bauschäden oder Baumängel, fehlende Gebrauchsabnahme durch das Bauamt.

Arbeitshilfe 2 „Exposé“

	Beispiel A	**Beispiel B**
Objektart:	Eigentumswohnung	Eigentumswohnung
Objektnutzung:	vermietet	vermietet
Lage:	Düsseldorf-Unterbilk Bruchstr.* 13, EG	Düsseldorf-Flingern-Nord Siegstr.* 15, 1. OG
Baujahr:	1982/83	1974
Wohnfläche:	56 qm	53 qm
Aufteilung:	1 Zi. mit Kochni., Bad, Loggia, Abstellraum, zusätzlich Kellerraum u. TG-Stellpl.	2 Zi. mit Küche, Diele, Bad, Balkon, zusätzlich Kellerraum u. TG-Stellpl.
Zustand und Ausstattung:	keine sichtbaren Mängel	keine sichtbaren Mängel
Verkehrswert:	175.000 DM einschl. 10.000 DM TG-Platz	160.000 DM einschl. 10.000 DM TG-Platz
Versteigerungstermin:	Do, 28.11.1996, 9.50 Uhr	Fr, 30.5.1997, 9.00 Uhr
Versteigerungsort:	40213 Düsseldorf, Mühlenstr. 34, 1. OG, Saal 101	
Aktenzeichen:	65a K 179/95	65a K 116/96

*) Straßenbezeichnung aus Datenschutzgründen geändert.

Streit um die Höhe des Verkehrswertes

Selbstverständlich läßt sich über die Höhe des Verkehrswertes trefflich streiten. Dies kommt zuweilen schon im Verfahren vor dem Versteigerungstermin vor. Beispiel: Gläubigerbank oder Schuldner wenden ein, der Verkehrswert sei vom Gutachter zu gering eingeschätzt. Nach vorliegenden eigenen Gutachten liege der Verkehrswert deutlich höher. Der „schwarze Peter“ liegt nun beim Rechtspfleger, der den Verkehrswert auf Grund dieser Einwendungen festsetzen muß. Möglicherweise übersendet er dem Gerichtsgutachter die Einwände mit der Bitte, sein Gutachten noch einmal zu überprüfen.

Gutachten mit Vorsicht genießen

Sind die vom Gericht eingeholten Gutachten (auch Schätzgutachten oder Taxen genannt) nicht in der Tat mit Vorsicht zu genießen? Beispielsweise Gutachten über Objekte, die der Gutachter nicht von innen gesehen hat, oder Gutachten, die vor mehr als einem Jahr erstellt wurden?

Taxen sind Faxen

Mein Rat: Vertrauen Sie keineswegs blind dem vom Gutachter ermittelten Schätzwert, der meist mit dem vom Gericht festgesetzten Verkehrswert identisch ist! Böse Zungen behaupten mitunter: „Taxen sind Faxen" oder „Schätzer sind Schwätzer"!

fehlende Innenbesichtigung durch Gutachter

In etwa jedem dritten Gerichtsgutachten findet sich der Hinweis, daß der Gutachter das Objekt nicht von innen gesehen hat. Der Eigentümer bzw. der Mieter haben ihm den Zutritt verweigert, was im übrigen rechtens ist. Aus Sicht des Bietinteressenten ist bei Gutachten ohne vorhergehende Innenbesichtigung besondere Vorsicht angebracht.

gute und schlechte Gutachten

Freuen Sie sich daher, wenn Sie ein relativ „frisches" Gutachten (erkennbar am Bewertungsstichtag) vorfinden, verfaßt von einem Gutachter, der das Objekt auch wirklich von innen besichtigt hat. Wenn Sie ein „schlechtes" Gutachten – manche sprechen auch von „Schlechtachten" – vor sich haben, trösten Sie sich: Ein schlechtes Gutachten ist immer noch besser als gar kein Gutachten.

Um den Verkehrswert zu schätzen, nimmt der Gutachter zunächst einmal folgende Einzelberechnungen vor:

Bodenwert: Wert des Grundstücks (wird meist anhand von Bodenrichtwerten der örtlichen Gutachterausschüsse ermittelt)

Bauwert: bautechnischer Wert des Gebäudes (ausgehend von Kubikmeter-Preisen für den umbauten Raum unter Berücksichtigung des Alters)

Sachwert: Substanzwert des Objekts als Summe von aktuellem Bauwert (sog. Zeitbauwert) und Bodenwert

Einzelwertberechnungen

Ertragswert: Nutzungswert des Objekts (ausgehend vom Jahresreinertrag, der auf einen Ertragswert der baulichen Anlagen hochgerechnet wird und zusammen mit dem Bodenwert den Ertragswert insgesamt ergibt)

Vergleichswert: Vergleichspreis pro Quadratmeter x Anzahl der Quadratmeter (ermittelt aus Kaufpreissammlungen, meist bezogen auf DM/qm Wohnfläche).

Das hört sich alles sehr kompliziert an. Aber beim Studium des Bewertungsbogens (siehe Checkliste 8 „Verkehrswert" und Arbeitshilfe 3 „Bewertung") werden Sie schnell merken, aus welchen Einzelwerten der Gutachter den Verkehrswert abgeleitet hat. Meist stützt er seine Schätzung auf den Sachwert oder den Ertragswert.

Sachwertverfahren bei selbstgenutzten Objekten

Bei Objekten, die typischerweise der Eigennutzung dienen (zum Beispiel Ein- und Zweifamilienhäuser, vom Eigentümer bewohnte Eigentumswohnungen), dominiert das **Sachwertverfahren.** Wenn der Ertragswert, der bei diesen Objekten fast immer wesentlich niedriger liegt, mit zur Kontrolle herangezogen wird, kann der Verkehrswert auch einmal durch unterschiedliche Gewichtung von Sach- und Ertragswert (zum Beispiel Verkehrswert = 3/4 des Sachwertes plus 1/4 des Ertragswertes) ermittelt werden. Auf keinen Fall darf bei Gerichtsgutachten einfach der Mittelwert aus Sachwert und Ertragswert (also Verkehrswert = 1/2 des Sachwertes plus 1/2 des Ertragswertes) genommen werden, eine Methode, die heute noch gern von Banken und Maklern angewandt wird.

Bei Objekten, die typischerweise der Kapitalanlage dienen (Mietwohnhäuser, Wohn- und Geschäftshäuser oder vermietete Gewerbeimmobilien), kommt es in erster Linie auf den Ertrag (Miet- oder Pachteinnahme) und die zu erzielende Mietrendite (Reinertrag in Prozent des eingesetzten Kapitals) an. Daher ist in solchen Fällen das **Ertragswertverfahren** anzuwenden.

Ertragswertverfahren bei Mietobjekten

Das **Vergleichswertverfahren** schließlich kann sich bei der Bewertung von Eigentumswohnungen besonders gut eignen, wenn ausreichendes Vergleichsmaterial (zum Beispiel Kaufpreissammlungen aufgrund getätigter Käufe in der Vergangenheit) zur Verfügung steht.

Vergleichswertverfahren

Die nachfolgende Checkliste „Verkehrswert" erläutert noch einmal im Zusammenhang, wie der Verkehrswert ermittelt wird. In der Arbeitshilfe 3 „Bewertung" werden zwei vermietete Eigentumswohnungen (Beispiele A und B) hinsichtlich Sach-, Ertrags- und Vergleichswert gegenübergestellt.

Mein Rat: Führen Sie auf jeden Fall eine eigene Bewertung der Versteigerungsobjekte durch. Sicherlich ist es nicht einfach, ein freistehendes älteres Einfamilienhaus zu bewerten, das Sie selbst nutzen wollen. Bei Reihenhäusern neueren Datums liegen hingegen meist gute Vergleichspreise vor, nach denen Sie sich richten können.

eigene Bewertung durchführen

Bei vermieteten Eigentumswohnungen gehe ich persönlich nach der einfachen **Maklermethode** vor. Ich multipliziere die nachhaltig erzielbare Jahresnettokaltmiete (also ohne Nebenkosten) mit einem Faktor (zum Beispiel 13 bis 17), um einen aktuellen Ertragswert zu bekommen. Dazu die passende Formel: Erwerbspreis = Jahresnettokaltmiete x Faktor (zum Beispiel 15).

Maklermethode zur Ermittlung des Ertragswertes

Um einen für mich günstigen Erwerbspreis zu realisieren, strebe ich einen **Einkaufsfaktor** (auch Vervielfältiger genannt) von höchstens 15 an. Anders gesprochen: Ein Kauf- oder Ersteigerungspreis in Höhe der 15fachen Jahresmiete entspricht einer

Einkaufsfaktor und Mietrendite

anfänglichen **Mietrendite** von 6,7 Prozent. In einer Tiefzinsphase wie im ersten Halbjahr 1997 mit effektiven Hypothekenzinsen von nur 6,7 Prozent bei zehnjähriger Zinsbindung reichen die jährlichen Mieteinnahmen also aus, um die laufenden Zinskosten zu decken, und dies bei Annahme einer vollen Fremdfinanzierung.

aktuelle Marktmieten erkunden

Doch Vorsicht: Orientieren Sie sich bei der Ermittlung der Jahresmiete nicht nach der momentan gezahlten Miete, die ja im Vergleich zur Marktmiete zu hoch oder zu niedrig liegen kann. Erkundigen Sie sich, welche Mieten bei Neuvermietung vergleichbarer Objekte erzielbar sind, und besorgen Sie sich zusätzlich einen aktuellen Mietspiegel beim Haus- und Grundbesitzerverein. Auch die im Gutachten genannten Mieten müssen nicht den aktuellen Marktmieten entsprechen.

unterschiedliche Mietangaben

Dazu meine beiden Beispiele A und B (siehe Arbeitshilfe 3 „Bewertung"): Geschätzte Gutachter-Mieten, tatsächlich gezahlte Mieten sowie Mietrichtwerte laut Mietspiegel Düsseldorf vom 1.2.1996 wichen erheblich voneinander ab, wie die folgende Übersicht zeigt.

monatliche Nettokaltmiete pro qm Wohnfläche	**Beispiel A**	**Beispiel B**
lt. Gutachten	11,00 DM	10,50 DM
lt. Mietvertrag	13,00 DM	16,40 DM
lt. Mietspiegel	13,40 DM	11,45 DM

Bei der **monatlichen Nettokaltmiete pro qm Wohnfläche** laut Mietspiegel wählte ich in Abhängigkeit von Baujahr einen Mittelwert innerhalb der folgenden Mietspanne für eine mittlere Wohnlage:

Mietwerte laut Mietspiegel

11,65 – 15,15 DM
bei Baujahr 1977-1985 (siehe Beispiel A mit Baujahr 1982/83)

9,90 – 13,00 DM
bei Baujahr 1970-1976 (siehe Beispiel B mit Baujahr 1974).

Im Beispiel A waren mir die aktuellen Marktmieten besonders gut bekannt, da ich bereits zwei Eigentumswohnungen in der gleichen Wohnanlage für 14 DM/qm plus 70 DM für den Tiefgaragen-Stellplatz vermietete. Andere Miteigentümer realisierten Monatsmieten zwischen 13 und 15 DM pro qm Wohnfläche. Vorsichtigerweise rechnete ich jedoch mit dem Mittelwert von 13,40 DM laut Mietspiegel und kam zu meinem „persönlichen" Ertragswert von knapp 148.000 DM:

Berechnung des „persönlichen" Ertragswertes

Beispiel A

Beispiel-Kalkulation für Fall A

	56 qm x 13,40 DM	= 750 DM
+	TG-Stellplatz	+ 70 DM
=	Monatsmiete netto kalt	820 DM
x	12 Monate	x 12
=	kalk. Jahresnettokaltmiete	9.840 DM
x	Mietfaktor (Vervielfältiger)	x 15
=	persönlicher Ertragswert	147.600 DM

Im Beispiel B war die Kalkulation nicht ganz so einfach. Die aktuell gezahlte Miete von 16,40 DM/qm lag eindeutig über der Marktmiete. Bei einer möglichen Neuvermietung würde ich wohl nur den oberen Wert der Mietspanne, nämlich 13 DM/qm, erzielen. Meine Rechnung mit 13 DM pro qm Wohnfläche plus 70 DM für den Tiefgaragen-Stellplatz ergab damit einen „persönlichen" Ertragswert von knapp 137.000 DM.

Beispiel B

Beispiel-Kalkulation für Fall B

	53 qm x 13 DM	=690 DM
+	TG-Stellplatz	+ 70 DM
=	Monatsmiete netto kalt	760 DM
x	12 Monate	x 12
=	kalk. Jahresnettokaltmiete	9.120 DM
x	Mietfaktor (Vervielfältiger)	x 15
=	persönlicher Ertragswert	136.800 DM

Obergrenze 15 Jahresmieten

Man mag über diese Rechenkünststückchen lächeln. Sie bewahren mich jedoch seit über einem Jahrzehnt davor, gebrauchte Eigentumswohnungen aus zweiter Hand zu überhöhten Preisen zu kaufen oder zu ersteigern. Mit der Obergrenze von 15 Jahresmieten habe ich beim Erwerb von Second-hand-Eigentumswohnungen jedenfalls die beste Erfahrung gemacht.

Checkliste 8 „Verkehrswert"

Ableitung des Verkehrswertes aus Einzelwerten

Sachwert

○ Hat der Gutachter den Sachwert angegeben? (Dies ist immer der Fall bei Ein- und Zweifamilienhäusern.)

○ Ist der Kubikmeterpreis für den umbauten Raum auf das Jahr der Bewertung bezogen? (Gelegentlich wird noch vom Jahr 1913 ausgegangen und dann mit dem Baukostenindex am Bewertungsstichtag hochgerechnet.)

○ Wird der reine Bauwert (vor Ansatz von Baunebenkosten und Alterswertminderung) anhand von Quadratmeterpreisen für die Wohnfläche errechnet?

○ Ist der Zuschlag für die Baunebenkosten angemessen? (Meist wird mit 15 bis 20 Prozent gerechnet.)

○ Ist der Abschlag für die Alterswertminderung realistisch? (Der Prozentsatz wird in der Regel aus Tabellen abgelesen.)

○ Ist der Grundstückswert pro Quadratmeter realistisch oder wird für vergleichbare Grundstücke in der Umgebung mehr oder weniger gezahlt? (Meist wird von Bodenrichtwerten, die vom Gutachterausschuß der Stadt oder des Kreises ermittelt werden, ausgegangen.)

Ertragswert

○ Ist der Ertragswert ermittelt worden? (Dies ist immer bei Mietwohnhäusern und Geschäftshäusern der Fall.)

- ○ Ist die angegebene Miete pro Quadratmeter realistisch oder werden für vergleichbare Wohnungen beziehungsweise Büros/Läden niedrigere oder höhere Mieten gezahlt? (Meist wird von Mietspiegeln und nicht von der tatsächlich gezahlten Miete ausgegangen.)
- ○ Ist der Abschlag für Bewirtschaftungskosten angemessen? (Meist wird mit 25 Prozent gerechnet.)
- ○ Ist der sogenannte Vervielfältiger realistisch? (Vervielfältiger hängt vom gewählten Liegenschaftszins und der mittleren Restnutzungsdauer ab, seine Höhe wird aus Tabellen abgelesen.)

Vergleichswert

- ○ Ist der Vergleichswert ermittelt worden? (Dies ist häufig bei Eigentumswohnungen der Fall.)
- ○ Ist der angegebene Preis pro Quadratmeter Wohnfläche realistisch oder werden für vergleichbare Wohnungen in der Umgebung niedrigere oder höhere Preise gezahlt? (Meist wird von Kaufpreissammlungen des Gutachterausschusses ausgegangen.)

Verkehrswert

- ○ Wie ist der Verkehrswert aus den Einzelwerten abgeleitet worden?
- ○ Ist ein Marktzu- oder -abschlag berücksichtigt worden, wenn nur der Sachwert maßgebend war?
- ○ Ist ein Marktzu- oder -abschlag berücksichtigt worden, wenn nur der Ertragswert maßgebend war?
- ○ Berücksichtigt die unterschiedliche Gewichtung von Sachwert und Ertragswert auch die augenblickliche Marksituation?

Zusätzliche Angaben

- ○ Hat der Gutachter das Objekt von innen besichtigt?
- ○ Wann hat die Ortsbesichtigung stattgefunden? Wie alt ist daher das Gutachten?
- ○ Wer hat an der Ortsbesichtigung außerdem teilgenommen? (Eigentümer, Mieter, Vertreter der Gläubigerbanken u. a.)
- ○ Wer ist der Gutachter? (Name, Anschrift, Telefon)

Arbeitshilfe 3 „Bewertung"

	Beispiel A	Beispiel B
Gutachten vom:	25.4.1996	12.11.1996
Innenbesichtigung:	nein	ja
anteiliger Bodenwert:	48.300 DM	30.000 DM
Zeitbauwert:	127.900 DM (bei 250 cbm, 455 DM/cbm und 10,3 % Abschlag bei 12 Jahren Baualter)	122.700 DM (bei 242 cbm, 480 DM/cbm und 17,5 % Abschlag bei 22 Jahren Baualter)
Sachwert Wohnung: (anteiliger Bodenwert + Zeitbauwert)	165.600 DM	152.700 DM
Ertragswert Wohnung:	133.800 DM (bei 56 qm, 11 DM/qm p.M. und Vervielfältiger von 23,12)	114.400 DM (bei 53 qm, 10,50 DM/qm und Vervielfältiger von 22,43)
Vergleichswert Wohnung:	166.000 DM (= 56 qm x 2.965 DM/qm)	150.000 DM (= 53 qm x 2.830 DM/qm)
Wert TG-Stellplatz:	10.000 DM	10.000 DM
Verkehrswert: (für Wohnung und TG-Stellplatz in Anlehnung an den Sach- und Vergleichswert)	175.000 DM (= 165.000 + 10.000)	160.000 DM (= 150.000 + 10.000)

Die Bewertung laut Gutachten in den Beispielen A und B zeigt deutlich den Ermessensspielraum des Schätzers. Obwohl es sich in beiden Fällen um vermietete Eigentumswohnungen handelt, lehnt er sich bei der Ermittlung der Verkehrswerte nur an den Sachwert und den Vergleichswert an.

Die von ihm ermittelten Ertragswerte (es handelt sich übrigens in beiden Fällen um demselben Gutachter) liegen um 41.000 DM (Beispiel A) bzw. 36.000 DM (Beispiel B) unter den Verkehrswerten, was vor allem auf die sehr niedrig angesetzten monatlichen Nettokaltmieten zurückzuführen ist.

Es liegt mir nicht daran, die Wertermittlungsmethoden der Gerichtsgutachter generell in Zweifel zu ziehen. Etwas mehr Marktnähe wäre in vielen Fällen jedoch angebracht.

fehlende Marktnähe bei älteren Gutachten

Ob der vom Gutachter ermittelte Verkehrswert dem aktuellen Marktpreis wirklich entspricht, hängt sicherlich vom Einzelfall ab. In Zeiten sinkender Immobilienpreise liegen die Verkehrswerte der schon einige Monate länger zurückliegenden Gutachten meist über den aktuellen Preisen. Umgekehrt liegt der Fall naturgemäß bei einem Anstieg der Immobilienpreise und älteren Gutachten, die noch von geringeren Preisen ausgingen. Oft „vergessen" die Gutachter auch ganz einfach einen entsprechenden Marktab- oder Marktzuschlag.

- Prüfen Sie zunächst selbst, ob der vom Gericht festgelegte Verkehrswert mit dem Schätzwert des Gutachters identisch ist!
- Lassen Sie sich das Gutachten von der Gläubigerbank, die das Versteigerungsverfahren betreibt, zusenden!
- Seien Sie vorsichtig bei „alten" Gutachten (Wertschätzung liegt schon einige Zeit zurück) und bei „Schreibtisch"-Gutachten (Innenbesichtigung ist nicht erfolgt)!
- Bilden Sie sich eine eigene Meinung über den wirklichen Wert des Versteigerungsobjektes!

3.3 Wie werte ich den Grundbuchauszug aus? – Belastungen in der Zweiten und Dritten Abteilung

Grundbuch

Während das Gerichtsgutachten über den technischen Zustand und die wirtschaftliche Bewertung des Objekts Auskunft gibt, erzählt das **Grundbuch** die rechtliche Geschichte des betreffenden Grundstücks. Sie haben es einfach, wenn sich ein Grundbuchauszug bereits in der Versteigerungsakte befindet. Ist dies nicht der Fall, fragen Sie den Sachbearbeiter danach.

Recht auf Akteneinsicht

Verweigert man Ihnen die Einsichtnahme in das Grundbuch mit Hinweis auf den angeblichen Datenschutz oder mit dem Einwand, daß Sie ein berechtigtes Interesse darlegen müßten (gemäß § 12 der Grundbuchordnung), kontern Sie höflich, aber bestimmt mit dem Hinweis auf die Sondervorschrift des Paragraphen 42 im Zwangsversteigerungsgesetz (ZVG), in dem es wörtlich heißt:

§ 42 ZVG **(Akteneinsicht)**
„Die Einsicht der Mitteilungen des Grundbuchamts sowie der erfolgten Anmeldungen ist jedem gestattet".

Deutlicher geht's nicht, und über die Auslegung des Wortes „jedem" können wohl nicht einmal Juristen streiten. Lassen Sie sich also auf keinen Fall abweisen, sondern fragen Sie nach dem Grundbuchamt und notieren Sie sich jetzt, falls noch nicht geschehen, Grundbuchblattnummer sowie Flur- und Flurstücknummer (dem Gutachten oder der gerichtlichen Ankündigung des Versteigerungstermins zu entnehmen).

Hartnäckigkeit hilft

Sollten Sie selbst mit dem Hinweis auf § 42 ZVG beim Sachbearbeiter in der Geschäftsstelle des Versteigerungsgerichts nicht durchkommen, suchen Sie den für das Versteigerungsobjekt zuständigen Rechtspfleger auf. Es würde mich schon sehr wundern, wenn Ihnen auch dieser die Einsichtnahme in das Grundbuch verweigert.

Bedeutet das Grundbuch für Sie – wie für viele andere – ein Buch mit sieben Siegeln? Dann lesen Sie es doch einmal von hinten nach vorne durch! Dies ist nicht scherzhaft gemeint, denn die für Sie wichtigeren Teile befinden sich am Ende, und zwar in der Dritten und Zweiten Abteilung.

Grundschulden in der Dritten Abteilung

Am interessantesten für Sie sind natürlich die Eintragungen in der **Dritten Abteilung**, denn dort stehen die Gläubiger mit ihren Grundschulden beziehungsweise Hypotheken. Meistens werden heute nur noch **Grundschulden** eingetragen, die – im Gegensatz zu Hypotheken – zumindest im rechtlichen Sinne von einer zugrundeliegenden Forderung unabhängig sind, sie gelten also als abstrakt. Man spricht auch von „Schulden ohne Grund", was allerdings nicht bedeutet, daß seitens der Gläubiger keine Forderungen bestehen.

Rangfolge der Gläubiger

Mein Rat: Schreiben Sie alle Gläubiger auf und ermitteln Sie die **Rangfolge** – manche nennen dies auch „Hackordnung" – unter ihnen (nach den Eintragungen in der Dritten Abteilung des Grundbuchs). Dies ist wichtig, weil Sie vor dem Versteigerungstermin mit den Gläubigern, auf die es ankommt, Kontakt aufnehmen sollten. Auf wen kommt es denn an, werden Sie fragen.

Ihre Frage kann ich indirekt besser beantworten: Es kommt nicht auf die Gläubiger an, die mit ziemlicher Sicherheit leer ausgehen (das sind die Gläubiger, die sich am Ende der Rangordnung befinden und die „hinten herunter fallen", da die vor ihnen eingetragenen Grundschulden schon höher als der Verkehrswert sind), und auch nicht auf die Gläubiger, die bestens abgesichert sind (das sind die Gläubiger, die in der Rangordnung ganz oben stehen und deren Forderungen vollständig erfüllt werden, da ihre Grundschulden weit unter dem Verkehrswert liegen).

Die Höhe der eingetragenen Grundschulden mag zwar Ihre Neugierde befriedigen und zu Spekulationen Anlaß geben („so viel haben die herausgerückt?" oder „das war bestimmt eine 120-Prozent-Finanzierung"). Über die wirkliche persönliche Forde-

Valuta bleibt unbekannt

rung der Gläubiger zum jetzigen Stand – die sogenannte **Valuta** – sagt sie indes nichts aus. Auch die Gläubigerbank wird Ihnen den aktuellen Stand unter Berufung auf das Bankgeheimnis nicht mitteilen.

Die meisten Bietinteressenten überschätzen die Aussagefähigkeit dieser Eintragung. Einige glauben sogar irrtümlicherweise, bei zu hohen Grundschulden (zum Beispiel Grundschulden insgesamt 300.000 DM, Verkehrswert nur 200.000 DM) lohne sich das Ganze nicht mehr. Andere meinen, sie müßten die Grundschulden immer übernehmen. Ich frage Sie: Was sollte die Zwangsversteigerung dann für einen Sinn haben?

bestrangig betreibende Gläubiger ermitteln

Etwas anderes ist viel wichtiger. Schauen Sie in der Versteigerungsakte nach, welche Gläubiger das Verfahren betreiben oder dem Verfahren beigetreten sind. Es gilt nämlich folgender eherner Grundsatz: Der Ersteher muß alle Belastungen aus der Dritten oder Zweiten Abteilung übernehmen, die Vorrang haben vor dem bestrangig betreibenden Gläubiger. Alle anderen Belastungen (die Juristen sprechen von nicht bestehenbleibenden Rechten) werden nach Erteilung des Zuschlags gelöscht.

bestehenbleibende Rechte

Ermitteln Sie also den **bestrangig betreibenden Gläubiger** (das ist der Gläubiger, der in der Rangordnung der betreibenden bzw. beigetretenen Gläubiger am höchsten steht) und kontrollieren Sie anhand des Grundbuchauszuges, ob anderen Rechten Vorrang eingeräumt wurde. Nur diese Rechte bleiben bestehen und müssen vom Ersteher übernommen werden. Fragen Sie im Zweifelsfall den für die betreffende Zwangsversteigerung zuständigen Rechtspfleger. Er wird Ihnen, dessen bin ich aus Erfahrung sicher, gern Auskunft erteilen.

meist lastenfreier Erwerb

Und noch ein Grund zur Beruhigung: In den weitaus meisten Fällen erwirbt der Ersteher lastenfrei. Das heißt, es bleiben keine Rechte bestehen, es werden also keine Belastungen aus dem Grundbuch übernommen.

Worauf sollten Sie noch achten? Die in der **Zweiten Abteilung** eingetragenen Lasten können für Sie eigentlich nur gefährlich werden, wenn sie unter die sogenannten beschränkt persönlichen Dienstbarkeiten in Form dinglicher Dauerschuldverhältnisse (Wohnungsrecht, Nießbrauchrecht, Reallast, monatliche Rente) fallen und von Ihnen übernommen werden müssen. Diese **Dauerschuldverhältnisse** mindern Ihre persönliche Entscheidungsfreiheit und natürlich auch den wirtschaftlichen Wert Ihres Objekts ganz erheblich. Denn wer will schon beispielsweise eine bestimmte Person bis an ihr Lebensende kostenfrei in seinem gerade erworbenen Objekt wohnen lassen?

Dauerschuldverhältnisse in der Zweiten Abteilung

Als relativ harmlos gelten hingegen die sogenannten **Grunddienstbarkeiten** (zum Beispiel Wegerecht, Antennen- und Leitungsrecht), auch wenn sie fast immer vom Ersteher übernommen werden müssen. Diese Belastungen stellen jedoch – wenn überhaupt – nur eine geringfügige Wertminderung des Objekts dar. Allerdings erscheint es ratsam, die den Grundbucheintragungen zugrundeliegenden Bewilligungen bei den Berechtigten einzusehen, denn oft gibt der Eintragungstext nur ungenügende Auskunft über den tatsächlichen Inhalt der Eintragung.

Grunddienstbarkeiten

Sie können auch den Rechtspfleger bitten, die Bewilligungen in der Grundakte einsehen zu dürfen. Die **Grundakte** hat der Rechtspfleger schon einige Zeit vor dem Versteigerungstermin zur Hand. Auf Auskünfte des Eigentümers oder der Grundstücksnachbarn sollten Sie sich hingegen nicht verlassen.

Einsicht in die Grundakte

Schauen Sie sich die nachstehende Checkliste 9 „Grundbuch“ an, wenn Sie weitere Einzelheiten zu den Grundbucheintragungen erfahren wollen. In der Arbeitshilfe 4 „Belastungen“ habe ich die entsprechenden Eintragungen für die Beispiele A und B einmal aufgeführt.

Auf die **Erste Abteilung** (Eigentümer) und das **Bestandsverzeichnis** (Bezeichnung des Grundstücks mit Angabe von Gemarkung, Flur- und Flurstücksnummer, Wirtschaftsart und

Bestandsverzeichnis

Lage, Größe) möchte ich an dieser Stelle nicht weiter eingehen, da diese Angaben meist schon vorher bekannt waren.

Interessant ist die Erste Abteilung vielleicht aus einem anderen Grund. Sie erfahren dort, wann der derzeitige Eigentümer im Grundbuch eingetragen wurde und ob es weitere Voreigentümer gab.

Eintragungen in der Ersten Abteilung

Im Beispiel A konnten die Eintragungen in der Ersten Abteilung einem unbefangenen Dritten schon Angst und Schrecken einjagen. Die jetzige Noch-Eigentümerin war im Juli 1988 eingetragen worden. Vor ihr gehörte die Eigentumswohnung einer Sparkasse, die das Objekt *„Aufgrund Zuschlagsbeschlusses vom 20. Oktober 1987“* – also offensichtlich im Wege der Zwangsversteigerung – erworben hatte. Der erste Eigentümer war eine aus zwei Personen bestehende Gesellschaft bürgerlichen Rechts, die im März 1985 im Grundbuch eingetragen wurde.

- Nehmen Sie auf jeden Fall Ihr Recht auf Einsichtnahme in das Grundbuch wahr, nötigenfalls mit Hinweis auf § 42 des Zwangsversteigerungsgesetzes!
- Lesen Sie das Grundbuch von hinten (Dritte und Zweite Abteilung) nach vorne durch!
- Ermitteln Sie die Rangfolge der Gläubiger und stellen Sie den bestrangig betreibenden Gläubiger fest!
- Verschaffen Sie sich absolute Klarheit über die Lasten, die Sie als Ersteher übernehmen müssen (sogenannte bestehenbleibende Rechte)!
- Holen Sie rechtzeitig Informationen ein, wenn Sie bestimmte Dauerschuldverhältnisse (zum Beispiel Nießbrauch, Wohnungsrecht, Reallast, monatliche Rente, Vorkaufsrecht) übernehmen müssen!

Checkliste 9 „Grundbuch“

Dritte Abteilung: Grundschulden und Hypotheken
(auch Sicherungshypotheken)

- ○ Wie heißt die fortlaufende Nummer der Eintragung?
- ○ Wie hoch ist der eingetragene Betrag?
- ○ Wie heißt der Gläubiger?
- ○ Wann wurde die Grundschuld beziehungsweise Hypothek eingetragen?
- ○ Gibt es in der Spalte „Veränderungen“ Hinweise darauf, daß gewisse Grundschulden bzw. Hypotheken – abweichend von der zeitlichen Reihenfolge der Eintragungen – Vorrang genießen?
- ○ Sind Eintragungen gelöscht worden (erkennbar an Unterstreichungen, Schrägstrichen oder Löschungsvermerken)?
- ○ Kennen Sie nun die Rangfolge, in der die Gläubiger befriedigt werden? (Falls Unklarheiten bestehen: Rechtspfleger fragen!)
- ○ Steht der betreibende Gläubiger an erster Stelle?
- ○ Wenn mehrere Gläubiger betreiben: Steht der bestrangig betreibende Gläubiger an erster Stelle? (Wichtiger Hinweis: Wenn aus der ersten Stelle heraus betrieben wird, muß der spätere Ersteher keine Grundschulden beziehungsweise Hypotheken übernehmen, das heißt, er erwirbt frei von Lasten in der Dritten Abteilung.)

Zweite Abteilung: Lasten und Beschränkungen

- ○ Wie heißt die fortlaufende Nummer der Eintragung?
- ○ Um welches Recht handelt es sich (Wege-, Leitungsrecht, Nießbrauch, Wohnungsrecht, Reallast)?
- ○ Wer ist der Berechtigte?
- ○ Wann wurde das Recht eingetragen?

- ○ Gibt es in der Spalte „Veränderungen“ Hinweise darauf, daß gewisse Rechte – abweichend von der zeitlichen Reihenfolge der Eintragungen – Vorrang vor den Rechten in der Dritten Abteilung genießen (häufig ist ein Nachrang vermerkt)?
- ○ Sind Eintragungen gelöscht worden?
- ○ Ist eine Auflassungsvormerkung, die noch nicht gelöscht ist, eingetragen?
- ○ Ist außer dem Zwangsversteigerungsvermerk auch ein Zwangsverwaltungsvermerk eingetragen?
- ○ Ist geklärt, ob sogenannte beschränkt persönliche Dienstbarkeiten (Wohnungsrecht, Nießbrauchsrecht, Reallast, monatliche Rente, Vorkaufsrecht), die den Charakter von Dauerschuldverhältnissen haben, nach Zuschlagserteilung erlöschen oder ob sie vom Ersteher übernommen werden müssen? (Im Zweifel Rechtspfleger fragen!)
- ○ Erlischt im Falle eines Erbbaurechts bei Zuschlagserteilung der Erbbauzinsanspruch des Grundstückseigentümers?

Weniger wichtige beziehungsweise bereits bekannte Teile des Grundbuchs

- ○ Wer ist als Eigentümer in der Ersten Abteilung eingetragen? Wie lautet die Anschrift, wann ist die Eintragung erfolgt?
- ○ Eventuell: Wie heißen die Voreigentümer? Wie häufig ist im Laufe der Jahre ein Eigentümerwechsel erfolgt?
- ○ Wie heißen die Grundstücksbezeichnungen laut Bestandsverzeichnis (Gemarkung, Flur- und Flurstücknummer, Wirtschaftsart und Lage, Größe)?

Raum für Notizen:

....

....

....

....

Arbeitshilfe 4 „Belastungen"

	Beispiel A	Beispiel B
Dritte Abteilung:		
- Grundschulden	187.960 DM (eingetr. 1988 für Sparkasse)	220.056 DM (eingetr. 1992 für Bank)
– Sicherungshypothek	7.872,75 DM (eingetr. 1996 für Hausverwalter)	
Zweite Abteilung:		
– Zwangsversteigerung	eingetr. am 1.2.1996	eingetr. am 26.8.1996
– Zwangsverwaltung	eingetr. am 13.3.1996	keine
– sonstiges	keine	keine
Erste Abteilung:		
– Eigentümer	Emil Schulte*, Düsseldorf (eingetr. am 6.7.1988)	Gerd Müller*, Nürnberg (eingetr. am 4.6.1992)
– Voreigentümer	Sparkasse	ABC Immobilien
Bestandsverzeichnis:	Unterbilk, 107,67449644/ 10.000 Miteigen-tumsanteil an Flur 7, Flurstück 381, 6358 qm groß	Flingern, 44,48/1.000 Miteigentums-anteil an Flur 9, Flurstück 40, 964 qm groß

* Namen aus Datenschutzgründen geändert

3.4 Wie beurteile ich das Objekt selbst? – Innenbesichtigung und eingehende Prüfung

Natürlich wollen Sie das Objekt, das Sie von der Papierform (Gutachten, Grundbuch) her schon so gut kennen, auch von innen besichtigen, denn wer will schon eine Katze im Sack kaufen? Allerdings: Wer soll Ihnen das Haus oder die Wohnung zeigen, wenn weder der **Eigentümer** noch ein von ihm beauftragter Makler annonciert haben? Der Eigentümer braucht niemanden in sein Objekt zu lassen, selbst den Gutachter nicht. Man kann über diese Vorschrift streiten – sinnvoller oder überzogener Schuldnerschutz? -, weiter führt Sie der Streit nicht.

Verweigerungsrecht des Eigentümers

Auch wenn das Versteigerungsobjekt vermietet ist, wird Ihnen nicht ohne weiteres Einlaß gewährt. Der **Mieter** kann eine Wohnungsbesichtigung ebenso verweigern wie der Eigentümer. Auch diese Art von Mieterschutz halte ich für übertrieben.

Verweigerungsrecht des Mieters

Grundsätzlich haben Sie als Bietinteressent keinen Rechtsanspruch auf eine **Innenbesichtigung**, denn auch im Falle der Zwangsversteigerung gilt der verfassungsmäßig garantierte Grundsatz der Unverletzlichkeit der Wohnung. Als Bietinteressent können Sie also um eine Innenbesichtigung bitten, erzwingen können Sie diese nicht.

erschwerte Innenbesichtigung

Bedenken Sie, daß selbst der vom Gericht beauftragte Gutachter nur in zwei von drei Fällen in das Versteigerungsobjekt hereingelassen wird.

Wenig Verständnis habe ich für Bietinteressenten und spätere Ersteigerer, die wegen dieser Schwierigkeiten sich überhaupt keine Mühe machen, Haus oder Wohnung von innen zu besichtigen und gründlich zu prüfen. Sie handeln nicht anders als Kapitalanleger, die eine vermietete Eigentumswohnung vom Prospekt oder Foto her kaufen und alles glauben, was ihnen der windige Vermittler verspricht.

Fast immer zahlen sie für diese Art von Sorglosigkeit einen viel zu hohen Preis, der wiederum sehr häufig eine der Ursachen für eine spätere Zwangsversteigerung ist. Für sie gilt – auf die Spitze getrieben – der Spruch: „Da kaufen Leute Wohnungen, die sie nicht brauchen, von dem Geld, was sie nicht haben, um Steuern zu sparen, was sie nicht können".

Eigeninitiative ergreifen

Mein Rat: Geben Sie als ernsthafter Bietinteressent nicht vorzeitig auf, sondern versuchen Sie mit allen legalen Mitteln, in Haus oder Wohnung hineinzukommen. Weder der Rechtspfleger noch der Gerichtsgutachter können Ihnen dabei helfen. Sie müssen schon Eigeninitiative entwickeln. Wie schaffen Sie es denn trotz aller Widerstände, werden Sie mit Recht fragen.

keine miesen Tricks

Aufgrund eigener Erfahrungen ist es in acht von zehn Fällen relativ einfach, das Objekt auch von innen zu besichtigen, und zwar ohne Drückermanieren („Ich möchte den Zähler ablesen" oder „Ich komme von der Bank", „...vom Gericht", „...vom Finanzamt" und so weiter) und ohne Hausfriedensbruch (zum Beispiel bei unbewohnten Objekten Schlüsseldienst bestellen). Es ist immer wieder erstaunlich zu sehen, auf welche miesen oder sogar kriminellen Methoden gewisse Leute kommen, wenn sie etwas erreichen wollen. Darf ich Ihnen verraten, wie ich vorgehe?

Nun, zunächst einmal schreibe ich mir alle in der Versteigerungsakte auftauchenden Namen mit Anschriften und Telefon-Nummern (Eigentümer, Gläubiger, eventuelle Mieter, Haus- oder Zwangsverwalter) auf. Mit der Namensliste geht es weiter, wenn ich eine erste **Außenbesichtigung** vornehme und dabei sämtliche Namen der Bewohner von den Klingelschildern abschreibe.

Bewohner fragen

Bei Eigentumswohnungen passiert es mir regelmäßig, daß ich von ein- oder ausgehenden Bewohnern befragt werde: „Suchen Sie jemanden?" oder „Bekommen wir neue Klingelschilder?" oder „Sind Sie von der Polizei?". Wahrheitsgemäß frage ich dann zurück: „Wissen Sie, daß in diesem Haus eine Wohnung versteigert werden soll?" oder „Kennen Sie den Mieter aus der Wohnung im 2. Obergeschoß rechts?". Nicht selten werde ich auf den Hausmeister verwiesen, wobei ich mir Namen und Telefonnummer ebenfalls sofort notiere.

Namensliste erstellen

Je länger die **Namensliste**, desto wahrscheinlicher wird es sein, an den „richtigen" Informanten zu gelangen, der mir eine Innenbesichtigung ermöglicht.

Die Namensliste könnte wie folgt aussehen:

Funktion	**Name**	**Anschrift**	**Tel.Nr.**
1. Eigentümer	....	....	....
2. Gläubigerbank	....	....	....
3. Hausverwalter	....	....	....
4. Zwangsverwalter	....	....	....
5. Hausmeister	....	....	....
6. Mieter	....	....	....
7. weitere Bewohner	....	....	....
	....	....	....
	....	....	....

Nach erfolgter Außenbesichtigung gehe ich systematisch die drei möglichen Fälle durch:

1. Objekt ist nicht bewohnt (kommt relativ selten vor)
2. Objekt ist vom Mieter bewohnt (meist bei Eigentumswohnungen, selten bei Einfamilienhäusern)
3. Objekt ist vom Eigentümer bewohnt (meist bei Einfamilienhäusern, selten bei Eigtentumswohnungen)

1. Fall: Objekt ist nicht bewohnt

Im Gegensatz zu den meisten Interessenten freue ich mich immer ganz besonders, wenn das Haus oder die Wohnung leersteht. Die Erklärung ist simpel: Wenn keiner drin wohnt, brauche ich auch keinen herauszubitten oder herauszuklagen im Falle der Erteilung des Zuschlags an mich. Ich kann also völlig frei über mein neu erworbenes Eigentum verfügen (Juristen sagen: in Besitz nehmen).

Idealfall leerstehendes Objekt

Und die Innenbesichtigung? Menschenskind, einer muß doch den Schlüssel haben! Vielleicht noch der **Eigentümer**? Dann machen Sie ihn doch ausfindig, rufen ihn an und holen den Schlüssel bei ihm ab (gegen Hinterlegung eines Pfandes, falls der Eigentümer dies wünscht).

Schlüssel vom Eigentümer

Sie werden es nicht glauben: In meinem ersten Ersteigerungsfall aus dem Jahre 1985 (Sie lernen ihn später noch genauer im Kapitel 3.6 als Fall 8 kennen) bin ich 60 Kilometer zum Eigentümer gefahren, habe ihn zur Besichtigung seiner Wohnung mitgenommen, dann wieder zurück zu seinem jetzigen Zuhause, wo er mich noch zu einer Tasse Kaffee einlud und mir dann den Schlüssel überreichte (drei Wochen vor dem Versteigerungstermin).

Fahrt zum Eigentümer

In einem anderen Fall habe ich den Schlüssel von einem lieben Kollegen persönlich beim Eigentümer abholen lassen. In Erinnerung bleibt mir auch ein in Süddeutschland wohnender Zahnarzt, der mir bereitwillig den Schlüssel für seine Eigentumswohnung in Hilden bei Düsseldorf übersandte. Und zwar mit der Bitte, doch einmal nach dem Rechten zu sehen. Er habe schließlich die im Bauherrenmodell erworbene Eigentumswohnung noch nie gesehen.

Schlüsselversand

Warum sollte auch ein Eigentümer, der sich mit der Versteigerung seiner Wohnung oder seines Hauses abgefunden hat, auf seinen sämtlichen Schlüsseln sitzen bleiben, wenn er sein Objekt ja doch demnächst abgeben muß?

Schlüssel beim Zwangsverwalter

Steht das Objekt vielleicht unter Zwangsverwaltung? Fragen Sie den **Zwangsverwalter**. Ich habe es ab und zu erlebt, daß der Zwangsverwalter den Schlüssel besaß. Die Innenbesichtigung ist dann ein Kinderspiel.

Schlüssel beim Nachlaßverwalter

Ist der Eigentümer verstorben? Gibt es einen **Nachlaßverwalter**? Als ich dies in einem Fall erfuhr, machte ich dem Rechtsanwalt, der den Nachlaß verwaltete, meine Aufwartung. Er überließ mir für 24 Stunden die Schlüssel, selbstverständlich gegen Quittung!

Schlüssel bei der Bank

Ganz einfach ist es für Sie, wenn die **Gläubigerbank** (was allerdings selten vorkommt) den Schlüssel besitzt. Selbstverständlich – warum wohl? – war man dort gern bereit, mir das Haus zu zeigen. Allerdings: Im Gegensatz zu den bisher genannten Fällen war ich gewiß nicht der einzige, der das Objekt besichtigte.

Schlüsselfrage

Denken Sie bei unbewohnten Objekten „um die Ecke", setzen Sie detektivischen Spürsinn ein und forschen Sie so lange, bis Sie den Schlüsselinhaber gefunden haben. So lapidar es auch klingt: Der Schlüssel ist die Schlüsselfrage! Nur in einem Fall gab ich auf – der Schlüsselinhaber hatte sich nach Paraguay abgesetzt und kein anderer konnte mir weiterhelfen . . .

2. Fall: Objekt ist vom Mieter bewohnt

Kontaktaufnahme mit Mieter

Wenn Sie wissen, daß das Objekt vermietet ist (Namensschild an der Haus- beziehungsweise Wohnungstür beachten!), rufen Sie den **Mieter** an und sagen Sie ihm, daß Sie am Erwerb des Objekts interessiert sind. Es kann übrigens sehr gut sein, daß er erst von Ihnen überhaupt erfährt, daß das Objekt versteigert werden soll, denn die Gerichte sind in den seltensten Fällen verpflichtet, die Zwangsversteigerung dem Mieter mitzuteilen. Der Mieter wird eine Besichtigung sicherlich dann ablehnen, wenn er selbst ersteigern will, denn Bietkonkurrenten möchte er ja nicht noch in „sein" Objekt locken.

Abgesehen von diesem Ausnahmefall wird der Mieter eine Innenbesichtigung wohl gestatten. Insbesondere dann, wenn Sie ihm zu verstehen geben, daß Sie gern mit ihm über alles sprechen wollen, was an möglichen Problemen auf ihn zukommt.

Übernahme von Mietern

Sind Sie daran interessiert, in das laufende Mietverhältnis einzusteigen und „den Mieter zu übernehmen", können Sie ihn schon am Telefon beruhigen. Versichern Sie ihm, daß Eigenbedarf vorläufig nicht in Frage kommt und daß Sie seine Wohnung nur als Kapitalanlage betrachten.

häufige Verunsicherung bei Mietern

Oft sind Mieter von zur Zwangsversteigerung anstehenden Objekten sehr verunsichert, da sie ihre Rechte in diesem Fall nicht kennen. Andere Mieter weigern sich hartnäckig, fremde Leute in ihre Wohnung zu lassen. Sie pochen auf ihr Recht und werden vom örtlichen Mieterverein darin bestärkt.

Telefonat oder Anschreiben

Es kann aber auch sein, daß Sie den Mieter gar nicht telefonisch erreichen können. Sei es, daß er sich nie meldet, nicht zurückruft trotz Ihrer Information auf seinem Anrufbeantworter oder überhaupt keinen Telefonanschluß hat. In solchen Fällen empfehle ich Ihnen, den Mieter einfach anzuschreiben.

Beispiel (es handelt sich übrigens um das Beispiel A „Eigentumswohnung Bruchstr. in Düsseldorf-Unterbilk"):

Schreiben an Mieter

„Versteigerung der von Ihnen angemieteten Wohnung

Sehr geehrte(r) Frau/Herr ....,

wie Sie vielleicht schon erfahren haben, soll die von Ihnen angemietete Wohnung demnächst zwangsversteigert werden.

Am Erwerb Ihrer Wohnung bin ich sehr interessiert. Da ich eine Kapitalanlage anstrebe, scheidet eine Eigenbedarfskündigung im Falle eines Erwerbs durch mich aus. Mit anderen Worten: Sie könnten selbstverständlich in der Wohnung weiter wohnen bleiben, wenn Sie dies wünschen. Das Mietverhältnis würde sich also fortsetzen.

Ich darf Sie höflich bitten, mir eine Innenbesichtigung Ihrer Wohnung zu gestatten. Für einen Rückruf unter Tel. 02104/42420 wäre ich Ihnen sehr dankbar.

Mit freundlichen Grüßen

Werner Siepe"

Überraschenderweise erhielt ich in diesem Falle sogar ein Schreiben der Mieterin:

Antwortschreiben eines Mieters

„Sehr geehrter Herr Siepe,

mir ist nichts bekannt darüber, daß die von mir angemietete Wohnung versteigert werden soll. Der Zwangsverwalter der Wohnung weiß auch noch nichts darüber.

Sobald ich einen schriftlichen Bescheid darüber bekomme, können Sie mit anderen Interessenten selbstverständlich die Wohnung besichtigen. Möglicherweise wird es mehrere Termine geben, und da werden Sie mir nachsehen, daß ich es auf so wenige Termine wie möglich belassen möchte.

Mit freundlichen Grüßen

..............."

Den schriftlichen Bescheid erhielt die Mieterin von mir selbst. Ich übersandte ihr einen Auszug aus dem Amtsblatt des Regierungspräsidenten, in dem die Zwangsversteigerung der von ihr gemieteten Wohnung angekündigt wurde, und bat um einen Rückruf.

Als dieser immer noch ausblieb, unternahm ich zwei Anläufe zur Innenbesichtigung. Beim ersten Mal war die Mieterin nicht anwesend, beim zweiten Mal – genau zwei Tage vor dem Versteigerungstermin – ließ sie mich bereitwillig in ihre Wohnung. Fast schon überflüssig zu erwähnen, daß ich der einzige Bietinteressent war, der ihre Wohnung von innen gesehen hatte.

Zwei Anläufe zur Innenbesichtigung

Ebenfalls zwei Anläufe benötigte ich in einem anderen Fall (Beispiel B „Eigentumswohnung Siegstr. 15 in Düsseldorf-Flingern“). Hier ließ mich der Mieter eine Woche vor dem Versteigerungstermin in seine Wohnung.

Für Kapitalanleger ist die Kontaktaufnahme mit dem Mieter fast noch wichtiger als die Innenbesichtigung selbst. Nach dem Grundsatz „Ersteigern bricht nicht Miete“ treten Sie zunächst einmal in das laufende Mietverhältnis ein. Daher ist es für Sie von großer Bedeutung, wie der derzeit geltende **Mietvertrag** abgefaßt ist und wie hoch die gezahlte Miete einschließlich Nebenkosten ausfällt.

Mietvertrag prüfen

Mein Rat: Lassen Sie sich vom Mieter den Mietvertrag zeigen und prüfen Sie genau, ob keine für Sie ungünstigen Regelungen (zum Beispiel Festmiete ohne Möglichkeit von Mietsteigerungen, Pauschale statt Vorauszahlung für Betriebskosten) darin getroffen sind. Fragen Sie den Mieter auch, an wen er die Miete zur Zeit überweist (an den Eigentümer, Zwangsverwalter oder an die Gläubigerbank) und kontrollieren Sie durch einen Anruf beim Zwangsverwalter oder bei der Bank, ob die Mietzahlungen bisher pünktlich eingegangen sind.

Solvenz des Mieters prüfen

3. Fall: Objekt ist vom Eigentümer bewohnt

Ist der Eigentümer selbst noch in seinem Haus oder in seiner Wohnung, sollten Sie nicht so forsch sein, einfach hinzugehen und an der Haustür zu klingeln. Besorgen Sie sich besser über das Telefonbuch oder die Auskunft seine Telefonnummer und

Kontaktaufnahme mit Eigentümer

rufen Sie ihn an. Seien Sie diplomatisch und fragen Sie ihn, ob er der Eigentümer sei (vermeiden Sie auf jeden Fall das Wort „Schuldner"!), und ob sein Haus bzw. seine Wohnung zum Verkauf anstünde. Wird dies bejaht, äußern Sie Ihr Interesse am Erwerb und bitten Sie ihn um eine Innenbesichtigung.

keine Fallenstellerei

Erwähnen Sie ruhig das Wort „Zwangsversteigerung" und signalisieren Sie ihm Ihre Bereitschaft, das Objekt vielleicht noch vor dem Versteigerungstermin zu kaufen. Tricksen Sie nicht, indem Sie so tun, als wüßten Sie nichts von der Versteigerung, oder indem Sie am Telefon einen Betrag „bieten", der über dem Verkehrswert liegt. Seien Sie also offen und ehrlich und stellen Sie keine Fallen!

Reaktionen der Eigentümer

Hat sich der **Eigentümer** innerlich mit der Versteigerung abgefunden, weil ja doch nichts mehr zu retten ist (zum Beispiel Firmenpleite oder bereits geleisteter Offenbarungseid, juristisch heißt das Konkurs bzw. eidesstattliche Versicherung), wird er eher zugänglich sein und eine Besichtigung von innen gestatten. Kämpft er noch, um die Versteigerung zu verhindern, wird er Sie meist erst einmal abweisen. Typische Antworten: „Haus ist oder wird in den nächsten Tagen verkauft" oder „Versteigerungstermin ist abgeblasen" oder „Ich habe mich mit der Bank geeinigt".

Besichtigungsrecht der Gläubigerbank

Oft sind dies allerdings nur – menschlich sicher verständliche – Schutzbehauptungen oder unrealistische Wünsche. Sprechen Sie auf jeden Fall dann mit der **Gläubigerbank** und bitten Sie diese, falls die Auskünfte des Eigentümers nicht zutreffen, um Vermittlung einer Besichtigung. Alle Banken haben nämlich in ihren Schuldurkunden sinngemäß den Passus stehen, daß sie das Objekt betreten dürfen. Beispiel: „Darlehensnehmer und Grundstückseigentümer verpflichten sich, auf Anforderung des Darlehensgebers die Besichtigung und Untersuchung des Grundstücks und der Baulichkeiten zu gestatten".

Ganz hartgesottene Eigentümer werden allerdings auch der Bank keine Besichtigung ermöglichen. Vielleicht haben sie sich schon mit Erfolg gegen eine Innenbesichtigung durch den Gutachter gewehrt. Für dieses Verhalten, das ja die Abschreckung von Bietinteressenten zum Ziele hat, gibt es eigentlich nur noch zwei Gründe: Die Hoffnung auf Verzögerung des Verfahrens („es wird schon keiner bieten") oder das geplante Ersteigern durch den Eigentümer selbst, einen Verwandten oder Bekannten. Eines müßte diesem Eigentümer aber klar sein. Auch wenn er sich beharrlich gegen eine Innenbesichtigung sträubt: das Bieten durch Dritte im Versteigerungstermin kann er nicht verhindern.

hartgesottene Eigentümer

„Bieten kann man nicht verbieten!" So habe ich es beispielsweise erlebt, daß ein Dritter, der das Objekt (übrigens ein freistehendes Einfamilienhaus) nicht von innen gesehen hatte, den Schwager des Eigentümers überbot und dieses Objekt im Versteigerungstermin dennoch günstig erwarb.

Bieten kann man nicht verbieten

Die bisher genannten Fälle treffen durchweg auf Ein- bzw. Zweifamilienhäuser oder Eigentumswohnungen zu. Ist die Innenbesichtigung eines Mehrfamilien- oder Geschäftshauses geplant, müßte es schon mit dem Teufel zugehen, wenn Sie es nicht schafften, in das Objekt hineinzukommen. Hausmeister, Mieter oder Nachbarn sind in der Regel willkommene Tipgeber, insbesondere der **Hausmeister** weiß fast alles.

Hausmeister

Liegt eine sogenannte Teilungsversteigerung (Versteigerung zum Zwecke der Aufhebung der Gemeinschaft, zum Beispiel bei Scheidungen oder Erbstreitigkeiten) vor, sollten Sie auch Kontakt mit den Rechtsanwälten des Antragstellers oder des Antragsgegners – die Bezeichnungen Gläubiger und Schuldner entfallen hier – aufnehmen.

Vorgehen bei Teilungsversteigerung

Was aber tun, wenn eine Innenbesichtigung trotz aller Versuche unmöglich ist? In diesem Falle wird das Objekt von vielen Interessenten aus der Wunschliste gestrichen, da man ja, wie bereits erwähnt, nicht die Katze im Sack kaufen möchte. **Risikobewußte Bieter** denken da anders. Sie nehmen den Versteigerungstermin wahr in der berechtigten Hoffnung, mangels Bietkonkurrenz besonders günstig an das Objekt zu kommen.

Katze im Sack kaufen?

Wie können aber die erheblichen Risiken, die ein solcher Bieter eingeht, vermindert werden? Ist das Objekt ein Reihenhaus, eine Doppelhaushälfte oder eine Eigentumswohnung, sollten Sie ein **Nachbarobjekt** besichtigen. Fragen Sie die Nachbarn, ob sie das fragliche Haus oder die fragliche Wohnung kennen und welche Unterschiede hinsichtlich Raumaufteilung und Ausstattung zwischen ihrem und dem zur Versteigerung anstehenden Objekt bestehen.

Besichtigung von Nachbarobjekten

Große Risiken treten beim Ersteigern von freistehenden Ein- und Zweifamilienhäusern auf, die man vorher nicht von innen gesehen hat. Konnte nicht einmal der Gutachter das Haus betreten und geht die Beschreibung und Bewertung des Objekts daher nur vom äußeren Augenschein und vom Studium der Bauakte aus, ist erhöhte Vorsicht am Platze. Insbesondere dann, wenn das Haus noch vom Eigentümer bewohnt wird und aufgrund seines Verhaltens zu befürchten steht, daß dieser dem Erwerber erhebliche Schwierigkeiten bereiten wird. Oder sind Sie ein Glücksspieler?

fehlende Innenbesichtigung von freistehenden Ein- und Zweifamilienhäusern

Ich selbst zähle mich übrigens nicht zu den hier genannten risikobewußten Bietern. Alle von mir bisher ersteigerten Objekte habe ich vor dem Versteigerungstermin von innen gesehen.

- Notieren Sie sich alle Kontaktadressen und erstellen Sie eine Adressenliste !
- Setzen Sie detektivischen Spürsinn ein, um den Schlüsselinhaber ausfindig zu machen (bei unbewohnten Objekten) !
- Versuchen Sie mit allen Mitteln der Diplomatie, ein vom Eigentümer oder Mieter bewohntes Objekt zu besichtigen !
- Mindern Sie die Risiken so weit wie möglich, wenn Sie ein nicht von innen besichtigtes Objekt erwerben wollen !

Haben Sie nun mit Diplomatie oder detektivischem Spürsinn eine Möglichkeit zur Innenbesichtigung des Objekts gefunden, gilt es, sich auf den vereinbarten **Besichtigungstermin** gewissenhaft vorzubereiten. Nehmen Sie unbedingt einen versierten Baufachmann (Architekt, Bauingenieur, eventuell Privatgutachter) mit, wenn Sie selbst nicht genug Erfahrung besitzen, Schwachstellen eines Baus zu erkennen. Denn eines ist sicher: Sie können weder auf den Eigentümer noch auf den Bauunternehmer oder Handwerker zurückgreifen, wenn später Schäden auftreten oder Schäden bereits jetzt vorhanden sind.

Besichtigungstermin gut vorbereiten

Da Sie keinerlei Gewährleistungsansprüche als Ersteher haben, achten Sie oder Ihr Baufachmann daher besonders auf Bauschäden und Baumängel, insbesondere auch solche verdeckter oder versteckter Art, die vielleicht auch der Gerichtsgutachter nicht gesehen hat. Der **Gewährleistungsausschluß** nach § 56 des Zwangsversteigerungsgesetzes („Ein Anspruch auf Gewährleistung findet nicht statt") kann Sie sonst teuer zu stehen kommen.

Gewährleistungsausschluß bei Zwangsversteigerungen

Fassen Sie Ihre wesentlichen Beobachtungen in der Arbeitshilfe 5 „Beurteilung" zusammen und kontrollieren Sie mit Hilfe der nachstehenden Checkliste 10 „ Prüfung", ob Sie nichts vergessen haben. Fragen Sie auch nach **Bauunterlagen** (Baubeschreibung, Bauzeichnungen, Grundrißpläne, Wohnflächenberechnung, Berechnung des umbauten Raums) und klären Sie, ob Sie Kopien davon (falls noch nicht im Gutachten enthalten) gegen Kostenerstattung erhalten können.

Bauunterlagen

Nicht selten liegt bei Objekten, die unter den Hammer kommen, erheblicher **Renovierungsbedarf** vor, da notwendige Reparaturen aus finanziellen Gründen unterlassen wurden. Die Kosten für die Instandsetzung und Instandhaltung sollten nicht unterschätzt oder gar ganz vergessen werden .

Renovierungsbedarf erkennen

Zugegeben, die „Checkliste Prüfung" ist hauptsächlich auf die Prüfung von **Ein- und Zweifamilienhäusern** zugeschnitten. Bei **Mehrfamilien- und Geschäftshäusern** ist eine viel intensivere Prüfung und Beurteilung erforderlich, da es ja nicht nur um die Beurteilung des Hauses als Ganzes geht, sondern auch um die einzelnen Wohn- beziehungsweise Gewerbeeinheiten.

Modernisierungsaufwand schätzen

Bei älteren Objekten ist vielleicht eine grundlegende Modernisierung vonnöten (zum Beispiel neue Heizungsanlage, Einbau neuer Fenster und Türen, Neuausstattung von Bad und WC) oder sogar eine Generalüberholung. Lassen Sie den Modernisierungsaufwand von einem Architekten schätzen und holen Sie Kostenvoranschläge ein!

Altlasten erkennen

Vor allem Altobjekte in den neuen Bundesländern müssen auf Herz und Nieren überprüft werden. Möglicherweise stoßen Sie auf Altlasten. Ungeklärte Eigentumsverhältnisse darf es allerdings bei zur Versteigerung anstehenden Objekten nicht mehr geben.

Bei **Eigentumswohnungen** gestaltet sich die Innenbesichtigung von Haus (Treppenhaus, Kellerräume usw.) und Wohnung (etwa Grundrißgestaltung, Ausstattung) einfacher und schneller. Dafür sind aber andere wichtige Dinge zu beachten.

Hausgeld laut Wirtschaftsplan

Vom Hausverwalter erfahren Sie in der Regel die Höhe des monatlichen **Hausgeldes** für die zu versteigernde Eigentumswohnung (zum Beispiel ETW Nr. 6 lt. Aufteilungsplan). Lassen Sie sich den laufenden **Wirtschaftsplan** zeigen, aus dem auch die Höhe der Verwaltervergütung und Instandhaltungsrücklage hervorgeht.

Checkliste 10 „Prüfung“

Bausubstanz

- ○ In welchem Jahr ist das Haus errichtet worden, wann wurde an- oder umgebaut, wann modernisiert?
- ○ Wie ist der Zustand der Fundierung? Ist das Haus voll unterkellert? Ist der Keller feucht (z. B. fehlende Drainage)?
- ○ Wie ist das Dach beschaffen? Wie ist die Isolierung? Ist das Dach dicht? Funktioniert die Dachentwässerung einwandfrei? Ist das Dachgeschoß ausgebaut oder ausbaubar?
- ○ Wurde doppelschaliges Mauerwerk verwandt?
- ○ Wie ist der Schallschutz im Hause? Entspricht er DIN 4109?
- ○ Wie ist die Wärmedämmung? Ist sie besser als DIN 4108?

Grundriß

- ○ Wie groß ist die reine Wohnfläche nach DIN 283? Liegt eine Wohnflächenberechnung vor?
- ○ Wie groß ist die zusätzliche Nutzfläche?
- ○ Wie ist die Grundrißlösung? Gibt es Grundrißzeichnungen?
- ○ In welchen Himmelsrichtungen liegen Wohn- und Schlafräume?
- ○ Sind alle Räume vom Flur aus zugänglich, oder gibt es sogenannte gefangene Räume'?
- ○ Sind Küche und eventuell Eßraum (Eßecke) nah beieinander?
- ○ Ist das Bad groß genug? Besitzt es ein Außenfenster?
- ○ Sind Flur und Diele ausreichend bemessen?
- ○ Über wie viele Ebenen erstreckt sich das Haus/ die Wohnung?
- ○ Ist die Treppe nur vom Wohnzimmer aus begehbar?

Haustechnische Einrichtungen

- ○ Wie alt ist die Heizungsanlage? Zentral-, Etagen- oder Ofenheizung? Womit wird geheizt (Öl, Erdgas, Fernwärme)?
- ○ Wie erfolgt die Warmwasserzufuhr (zentral oder über Durchlauferhitzer)?
- ○ Werden die Abwässer in den öffentlichen Kanal abgeleitet, oder gibt es eine Kleinkläranlage? Fließen die Abwässer über eine Hebeanlage (Pumpe)?
- ○ Wie alt sind die Elektroanlagen, liegen die Leitungen über oder unter Putz? Sind in ausreichendem Maße Steckdosen vorhanden?
- ○ Ist ein Fernsprechanschluß vorhanden? Gibt es genügend Leerrohre für Telefon und Antennen?
- ○ Ist eine Antenne für Rundfunk und Fernsehen vorhanden, Einzel- oder Gemeinschaftsantenne?

Ausstattung

- ○ Wie alt sind die Fenster und Türen? (Holz-, Kunststoff- oder Aluminiumfenster, Einfach oder Isolier-Verglasung? Holz- oder Kunststofftüren?)
- ○ Wie sind die Decken verkleidet (Eichenpaneele, Fichten -/Tannenhölzer) ?
- ○ Wie gut ist der Fußbodenbelag erhalten (Teppichboden, Fliesen, Parkett)?
- ○ Sind die Innenwände zum Teil holzverkleidet? Haben die Wände Rauhfasertapeten?
- ○ Verfügt die Wohnung über Extras (offener Kamin, Fußbodenheizung) ?
- ○ Besitzt das Haus ein Schwimmbad, eine Sauna o. ä.?

Bauschäden und -mängel

- ○ Liegen Feuchtigkeitsschäden, Putz- oder Setzrisse vor?
- ○ Liegt ein erheblicher Renovierungsstau vor?

Raum für Notizen

....

....

Arbeitshilfe 5 „Beurteilung“ (Beispiel A)

Bausubstanz

Baujahr:	1982/83
Fundament und Keller:	Stahlbeton
Dach:	Betonflachdach
Außenwände:	Stahlbeton
Schallschutz:	nach DIN 4109
Wärmedämmung:	nach DIN 4108

Grundriß (siehe Grundrißplan)

Aufenthaltsbereich (Wohn- und Schlafzimmer):	40 qm
Haustechnischer Bereich: (Bad, WC, Kochnische, Abstellraum)	10 qm
Verkehrsbereich: (Flur, Diele, Treppen)	6 qm
Sonstiger Bereich: (Terrasse, Balkon, Loggia, Hobbyr.)	10 qm

Haustechnische Einrichtungen

Heizung:	Gasgefeuerte Zentralheizung
Sanitärinstallation:	Dusche mit WC
Elektroinstallation:	ausreichend
Sonstiges:	Telefon, Gemeinschaftsantenne

Ausstattung:

Fenster:	Holzrahmen mit Doppelverglasung
Türen:	glattabgesperrte Holztüren
Böden:	Teppichboden, im Bad Bodenfliesen
Innenwände:	Rauhfaser
Extras:	großer Einbauschrank in Diele

Bauschäden und -mängel

(Feuchtigkeitsschäden, Putz- oder Setzrisse): keine

Verwaltervergütung und Instandhaltungsrücklagen

Wichtig für Vermieter von Eigentumswohnungen: Verwaltungs- und Instandhaltungskosten gehören zu den nicht umlagefähigen Bewirtschaftungskosten. Meist wird eine jährliche **Verwaltervergütung** von 400 bis 500 DM pro Wohnung zugrundegelegt sowie eine laufende **Instandhaltungsrücklage** von jährlich 12 bis 15 DM pro qm Wohnfläche.

Betriebskosten plus Grundsteuer und Stromkosten

Wollen Sie die Eigentumswohnung selbst nutzen, müssen Sie neben den Verwaltungs- und Instandhaltungskosten auch laufende **Betriebskosten** (verbrauchsabhängige Heiz- und Warmwasserkosten sowie „kalte" Betriebskosten) an den Hausverwalter zahlen. Hinzu kommen noch die direkt an die Stadtkasse zu zahlende **Grundsteuer** sowie die **Stromkosten** für die Wohnung. Setzen Sie die gesamten Nebenkosten (Verwaltungs- und Instandhaltungskosten, Betriebskosten einschließlich Grundsteuer und Stromkosten) überschlägig mit monatlich rund fünf DM pro qm Wohnfläche an!

wichtige Unterlagen bei Eigentumswohnungen

Besorgen Sie sich, falls möglich, vom Hausverwalter auch die **Teilungserklärung**, die **Gemeinschaftsordnung** und den **Aufteilungsplan**. Auch die **Protokolle der Eigentümerversammlungen** sollten Sie durchsehen, denn es kann sein, daß Änderungen oder Ergänzungen von Teilungserklärung bzw. Gemeinschaftsordnung beschlossen wurden. Außerdem finden Sie in den Versammlungsprotokollen Hinweise auf zuletzt durchgeführte Instandhaltungsarbeiten und eventuelle Streitigkeiten innerhalb der Eigentümergemeinschaft.

Kontaktaufnahme mit Verwaltungsbeirat oder Wohnungseigentümern

Wenn Sie die genannten Unterlagen nicht vom Hausverwalter erhalten, erkundigen Sie sich bei dem Vorsitzenden des **Verwaltungsbeirats** oder bei anderen Wohnungseigentümern. Sie müssen sich später, wenn Sie das Objekt erworben haben, ohnehin mit diesen Unterlagen vertraut machen, warum also nicht schon jetzt? Außerdem erfahren Sie bei dieser Gelegenheit vielleicht auch einige Neuigkeiten über erforderliche Großreparaturen in nächster Zeit (zum Beispiel Neueindeckung des Daches) sowie die aktuelle Höhe der von der Eigentümergemeinschaft gebildeten Instandhaltungsrücklage.

Oft haben die Eigentümer von zur Versteigerung anstehenden Eigentumswohnungen erhebliche **Hausgeldrückstände** auflaufen lassen. Grundsätzlich muß die Eigentümergemeinschaft diese Rückstände tragen. Als späterer Ersteigerer können Sie sich auf § 56 des Zwangsversteigerungsgesetzes verlassen, der eindeutig regelt: „Von dem Zuschlag an gebühren dem Ersteher die Nutzungen und trägt er die Lasten“. Lassen Sie sich also nicht durch Bemerkungen von Hausverwaltern und Miteigentümern verunsichern, wonach Sie allein für aufgelaufene Hausgeldrückstände des Voreigentümers aufzukommen hätten.

Keine Haftung für Hausgeldrückstände

Damit Sie nach Ersteigern eines Hauses oder einer Wohnung keine überraschenden Mitteilungen von der Verwaltungsbehörde bekommen, lassen Sie sich von den **Ämtern** schon vorher alles Wissenswerte mitteilen. Anhand der Checkliste 11 „Verwalter und Ämter“ können Sie sich Ihre Fragen von den zuständigen Beamten beantworten lassen. Gehen Sie aber auch wirklich, so schwer es Ihnen auch fallen mag, zu den Ämtern hin, denn telefonische Auskünfte sind oft nur sehr vage und außerdem unverbindlich.

Gang zu Ämtern

Meist wird es um eine Anfrage beim **Bauamt** (oft untergliedert in Bauplanungs-, Bauordnungs- und Bauverwaltungsamt) gehen, um alles Nähere über die bauliche Vorgeschichte herauszubekommen. Werfen Sie einen Blick in die **Bauakte**, sofern man Ihnen dies gestattet, sowie in den Bebauungs- und Flächennutzungsplan (sofern vorhanden).

Bauakte beim Bauamt

Beim Bauamt erfahren Sie, was auf Sie zukommen kann, wenn zum Beispiel die Gebrauchsabnahme noch fehlt, Erschließungskosten noch nicht bezahlt sind oder Bau- bzw. Nutzungsbeschränkungen für das Versteigerungsobjekt bestehen. Fragen Sie vor allem auch nach eventuellen **Baulasten**, die im Baulastenverzeichnis der Gemeinde verzeichnet sind.

Frage nach Baulasten

Der Gang zum **Wohnungsamt** ist erforderlich, um zu erfahren, ob noch Mietpreis- oder Belegungsbindungen für das Objekt bestehen. Leider sind weder das Gericht noch der Gutachter ver-

Wohnungsbindungen erfragen

pflichtet, auf diese Bindungen hinzuweisen. Auch das Studium der Gläubiger in der Dritten Abteilung des Grundbuchs gibt Ihnen keine völlige Sicherheit. So kann es beispielsweise sein, daß das Grundbuchblatt neu angelegt oder eine Bank statt der für die Vergabe der öffentlichen bzw. nichtöffentlichen Mittel zuständigen Behörde als Gläubiger eingetragen wurde.

Dazu ein eigenes Beispiel: Der Dritten Abteilung des Grundbuchauszuges für eine in der Nähe von Düsseldorf zu versteigernden Eigentumswohnung entnahm ich, daß sich hinter dem an dritter Stelle stehenden Gläubiger die Wohnungsbauförderungsanstalt des Landes Nordrhein-Westfalen (frühere Bezeichnung) verbarg.

Kostenmiete bei Aufwendungsdarlehen

Ich machte mich also auf den Weg zum Wohnungsamt. Die Sachbearbeiter (ich habe selten so hilfsbereite Beamte angetroffen) erklärten mir, daß seinerzeit **Aufwendungsdarlehen** bewilligt worden seien mit der Verpflichtung für den Eigentümer, im Falle der Vermietung nur 7,80 DM pro qm Wohnfläche im Monat (netto kalt) an **Kostenmiete** zu berechnen. Voraussetzung hierfür sei die Wohnberechtigung der Mieter (sog. B-Schein).

Ausnahme vom B-Schein

Zu meinem Erstaunen erfuhr ich dann von den Beamten, daß ich im Falle des Erwerbs eine **Freistellungsbescheinigung** erhalten könne, sofern ich keinen Mietinteressenten mit einem **Wohnberechtigungsschein** gewinne. Nur an die Miete sei ich noch drei Jahre gebunden, denn nach einer Sondervorschrift des § 17 Wohnungsbindungsgesetz erlöschen die Mietpreisbindungen im Fall der Zwangsversteigerung drei Jahre nach Schluß des Kalenderjahres, in dem der Zuschlag erteilt wurde. Mein Rat: Lassen Sie sich über Mietpreis- und Belegungsbindungen, die vor allem für Wohnungen in Berlin gang und gäbe sind, genauestens aufklären!

Checkliste 11 „Verwalter und Ämter"

Verwalter

○ Ist ein *Zwangsverwalter* (laut Eintragung in der Zweiten Abteilung des Grundbuches) eingesetzt, der die Mieten bzw. Pachten einzieht und an die Gläubigerbanken überweist?

○ Gibt es einen *Nachlaßverwalter* (bei Tod des Eigentümers) oder einen *Konkursverwalter* (bei Konkurs des Unternehmers, dem das Versteigerungsobjekt gehört)?

bei Eigentumswohnungen:

○ Haben Sie den *Hausverwalter* (Name, Anschrift, Telefonnummer) in Erfahrung bringen können?

○ Wie hoch ist das monatliche *Hausgeld* für die zu versteigernde Eigentumswohnung oder im Durchschnitt pro qm Wohnfläche im Monat?

○ Haben Sie einen *Wirtschaftsplan* für das laufende Kalenderjahr erhalten?

○ Wie hoch ist die jährliche *Verwaltervergütung* pro Eigentumswohnung plus evtl. TG-Stellplatz?

○ Wie hoch ist die jährliche *Instandhaltungsrücklage* pro qm Wohnfläche?

○ Liegt Ihnen die *Teilungserklärung* vor, sind Ihnen *Gemeinschaftsordnung* und *Aufteilungsplan* bekannt?

○ Haben Sie *Protokolle der Eigentümerversammlungen* erhalten und evtl. Kontakt mit dem Vorsitzenden des Verwaltungsbeirats aufgenommen?

○ Stehen nach Auskunft des Hausverwalters größere Reparaturen an? Reichen die bisher gebildeten Instandhaltungsrücklagen zur Bezahlung der Kosten aus oder müssen Sonderumlagen gebildet werden?

Bauamt

○ Wie sieht die Bauleitplanung für das betreffende Gebiet aus?

○ Gibt es einen Flächennutzungsplan (= vorbereitender, unverbindlicher Bauleitplan)?

- ○ Besteht ein Bebauungsplan (= endgültiger, verbindlicher Bauleitplan)?
- ○ Liegt das Objekt in einem reinen Wohngebiet, allgemeinen Wohngebiet, Mischgebiet oder Gewerbegebiet (zu erfragen beim Planungsamt)?
- ○ Was steht in der Bauakte? Ist die Gebrauchsabnahme aller Bauteile erfolgt? Welche Räume sind als Wohnräume genehmigt, welche nicht? Gibt es bauliche Auflagen oder Baubeschränkungen?
- ○ Sind Baulasten im Baulastenverzeichnis vermerkt? Gibt es Nutzungsbeschränkungen (zu erfragen beim Bauaufsichtsamt)?
- ○ Sind alle Erschließungskosten bezahlt? (Als Schuldner gilt, wer zum Zeitpunkt der Festsetzung der Erschließungskosten Eigentümer ist.)
- ○ Gibt es irgendwelche Hinweise auf Altlasten?

Wohnungsamt

- ○ Ist die Wohnung oder das Haus mit öffentlichen bzw. nichtöffentlichen Mitteln gefördert worden? Handelt es sich um den 1. Förderungsweg (öffentlich geförderter sozialer Wohnungsbau) oder den 2. bzw. 3. Förderungsweg?
- ○ Bestehen noch Wohnungsbindungen (Mietpreis- und Belegungsbindung, evtl. mit Nachwirkungsfrist)?
- ○ Muß zum Erfüllen der Belegungsbindung ein Wohnberechtigungsschein (sog. B-Schein) vorgelegt werden? Kann evtl. eine Freistellungsbescheinigung erteilt werden (zum Beispiel in Gebieten, in denen kein erhöhter Wohnungsbedarf mehr vorliegt)?
- ○ Ist die Mietpreisbindung durch Festlegung der Kostenmiete erfolgt? Wie hoch ist die Kostenmiete? In welchen Fällen kann sie erhöht werden? Wie lange gilt die Bindung noch?

Arbeitshilfe 6 „Zusatzinformationen" (Beispiel A)

Verwalter

○ Zwangsverwaltung:	ja
Name und Anschrift:	....
○ Nachlaßverwaltung:	nein
Konkursverwaltung:	nein
○ Hausverwaltung:	ja
Name und Anschrift:	....
○ Wirtschaftsplan:	liegt vor
○ Teilungserklärung:	liegt vor
○ Aufteilungsplan:	liegt vor
○ monatliches Hausgeld:	4,17 DM pro qm Wohnfläche
○ Verwaltervergütung:	432 DM pro Jahr
○ Instandhaltungsrücklage:	8,50 DM/qm pro Jahr + 90 DM für TG-Stellplatz

Bauamt

○ Bauleitplanung:	rechtsverbindlicher Bebauungsplan liegt nicht vor
○ Nutzungsart lt. BauNV:	allgemeines Wohngebiet in D-Bilk
○ Gebrauchsabnahme:	in 1983 erfolgt
○ Erschließungskosten:	bezahlt
○ Nutzungsbeschränkungen:	keine
○ Baulasten:	keine

Wohnungsamt

○ Belegungsbindung:	keine
○ Mietpreisbindung:	keine
○ Ende der Wohnungsbindungen:	entfällt

3.5 Wie erfülle ich die finanziellen Voraussetzungen? – Vorläufige Darlehenszusage und Sicherheitsleistung

Haben Sie nun alle notwendigen Informationen über das Versteigerungsobjekt in mühsamer Kleinarbeit gesammelt, geht es eigentlich „nur" noch um das Geld. Bevor Sie aber den Versteigerungstermin wahrnehmen, sollten Sie die Finanzierung der voraussichtlichen **Anschaffungskosten** sicherstellen.

Gefahren bei geplatzter Finanzierung

Es ist zwar richtig, daß Sie am **Versteigerungstermin** in der Regel nur zehn Prozent des Gebotes auf den Tisch des Rechtspflegers hinblättern müssen. Allerdings kommen Sie in größte Schwierigkeiten, wenn die Finanzierung später platzt und die restlichen 90 Prozent zum **Verteilungstermin**, der etwa sechs bis acht Wochen nach dem Versteigerungstermin liegt, nicht gezahlt werden können. Die Strafe ist bitter: Ihre frisch ersteigerte Immobilie kommt erneut unter den Hammer, da die Banken Geld sehen wollen und daher die **Wiederversteigerung** einleiten.

Wert des Objekts

Wie kann ich die Finanzierung aber sicherstellen, werden Sie fragen, wenn ich den Preis noch gar nicht weiß? Von Oscar Wilde stammt der Satz: „Heute kennt man von allem den Preis, von nichts den Wert". Sie aber kennen doch den **Wert** des Objektes, und zwar sowohl den vom Gutachter geschätzten Verkehrswert als auch den Wert, den das Objekt tatsächlich für Sie darstellt (zum Beispiel Verkehrswert minus 20 Prozent Abschlag).

möglicher Erwerbspreis

Um den **möglichen Erwerbspreis** abschätzen zu können, können Sie nun die Gläubigerbank anrufen. Lassen Sie sich mit der Rechtsabteilung verbinden und nennen Sie den Namen des Eigentümers, eventuell noch die Lage des Objekts, aber nicht das Aktenzeichen (andere Stellen, andere Sitten). Keine Bank wird Ihnen am Telefon mitteilen, wie hoch ihre tatsächliche Forderung an den Eigentümer ist (sog. Valuta) oder wie hoch ihre „Schmerzgrenze" sein wird, bis zu der sie heruntergeht. Die Bank beruft sich – übrigens zu Recht – auf ihr Bankgeheimnis.

Bietergeheimnis contra Bankgeheimnis

Andererseits möchte die Bank nur allzu gerne von Ihnen hören, wie weit Sie gehen wollen. Zwar können Sie sich jetzt mehr scherzhaft auf Ihr „Bietergeheimnis“ berufen. Besser ist aber der folgende Weg, den ich anhand eines erdachten, aber wirklichkeitsnahen Telefongespräches einmal aufzeigen will:

Telefonat mit der Bank

Sie: „Ich habe ein paar Fragen zur Versteigerungssache Fritz Müller, Bahnhofstraße 1, Düsseldorf“.
Bank: „Was wollen Sie wissen?“
Sie: „Der Versteigerungstermin ist in zwei Wochen. Gehen Sie davon aus, daß der Termin bleibt?“
Bank: „Uns ist nichts anderes bekannt“.
Sie: „Ich habe Interesse an dem Objekt. Kann man bei 70 Prozent des Verkehrswertes zum Zuge kommen?“
Bank: „Nein. 90 Prozent müssen es schon sein. Aber Sie können ja erst einmal bieten.“
Sie: „Haben sich schon andere Interessenten bei Ihnen gemeldet?“
Bank: „Relativ viele. Wir gehen daher davon aus, daß das Objekt nicht unter dem Verkehrswert weggeht“.
Sie: „Sind Sie im Versteigerungstermin anwesend?“
Bank: „Nein, wahrscheinlich mein Kollege X. Sie können sich im Termin ja an ihn wenden“.

erste Erkenntnisse

Haben Sie nun etwas erreicht? Sie werden mit Recht sagen: Nicht viel. Aber seien Sie nicht zu sehr enttäuscht. Immerhin wissen Sie, daß der mögliche Erwerbspreis zwischen 70 und 90 Prozent des Verkehrswertes liegen wird und daß der Termin „steht“. Außerdem wird sich der Vertreter der Bank im Termin an Sie erinnern können mit den Worten: „Ja, ich weiß. Sie hatten mit meinem Kollegen gesprochen“.

„Die Bank ist Dein Freund; sie will Dein Bestes – Dein Geld“ meint Carlo Franchi. Hand aufs Herz: Haben Sie etwas anderes erwartet? Warum sollte die Gläubigerbank denn nicht versuchen, so viel Geld wie möglich vom Bieter und späteren Ersteher zu bekommen? Eine andere Frage ist, ob Sie als derjenige, der not-

unterschiedliche Interessen

wendigerweise andere Interessen hat (zum Beispiel so wenig wie möglich für Haus oder Wohnung zu bezahlen), da mitmachen. Aber eins gilt sicher auch: Über die unterschiedlichen Preisvorstellungen – in unserem Fall 70 und 90 Prozent – läßt sich zumindest reden, vielleicht trifft man sich ja später in der Mitte.

Wesen der Ausbietungsgarantie

Wenn Sie sich schon vor dem Versteigerungstermin mit der Gläubigerbank weitgehend einigen möchten, können Sie mit ihr ein Bietabkommen, den sogenannten Ausbietungsgarantievertrag, abschließen. In dieser **Ausbietungsgarantie** ist Ihre Verpflichtung enthalten, einen bestimmten Mindestbetrag im Termin „auszubieten" (zum Beispiel 80 Prozent des Verkehrswertes). Andererseits erklärt die Bank, Sie nicht zu überbieten. Zwar haben Sie mit einem solchen Vertrag einen wichtigen potentiellen Bietkonkurrenten, nämlich die Gläubigerbank, ausgeschaltet, aber sicher ist Ihnen der Erwerb des Objekts keineswegs, da ja irgendein x-beliebiger anderer Konkurrent Sie im Termin überbieten kann.

Vor- und Nachteile einer Ausbietungsgarantie aus Bietersicht

Hinzu kommt, daß es der Gläubigerbank nicht verboten ist, mit mehreren Bietinteressenten Ausbietungsgarantieverträge abzuschließen. In einem selbst erlebten Fall brüstete sich der Bankenvertreter damit, daß bereits drei Interessenten unterschrieben hätten.

Eine Ausbietungsgarantie ist meiner Meinung nach nur dann sinnvoll, wenn Sie auf jeden Fall den genannten Betrag bieten wollen (andererseits machen Sie sich schadensersatzpflichtig) und wenn Sie in den Vertrag einige zusätzliche Vorteile für sich aufnehmen lassen (zum Beispiel Finanzierung durch die Gläubigerbank zu besonders günstigen Zinskonditionen, Verzicht der Bank auf Sicherheitsleistung im Termin für Ihre Gebote, keine weitere Werbung für das Objekt wie Zeitungsannoncen der Gläubigerbank).

Ansonsten gilt: Lassen Sie die Finger von Ausbietungsgarantien, die Ihren Aktionsspielraum (beispielsweise das Feilschen um den günstigsten Preis im Termin) ja ohnehin stark einengen und in der Regel aus Sicht der Bank nur den Zweck verfolgen, Sie schon im Vorfeld einseitig zu binden.

Rettungserwerb prüfen

Wenn Sie das Objekt unbedingt erwerben wollen, sollten Sie lieber prüfen, ob ein **Rettungserwerb** zwecks Abwendung der Zwangsversteigerung noch möglich ist. Hierzu brauchen Sie allerdings das Einverständnis aller beteiligten Parteien (alle Gläubiger und der Eigentümer müssen zustimmen) und einen notariellen Kaufvertrag.

Gefahr der Schuldübernahme

Prüfen Sie bei einem rechtsgeschäftlichen Erwerb aber auch, inwieweit Sie als Übernehmer für die Ansprüche der Gläubiger mithaften. Die Haftung des Übernehmers gem. **Schuldübernahme** nach § 419 BGB kann weitreichende Folgen haben. Schützen Sie sich davor, indem Sie vorher mit dem Notar darüber sprechen, wie Sie diese Risiken am besten ausschalten können.

Finanzierung sicherstellen

Ob freihändiger Erwerb durch Kaufvertrag beim Notar oder Ersteigern beim Amtsgericht: Ihre Finanzierung des Objekts muß auf jeden Fall schon vor dem Notartermin (beim freihändigen Kauf) oder dem Versteigerungstermin (beim Ersteigern) „stehen".

vorläufige Darlehenszusage reicht

Eine endgültige Darlehenszusage mit Abschluß des Darlehensvertrages können Sie selbstverständlich nicht erwarten. Es reicht für Sie aus, eine **vorläufige Darlehenszusage** von Ihrer Bank zu erhalten.

Gehen Sie Schritt für Schritt vor nach der Checkliste 12 „Finanzierung und Steuern" vor und werfen Sie einen Blick auf Arbeitshilfe 7 „Finanzierungsplanung".

Preisschätzung

Ihre Finanzierungsplanung muß zunächst einmal von einer **Preisschätzung** ausgehen. Mein Rat: Gehen Sie gegenüber der finanzierenden Bank von 80 bis 90 Prozent des Verkehrswertes als **möglichem Erwerbspreis** aus.

5 % für Nebenkosten

Wenn Sie nun rund fünf Prozent des möglichen Erwerbspreises für auf jeden Fall entstehende Nebenkosten (3,5 Prozent Grunderwerbsteuer ab 1997 sowie ca. 1,5 Prozent Gerichtsgebühren) aufschlagen, erhalten Sie die voraussichtlichen Anschaffungskosten. Da kein notarieller Kaufvertrag abgeschlossen werden muß, entfallen die Notarkosten.

Checkliste 12 „Finanzierung und Steuern“

Schätzung der Anschaffungskosten (Kapitalbedarfsrechnung)

- ○ Wie hoch ist der mögliche Erwerbspreis? Soll ich mit Erfahrungssätzen (zum Beispiel 80 Prozent für Eigentumswohnungen, 90 Prozent für Einfamilienhäuser) rechnen? Kann ich mich auf die Preisvorstellung der Gläubigerbank verlassen? Habe ich eine andere Preisvorstellung?

- ○ Habe ich 5 Prozent des möglichen Erwerbspreises für Anschaffungsnebenkosten (Grunderwerbsteuer 3,5 Prozent, Zuschlagsgebühr circa 0,5 Prozent, Eintragungsgebühr circa 0,5 Prozent, evtl. zusätzliche Nebenkosten 0,5 Prozent) berücksichtigt?

Beschaffung des Kapitals (Finanzierungsplan)

- ○ Wieviel Eigenkapital kann bzw. will ich einsetzen? (Selbstnutzer sollten eine Eigenkapitalquote von mindestens 20 Prozent einkalkulieren, Kapitalanleger können sich mit einer geringeren Eigenkapitalquote begnügen)

- ○ Wieviel Fremdkapital in DM benötige ich von Bank, Bausparkasse oder Lebensversicherung bei hundertprozentiger Auszahlung des Darlehens?

- ○ Um welchen Betrag erhöht sich das Darlehen nominal, wenn ich ein Disagio (Damnum) von zum Beispiel zehn Prozent vereinbare?

- ○ Habe ich eine schriftliche Darlehensanfrage bei meiner Hausbank oder einer anderen Bank gestartet?

- ○ Liegt mir die vorläufige Darlehenszusage einer Bank vor?

Monatliche Belastung bei Selbstnutzung oder Kapitalanlage
(Liquiditätsrechnung)

○ Wie hoch ist die jährliche Belastung aus Kapitaldienst insgesamt? Wie hoch sind die jährlichen Zinsen und die jährliche Tilgung?

○ Wie hoch sind die voraussichtlichen Bewirtschaftungskosten (bei Selbstnutzung)? Wie hoch ist das Hausgeld (bei Eigentumswohnungen)?

○ Wie hoch sind die Mieteinnahmen (bei Kapitalanlage)?

○ Wie hoch ist die monatliche Belastung ohne Berücksichtigung der Steuerersparnis (Belastung aus Kapitaldienst plus Bewirtschaftungskosten bzw. Hausgeld minus Mieteinnahmen)? Ist die monatliche Belastung auf Dauer tragbar?

Ermittlung der Steuervorteile
(Steuerrechnung)

bei Selbstnutzung:

○ Habe ich Anspruch auf Eigenheimzulage (jährlich 5.000/2.500 DM für Neubau/Gebrauchtimmobilie plus 1.500 DM Kinderzulage, und zwar maximal acht Jahre lang)?

○ Steht mir die höhere Eigenheimzulage von 5.000 DM zu, da das Versteigerungsobjekt noch nicht älter als zwei Jahre ist (gerechnet vom Schluß des Kalenderjahres der Fertigstellung an bis zum Versteigerungstermin)?

bei Vermietung:

○ Kann ich die höhere degressive Abschreibung (z.Zt. 5 % der Gebäudekosten) ansetzen, da das Versteigerungsobjekt erst im Jahr der Versteigerung fertiggestellt wurde?

○ Wie hoch ist der steuerliche Verlust aus Vermietung und Verpachtung? Wie hoch ist die voraussichtliche Steuerersparnis?

Arbeitshilfe 7 „Finanzierungsplanung“ (Beispiel A)

Anschaffungskosten

Verkehrswert laut Gerichtsgutachten		175.000 DM
möglicher Erwerbs- bzw. Steigpreis:	80 % des Verkehrswertes	140.000 DM
	90 % des Verkehrswertes	157.500 DM

voraussichtliche Anschaffungskosten: 144.000 bis 162.000 DM
(= möglicher Erwerbspreis + 3 %* Anschaffungsnebenkosten)

*) Versteigerungstermin in 1996 (geringere Grunderwerbsteuer)

Finanzierung

Fremdkapital (100 % Auszahlung)	135.000 DM
+ Eigenkapital	9.000 bis 27.000 DM
= voraussichtliche Ansch.kosten	144.000 bis 162.000 DM

Sicherheitsleistung (10 % der abgegebenen Gebote):

LZB-bestätigter Scheck	12.500 DM
+ Bargeld	+ x DM

Belastung vor Steuern

Belastung aus Kapitaldienst: 6,75 % Zins + 1 % Tilgung

= 7,75 % von 135.000 DM	10.463 DM
+ Belastung aus Bewirtschaftung (Hausgeld)	+ 3.782 DM
= jährl. Belastung vor Mieteinnahmen	14.245 DM
./. Jahresnettokaltmiete: 820 DM x 12 =	./. 9.840 DM
./. Betriebskosten-Umlage: 220 DM x 12 =	./. 2.640 DM
= jährl. Restbelastung vor Steuern	1.765 DM

monatliche Restbelastung vor Steuern = 147 DM

Steuervorteile

2 % Abschreibung, Verrechnung des steuerlichen Verlustes

Fremdkapital und Belastung ermitteln

Das benötigte **Fremdkapital** erhalten Sie, indem Sie Ihren geplanten Eigenkapitaleinsatz von den voraussichtlichen Anschaffungskosten abziehen. Falls Sie sich über Ihre Finanziewünsche (Annuitätendarlehen oder Festdarlehen mit Tilgungsaussetzung, Dauer der Zinsbindung, Höhe eines evtl. Disagios) klar sind und die aktuellen Zinskonditionen bereits kennen, können Sie Ihre **Belastung** vor Steuern errechnen.

Darlehensanfrage

Um nun die Finanzierung Ihres Vorhabens sicherzustellen, sollten Sie bei Ihrer Hausbank oder einem anderen Finanzierungsinstitut eine **Darlehensanfrage** starten. Diese könnte wie folgt aussehen (siehe das folgende Beispiel B, das von mir selbst stammt):

Darlehensanfrage für zu ersteigernde ETW am 30.5.1997

Sehr geehrter Herr ......,

bei der am 30.5.1997 am Amtsgericht zur Versteigerung anstehenden Eigentumswohnung Siegstr. 15, Düsseldorf, möchte ich mitbieten. Das Verkehrswertgutachten sowie eine kurzgefaßte Investitions-, Finanzierungs- und Liquiditätsplanung habe ich beigefügt.

Darüber hinaus erhalten Sie einen tabellarischen Überblick über meine Einkommens- und Vermögensverhältnisse. Ich darf Sie bitten, meine Darlehensanfrage zu prüfen und mir eine vorläufige Darlehenszusage zu erteilen.

Die Sicherheitsleistung möchte ich in Form eines LZB-bestätigten Schecks über 11.200 DM sowie in bar für den Rest erbringen. Bitte besorgen Sie mir bis zum 28.5.1997 einen entsprechenden LZB-bestätigten Scheck.

Falls ich die Wohnung am 30.5.1997 ersteigere, werde ich am gleichen Tag zwecks Finanzierung des Restbetrages (= Ersteigerungspreis minus Sicherheitsleistung) bei Ihnen vorsprechen.

Mit freundlichen Grüßen

Werner Siepe

Anlagen *Verkehrswertgutachten*
Investitions-, Finanzierungs- und Liquiditätsplanung
Einkommens- und Vermögensverhältnisse

Meine Investitions-, Finanzierungs- und Liquiditätsplanung möchte ich Ihnen nicht vorenthalten:

1. Investitionsplanung

ETW Siegstr. 15, 40235 Düsseldorf, Baujahr 1974:

Wohnfläche 52,51 qm x 2.857 DM =		*150.000 DM*
+ TG-Stellplatz		*+10.000 DM*
= Verkehrswert lt. Gutachten		*160.000 DM*
möglicher Erwerbspreis:	*80 % des Verk.wertes*	*= 128.000 DM*
	90 % des Verk.wertes	*= 144.000 DM*

derzeitig gezahlte Nettokaltmiete:
monatlich 870 DM x 12 Monate = *10.440 DM p.a.*

2. Finanzierungsplanung

angenommener Erwerbspreis:	*144.000 DM*
+ 5 % Anschaffungsnebenkosten	*+ 7.200 DM*
= voraussichtliche Anschaffungskosten	*151.200 DM*

Eigenkapital: *21.200 DM*
(davon Sicherheitsleistung durch LZB-Scheck 11.200 DM, Rest Sicherheitsleistung sowie Nebenkosten in bar)

Fremdkapital:
Annuitätendarlehen
(100 % Auszahlung, 10 Jahre Zinsbindung) *130.000 DM*

Belastung aus Kapitaldienst:
7,45 % (= 6,45 + 1) von 130.000 DM = *9.685 DM p.a.*

3. Liquiditätsplanung

Jahresnettokaltmiete	*10.440 DM*
./. nicht umlagefähige Nebenkosten ca.	*./. 1.000 DM*
./. Belastung aus Kapitaldienst	*./. 9.685 DM*
= Liquidität nach Tilgung u. vor Steuern	*./. 245 DM*

Das Verkehrswertgutachten möchte ich Ihnen aus Platzgründen an dieser Stelle ersparen. Verständnis werden Sie sicherlich dafür haben, daß ich meine Einkommens- und Vermögensverhältnisse ebenfalls nicht ausbreite.

LZB-bestätigter Scheck

Am 28.5.1997, zwei Tage vor dem Versteigerungstermin, konnte ich mir den **LZB-bestätigten Scheck** (LZB = Landeszentralbank) über 11.200 DM persönlich abholen sowie die vorläufige Darlehenszusage entgegennehmen.

Was hat es mit dem schon mehrmals erwähnten „LZB-bestätigten Scheck" eigentlich auf sich? Welchem Zweck dient ein Scheck, auf dessen Rückseite die LZB = Landeszentralbank (als eine Filiale der Deutschen Bundesbank) die Einlösung innerhalb von acht Tagen nach Ausstellung bestätigt?

LZB-Scheck als Form der Sicherheitsleistung

Wie Sie sicherlich schon wissen, muß jeder Bieter im Versteigerungstermin nach Abgabe seines Gebotes auf Verlangen eines Beteiligten (zum Beispiel der Gläubigerbank) Sicherheit in Höhe von zehn Prozent des Gebotes leisten. Als eine Form der **Sicherheitsleistung** hat der noch gültige § 69 Absatz 2 ZVG (Zwangsversteigerungsgesetz) „bestätigte Bundesbankschecks" vorgesehen, deren „Vorlegungsfrist nicht vor dem vierten Tage nach dem Versteigerungstermin abläuft".

Beispielrechnung

Dazu mein Beispiel: Wenn mein Anfangsgebot bei 112.000 DM (= 70 Prozent des Verkehrswertes) liegen soll, kann die Gläubigerbank eine Sicherheitsleistung in Höhe von 11.200 DM (= 10 Prozent von 112.000 DM) verlangen. Ein bestätigter LZB-Scheck in Höhe von 11.200 DM ist zur Sicherheitsleistung geeignet, falls zwischen Versteigerungstermin und letztem Tag der Vorlegungsfrist mindestens drei volle Tage, die nicht unbedingt Werktage sein müssen, liegen.

Sehen Sie sich einen bestätigten LZB-Scheck (siehe Abbildung) einmal genauer an. Die Bank als Aussteller hat diesen Scheck am 26.5.1997 auf die Landeszentralbank in Nordrhein-Westfalen ausgestellt. Auf der Rückseite des Schecks bestätigt die LZB, daß sie den Scheck bis zum 3.6.1997 während der Geschäftsstunden einlösen werde.

Beispiel für LZB-bestätigten Scheck

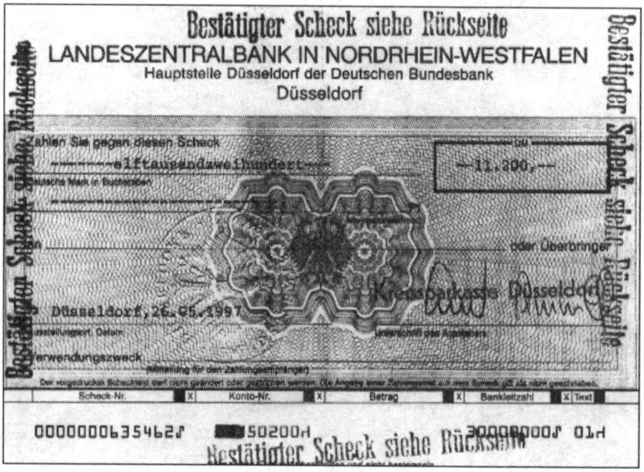
Bestätigter Scheck siehe Rückseite
LANDESZENTRALBANK IN NORDRHEIN-WESTFALEN
Hauptstelle Düsseldorf der Deutschen Bundesbank
Düsseldorf
Zahlen Sie gegen diesen Scheck
--------elftausendzweihundert---
DM --11.200,--
Deutsche Mark in Buchstaben
oder Überbringer
Kreissparkasse Düsseldorf
Düsseldorf,26.05.1997
Ausstellungsort, Datum
Unterschrift des Ausstellers
Verwendungszweck
Schreck-Nr. | Konto-Nr. | Betrag | Bankleitzahl | Text
Bestätigter Scheck siehe Rückseite

wie bares Geld

Dieser bestätigte LZB-Scheck ist bares Geld wert. Jeder, der den Scheck bis zum 3.6.1997 bei der LZB Nordrhein-Westfalen in Düsseldorf vorlegte, bekam 11.200 DM ausgezahlt. Bei anderen Stellen der Deutschen Bundesbank konnte er den Scheck „innerhalb der Bestätigungsfrist zur sofortigen vorbehaltlosen Gutschrift auf Girokonto mit besonderem Vordruck der Bank“ einreichen, wie es auf der Rückseite heißt.

Wie Sie sehen, taucht mein Name auf dem Scheck überhaupt nicht auf. Die Bank, die mir den bestätigten LZB-Scheck besorgt hatte, belastete mein Konto mit 11.200 DM zuzüglich einer Gebühr von 30 DM.

Halten wir zusätzlich drei Daten fest:

Terminplanung

Ausstellungstag:	26.5.1997
Versteigerungstermin:	30.5.1997
Einlösungstag:	3.6.1997 (spätestens)

Die bis zum 3.6.1997 dauernde Vorlegungsfrist lief also in der Tat „nicht vor dem vierten Tage nach dem Versteigerungstermin“

(siehe § 69 Abs. 2 ZVG) ab. Einfacher ausgedrückt: Zwischen dem Versteigerungstermin am Freitag, 30.5.1997, und dem letztmöglichen Einlösungstag, also dem Dienstag, 3.6.1997, lagen exakt drei volle Tage.

Mit Recht werden Sie einwenden: Komplizierter geht's wohl nicht. Nach einem im Bundesrat vorliegenden Gesetzentwurf sollen die Regelungen über die Sicherheitsleistung demnächst sehr viel einfacher ausfallen. Verrechnungsschecks von Banken und Sparkassen über einen Betrag von zehn Prozent des Verkehrswertes (nicht des abgegebenen Gebotes) werden dann ebenso anerkannt wie die bestätigten LZB-Schecks. Dies ist aus Sicht der Bietinteressenten und Rechtspfleger sicher zu begrüßen.

Vereinfachung geplant

Nach geltendem Recht sind vier Arten von Sicherheitsleistungen zugelassen:

Arten von Sicherheitsleistungen

- Bargeld
- bestätigter LZB-Scheck
- Bankbürgschaft
- inländische Wertpapiere, die auf den Inhaber lauten und einen Kurswert haben.

Bargeld ist zwar einfach durch Abhebung vom Konto zu beschaffen, bei hohen Beträgen ist das Risiko des Verlustes (etwa durch Diebstahl auf dem Weg zum Amtsgericht) allerdings nicht von der Hand zu weisen.

Bargeld als Sicherheitsleistung

In der Praxis bevorzuge ich eine Mischung von bestätigten LZB-Schecks und Bargeld beim Erbringen der Sicherheitsleistung, was auch unter biettaktischen Gesichtspunkten sinnvoll sein kann.

Nach dem Motto „LZB-Scheck für das große Geld, Banknoten für das kleine Geld" besorgte ich mir neben dem LZB-Scheck über 11.200 DM noch Bargeld in einer Höhe von 3.000 DM (zwei 1.000-DM-Scheine und zehn 100-DM-Scheine). Mit anderen Worten: Meine Sicherheitsleistung von insgesamt 14.200 DM

Mischung von LZB-Scheck und Bargeld

würde bis zu einem Gebot von 142.000 DM ausreichen. Das Anfangsgebot von 112.000 DM, für das ich Sicherheit in Form des LZB-Schecks leisten würde, könnte ich später also spielend durch Hinterlegung von Bargeld erhöhen, falls die Gläubigerbank zusätzliche Sicherheitsleistung verlangen würde.

Bankbürgschaft als Sicherheitsleistung

Möglich ist auch die Stellung eines solventen Bürgen nach § 239 des Bürgerlichen Gesetzbuches (sog. selbstschuldnerische Bürgschaft). Hierbei wird es sich regelmäßig um eine **Bankbürgschaft** handeln (beispielsweise eine Bürgschaft Ihrer Hausbank oder der Gläubigerbank).

Wertpapiere als Sicherheitsleistung

Mit der Vorlage von **Wertpapieren** (und zwar inländische Wertpapiere, die auf den Inhaber lauten und einen Kurswert haben) rennen Sie bei Rechtspflegern keine offenen Türen ein. Schließlich sind diese Wertpapiere nur als Sicherheitsleistung geeignet, wenn sie börsenmäßig verwertbar sind und die Börsenkurse laut letztem amtlichen Kursbericht ermittelt werden können. Wenn Wertpapiere als Sicherheitsleistung für Gebote des späteren Erstehers hinterlegt werden, müßte das Gericht diese Wertpapiere sogar verkaufen.

immer mit Sicherheitsleistung rechnen

Auch wenn Sie mit einer Gläubigerbank einen Ausbietungsgarantievertrag geschlossen oder die Finanzierung abgeklärt haben mit der Zusicherung der Bank, im Termin bei von Ihnen abgegebenen Geboten auf Sicherheitsleistung zu verzichten, kann es Ihnen immer noch passieren, daß ein anderer Gläubiger oder vielleicht sogar der Schuldner, den Sie im Termin ansonsten nur selten sehen, Sicherheitsleistung verlangt. Also, sicher ist sicher: Rechnen Sie auf jeden Fall mit dem Verlangen nach Sicherheitsleistung!

Sonderfall

Und noch etwas zum Thema Sicherheitsleistung: Zwar reichen zehn Prozent des **Bargebotes** (also des Gebotes ohne die evtl. bestehenbleibenden Rechte) in 99 von 100 Fällen als Sicherheit aus. Aber es kann ja der Fall eintreten (ich habe ihn einmal erlebt), daß die Verfahrenskosten höher sind (zum Beispiel

5.000 DM) als zehn Prozent des Bargebotes (zum Beispiel 10 Prozent von 40.000 DM = 4.000 DM). In diesem ganz seltenen Falle müssen Sie Sicherheit in Höhe der Verfahrenskosten (zum Beispiel 5.000 DM) leisten. Merke: Gericht hat immer Vorrang!

ungeeignete Sicherheiten

Anfänger glauben, auch durch Vorlage von Sparbüchern, Kontoauszügen, Euroschecks oder durch Hinweis auf ihre Kreditwürdigkeit Sicherheit leisten zu können. Nichts könnte falscher sein! Erst nach der Reform der recht antiquierten Vorschriften des Zwangsversteigerungsgesetzes über die Sicherheitsleistung (§§ 67 bis 70 ZVG) ist mit Erleichterungen zu rechnen.

Falls Sie für Ihre private Finanzierungsplanung das persönliche Gespräch mit der Gläubigerbank, Ihrer Hausbank oder einem anderen Finanzierungsinstitut suchen, bereiten Sie sich auf dieses Gespräch gut vor und nehmen Sie folgende Unterlagen mit:

wichtige Unterlagen

- Kopie des **Verkehrswertgutachtens** (erhältlich in der Regel von der betreibenden Gläubigerbank) und Schätzung der voraussichtlichen Anschaffungskosten
- **Eigenkapitalnachweis** (zum Beispiel Kontoauszüge über Spar-, Bauspar-, Wertpapierguthaben), eventuell Eigenkapitalersatzmittel (beispielsweise Arbeitgeber- und Verwandtendarlehen)
- **Einkommensnachweis** (zum Beispiel Verdienstbescheinigung des Arbeitgebers oder letzter Einkommensteuerbescheid).

fehlende Beleihungsunterlagen nachreichen

Sagen Sie dem Sachbearbeiter in der Kreditabteilung, daß Sie fehlende Unterlagen (beispielsweise Feuerversicherungsnachweis, eventuell Berechnung der Wohn- und Nutzfläche und des umbauten Raumes, Bauzeichnungen und Grundrißpläne) im Falle des Ersteigerns, zusammen mit dem Zuschlagsbeschluß vom Gericht, unverzüglich nachreichen werden. Nehmen Sie den Bankern die unliebsamen Rückfragen über die sogenannten **Beleihungsunterlagen** ab.

Zeigen Sie sich vertraut mit der Prozedur des Immobilienerwerbs durch Zwangsversteigerung (viele Kreditsachbearbeiter sind es nämlich nicht, aber Sie werden es nach Durcharbeitung dieses Buches sicherlich sein) und konzentrieren Sie sich auf das, was Sie von der Bank wollen, nämlich Geld in Form von Fremdkapital.

in der Regel mindestens 20 % Eigenkapital bei Selbstnutzern

Falls Sie als **Selbstnutzer** nicht mindestens 20 Prozent Eigenkapital aufbringen können, werfen Sie die Flinte nicht voreilig ins Korn. Ihre Bank wird sich vielleicht auch mit weniger Eigenkapital begnügen, wenn Ihr Einkommen überdurchschnittlich und Ihre monatliche Belastung für Zinsen und Tilgung demzufolge tragbar ist. Glauben Sie ja nicht, daß ich Ihnen jetzt ganz locker zur 100-Prozent-Finanzierung rate nach dem Motto: „Ersteigern ohne Eigenkapital".

geringere Eigenkapitalquote bei Kapitalanlegern

Insbesondere **Kapitalanleger**, die das noch zu ersteigernde Objekt vermieten wollen, sollten ihrer Bank folgenden Vorschlag unterbreiten: Sie zahlen zehn Prozent des voraussichtlichen Erwerbspreises am Versteigerungstermin (dies entspricht genau der Sicherheitsleistung, die bereits eingehend erläutert wurde) sowie alle Anschaffungsnebenkosten. Die Bank zahlt den Rest, also 90 Prozent des voraussichtlichen Erwerbspreises, zum Verteilungstermin.

Zinsbindungsfrist und Disagiohöhe festlegen

Auf Grund Ihrer Unterlagen kann Ihnen nun die Bank ein noch unverbindliches Angebot unterbreiten. Natürlich wird man Sie jetzt fragen, wie lange Sie die Zinsen festlegen lassen wollen (**Zinsbindungsfrist** als Zeit, für die der Zinssatz fest garantiert ist), und ob Sie die Darlehnssumme voll ausgezahlt haben wollen oder nicht (**Disagio** oder Damnum als Auszahlungsabschlag beziehungsweise Differenz zwischen Darlehens- und Auszahlungssumme).

Richten Sie sich bei der Wahl der Zinsbindungsfrist nach folgenden bewährten Faustformeln:

- Tiefzinsphase (zum Beispiel 1997) – lange Zinsbindung,
- Hochzinsphase (zum Beispiel 1991) – kurze Zinsbindung.

Ein hohes Disagio sollten Sie nur als Kapitalanleger in Erwägung ziehen, denn als Selbstnutzer können Sie das Disagio seit 1996 steuerlich nicht mehr absetzen.

Zinskonditionen vergleichen

Selbstverständlich werden Sie die **Zinskonditionen** verschiedener Finanzierungsinstitute miteinander vergleichen, um die für Sie günstigste Finanzierung zu ermitteln. Lassen Sie sich dann von der zinsgünstigen Bank schon vor dem Versteigerungstermin eine **vorläufige schriftliche Darlehenszusage** geben, in der die Bank versichert, im Falle eines Erwerbs ein Darlehen bis zu einer bestimmten Höhe zu bestimmten Konditionen zu gewähren.

In der Checkliste 12 „Finanzierung und Steuern" finden Sie zusätzlich Fragen zur Berechnung der monatlichen Belastung und der Steuerersparnis. Nur Kapitalanlageprofis, die etwa ein Mehrfamilien- oder ein Geschäftshaus ersteigern wollen, werden eine genaue Wirtschaftlichkeits- bzw. Rentabilitätsrechnung schon jetzt aufstellen. Daher erspare ich mir an dieser Stelle nähere Erläuterungen.

monatliche Belastung ermitteln

Für den Selbstnutzer und den Kleinanleger, der ein Ein- oder Zweifamilienhaus oder eine Eigentumswohnung ersteigern möchte, ist die Höhe der **monatlichen Belastung** (beim Kleinanleger kann es auch schon mal ein Überschuß sein) von größter Bedeutung. Wollen Sie das Haus oder die Wohnung selbst beziehen, ermitteln Sie die monatliche Belastung aus Kapitaldienst (Zinsen und Tilgung) und ziehen diese von Ihrem monatlichen Familiennettoeinkommen ab. Zur Bestreitung Ihres Lebensunterhaltes sollte dann noch genügend Geld übrigbleiben, und zwar mindestens 2.000 DM für ein Ehepaar und mindestens 500 DM für jedes im Haushalt lebende Kind, bei einer vierköpfigen Familie also mindestens 3.000 DM. Eine andere Kontrollrechnung besagt, daß die Belastung aus Kapitaldienst höchstens 40 Prozent des Nettoeinkommens betragen darf.

Vergleich von Belastung und Kaltmiete

Da bei selbstgenutzten Objekten Bewirtschaftungskosten und Eigenheimzulage sich rechnerisch in etwa ausgleichen, können Sie sich diese Berechnung eventuell sparen. Vergleichen Sie dann aber die monatliche Belastung aus Kapitaldienst mit der Kaltmiete einer vergleichbaren Wohnung. Ist die Belastung sehr viel höher, bleibt sie gleich oder liegt sie etwa schon niedriger (Das wäre ein neues Motto: „Ersteigern ist günstiger als Mieten.“)?

Ausgaben minus Mieteinnahmen bei vermieteten Objekten

Bei künftigen Vermietern gibt es zwei Besonderheiten bei der Berechnung der monatlichen Belastung. Zum einen kommt, falls es sich um eine Eigentumswohnung handelt, zur monatlichen Zins- und Tilgungsbelastung das monatliche Hausgeld als Ausgabe hinzu, zum anderen stehen den Ausgaben nun die Mieteinnahmen (warum würde man sonst das Objekt erwerben?) gegenüber. Sind die Mieteinnahmen (Kaltmiete und Umlage der Nebenkosten) sehr viel niedriger als die Ausgaben, oder sind sie gleich beziehungsweise schon höher (welches Motto wäre dann fällig)?

lohnende Rechnung vor Steuern

So erstaunlich es auch klingt: Ersteigern (mit null bis zehn Prozent Eigenkapital), vermieten und einen monatlichen Überschuß erzielen, diese Methode funktioniert, und zwar ohne Berücksichtigung von Steuerersparnissen (die ja ohnehin bescheiden sind, wenn die Mieteinnahmen höher sind als die Ausgaben). Womit wir bei den vielgerühmten Steuervorteilen gelandet wären ...

Abschreibungssätze für Vermieter

Der Kapitalanleger, der gebrauchte Immobilien zwecks Vermietung erwirbt (durch Kaufen oder Ersteigern, nicht durch Bauen) und im Privatvermögen hält, kann in der Regel nur zwei Prozent der anteiligen Gebäudekosten (also Anschaffungskosten für den Grund und Boden) abschreiben. In zwei Fällen liegt der **Abschreibungssatz** jedoch höher: 2,5 Prozent bei vermieteten Wohn- oder Gewerbeimmobilien mit Fertigstellung vor dem 1.1.1925 sowie jeweils fünf Prozent im ersten bis achten Jahr bei vermieteten Neubau-Wohnimmobilien, die im Jahr der Fertigstellung (1996 bis 1998) gekauft bzw. ersteigert werden.

Dazu ein praktisches Beispiel: Am 23. bis 25.4.1997 kamen in Herrsching beim Ammersee gleich 16 Neubau-Eigentumswohnungen unter den Hammer. Da die Fertigstellung aber bereits im Sommer 1996 erfolgt war, konnten dic Kapitalanleger nur zwei Prozent der Gebäudekosten abschreiben.

Steuerfalle

Dies wird Vermieter, die Geld in Immobilien nicht in erster Linie wegen der Steuervorteile, sondern aus ganz anderen Gründen (günstige Einstandspreise, problemlose Vermietung, niedrige Zinsen, Aussicht auf Wertzuwachs, Inflationsschutz, Altersversorgung) anlegen, weniger treffen. Wer in den vergangenen Jahren auf hohe Steuerersparnisse spekulierte (bei Bauherren-, Bauträger- oder Erwerbermodellen waren es zumeist Fehlspekulationen), hatte es meistens auch besonders nötig (zum Beispiel hohe Verluste infolge zu hoher Kaufpreise, zu hoher Zinsen oder zu hoher Mietausfälle).

Nicht nur nach Steuern steuern

Auch wenn der Zug für nur steuerlich orientierte Kapitalanleger, die Steuervorteile statt Immobilien kaufen wollten oder noch wollen, im Moment abgefahren zu sein scheint: Für immobilienorientierte Anleger fährt der Zug vielleicht gerade wieder los.

Die Selbstnutzer können sich, sofern sie dem alten § 10 e nicht nachweinen, ab 1.1.1996 aus steuerlicher Sicht durchweg freuen: Der alte § 10 e wurde ersetzt durch die neue **Eigenheimzulage**. Diese beträgt 5.000 DM pro Jahr (plus 1.500 DM Kinderzulage pro Jahr und Kind), falls die gebauten, gekauften oder ersteigerten Eigenheime (selbstbewohnte Einfamilienhäuser oder selbstgenutzte Eigentumswohnungen) noch nicht älter als zwei Jahre sind.

Eigenheimzulage für Selbstnutzer

Die Selbstnutzer der am Ammersee ersteigerten Eigentumswohnungen können also jährlich 5.000 DM Eigenheimzulage über acht Jahre beanspruchen statt nur 2.500 DM pro Jahr für „echte“ Gebrauchtimmobilien.

- Sprechen Sie schon vor dem Versteigerungstermin mit den Gläubigerbanken über den möglichen Preis!
- Gehen Sie keine Ausbietungsgarantien ein, die Ihnen wenig und der Bank viel bringen!

Ratschläge vor dem Versteigerungstermin

- Stellen Sie schon vor dem Versteigerungstermin die Finanzierung sicher, indem Sie sich eine vorläufige Darlehenszusage geben lassen!
- Besorgen Sie sich schon vor dem Versteigerungstermin ausreichend Sicherheit in Höhe von zehn Prozent des von Ihnen geschätzten Erwerbspreises!
- Berechnen Sie die monatliche Belastung (vor Steuern) sowie die Steuervorteile oder lassen Sie sich diese von Fachleuten errechnen!

3.6 Wie soll ich bieten und den Zuschlag erhalten? – Biettaktik am Tag X, dem Versteigerungstermin

Bietstrategie austüfteln

Der Tag X – der Versteigerungstermin – naht, die heiße Phase beginnt. Aber auch jetzt sollten Sie einen kühlen Kopf behalten. Bereiten Sie sich in einem „Trockenkurs" auf das Bieten vor, indem Sie eine persönliche **Bietstrategie** austüfteln. Eine gründliche Vorbereitung erspart Ihnen späteren Ärger.

Trockenkurs

Damit im Termin keine Pannen passieren, ist es für Sie natürlich von Vorteil, wenn Sie vorher probeweise an einigen Versteigerungsterminen teilnehmen und dabei gedanklich üben. Nach meinen Erfahrungen scheitert in der Praxis jedes fünfte Gebot aus formalen Gründen, da sich der Bieter vorher nicht oder falsch informiert hat. Information ist – fast – alles!

Mein Rat: Holen Sie Ihre Auskünfte nicht bei Leuten ein, die mal etwas gehört oder gelesen haben, sondern bei denen, die tagtäglich mit Versteigerungen zu tun haben (zum Beispiel Rechtspfleger).

Ob Sie Ihre Bietstrategie mit der Gläubigerbank weitgehend absprechen (zum Beispiel Ausbietungsgarantie), ist Geschmackssache. In den meisten Fällen werden Sie aber zumindest Ihre Hausbank oder eine andere Bank in Ihre Bietpläne einweihen. Begehen Sie dann aber nicht den Fehler, sich sklavisch an den gegenüber der Bank genannten möglichen Erwerbspreis (beispielsweise 80 bis 90 Prozent des Verkehrswertes) zu halten. Sie können Ihr **persönliches Limit** niedriger setzen (zum Beispiel 75 Prozent), die benötigten Darlehnsmittel sinken dadurch.

persönliches Limit

Andererseits sollte Ihr Limit nur dann höher sein (zum Beispiel 95 Prozent des Verkehrswertes), wenn Sie den Mehrbetrag aus eigenen Mitteln aufbringen können. Lassen Sie sich also von der finanzierenden Bank nicht hundertprozentig in Ihre (Biet-)Karten schauen. Es könnte nämlich sein, daß Ihr Kreditsachbearbeiter nicht so verschwiegen wie ein Grab ist und die heißen Informationen, die er ja erst von Ihnen erhalten hat, mehr versehentlich „ausplappert“. Hüten Sie also Ihr persönliches Limit wie ein Staatsgeheimnis und verraten Sie es auch nicht Ihren Freunden und Bekannten!

Geheimhaltung

Dazu zwei eigene Beispiele:

Werte	**Beispiel A**	**Beispiel B**
Verkehrswert	175.000 DM	160.000 DM
mögl. Erwerbspreis (80 bis 90 %)	140.000 DM bis 157.500 DM	128.000 DM bis 144.000 DM
persönliches Limit	151.000 DM	141.000 DM

Das von mir gesetzte Limit von 151.000 DM (Beispiel A) bzw. 141.000 DM (Beispiel B) nannte ich weder meiner Bank noch irgendjemand anderem.

Ihr persönliches Gebotslimit muß von Ihnen übrigens niedriger angesetzt werden, wenn Sie **bestehenbleibende Rechte** (zum Beispiel Grundschulden, die im Rang vor den Grundschulden des bestrangig betreibenden Gläubigers stehen) übernehmen müs-

bestehenbleibende Rechte berücksichtigen

sen. Auch wenn dies die ganz seltene Ausnahme bleibt, da Sie das Versteigerungobjekt in aller Regel lastenfrei erwerben: Ermitteln Sie anhand der Versteigerungsakte eventuell bestehenbleibende Rechte und fragen Sie im Zweifel den zuständigen Rechtspfleger, ob und in welcher Höhe Rechte bestehenbleiben, die in das **geringste Gebot** (so lautet der Fachausdruck) fallen.

geringstes Gebot ermitteln

Dazu ein extremes, aber nicht erfundenes Beispiel:

Verkehrswert für Reihenhaus	300.000 DM
Verfahrenskosten (Bargebot)	3.000 DM
+ Grundschulden (als bestehenbl. Rechte)	330.000 DM
= geringstes Gebot	333.000 DM

Hätten Sie in diesem Fall „nur" 3.000 DM geboten, wären Sie „stolzer" Besitzer eines älteren Reihenhauses geworden und hätten 330.000 DM Schulden am Bein. Für 3.000 DM kann man also bei Versteigerungen Immobilien erwerben (ein Berliner Brotfabrikant namens Schiesser hat es bei Objekten der „Neuen Heimat" ohne Versteigerungen mit 1 DM versucht). Die symbolischen 3.000 DM oder 1 DM sagen aber über den wirklichen Preis nichts aus.

„Schiesser-Effekt"

Um diesen „Schiesser-Effekt" zu vermeiden, sollten Sie also scharf trennen zwischen persönlicher Preisgrenze und persönlichem Gebotslimit, falls bestehenbleibende Rechte übernommen werden müssen. Gehen Sie in diesem Ausnahmefall wie folgt vor:

Preisgrenze und Gebotslimit

persönliche Preisgrenze	210.000 DM
– bestehenbleibende Rechte (Beispiel)	– 100.000 DM
= persönliches Gebotslimit	110.000 DM

Anders gesprochen: Obwohl Sie nur bis zu 110.000 DM bieten, beträgt der wirtschaftliche Wert Ihres geplanten Gebotes bis zu 210.000 DM. Sie müssen also evtl. bestehenbleibende Rechte immer „im Geiste" zu Ihrem Gebotslimit hinzuzählen, um den wahren Preis zu ermitteln.

Es gibt viele Gründe dafür, daß der Rechtspfleger ein im Versteigerungstermin abgegebenes Gebot als unwirksam zurückweist. Als Zuschauer kann man da die „tollsten Dinge" erleben. Ich darf Sie mal mit den wichtigsten und häufigsten Formfehlern, die ich erlebt habe, vertraut machen:

Formfehler bei der Abgabe von Geboten

Fehlerliste

- Bieter A will ein Gebot abgeben, hat aber seinen Personalausweis zu Hause gelassen.
- Bieter B legt einen Personalausweis vor, der abgelaufen ist.
- Bieter C hat nur einen Reisepaß und einen Führerschein bei sich. Der Reisepaß enthält keine Anschrift, der vor 30 Jahren ausgestellte Führerschein ist kaum noch lesbar.

  (Hinweis: Es gibt Rechtspfleger, denen die Vorlage eines Reisepasses reicht.)
- Bieter D bietet als Geschäftsführer einer GmbH, führt aber keinen Handelsregisterauszug mit sich.
- Bieter E will für seinen Freund bieten, verfügt aber nur über eine privatschriftliche Vollmacht.
- Bieter F kann keine Sicherheitsleistung vorweisen, gibt sich aber als sehr kreditwürdig („Sie können bei meinen Banken anrufen") zu erkennen.
- Bieter G hat mehrere Kontoauszüge (Bausparkonto, Girokonto) und Sparbücher bei sich, aber weder genügend Bargeld noch bestätigte Landeszentralbank-Schecks (LZB-Schecks).
- Bieter H kann nur mit Euroschecks aufwarten.
- Bieter I besitzt zwar einen LZB-Scheck, aber der Bestätigungsvermerk auf der Rückseite fehlt.
- Bieter K präsentiert einen angeblich vermögenden Bürgen aus seinem Bekanntenkreis, der aber weder den Gläubigern noch dem Rechtspfleger bekannt ist.

Nein, ich will Sie nicht abschrecken, sondern nur auf Fehler hinweisen, die immer wieder (auch von angeblichen Profis) gemacht werden. Lernen Sie aus den Fehlern anderer und gehen Sie systematisch vor. Das von Rechtspflegern des Amtsgerichts Düsseldorf verfaßte „**Merkblatt für Bietinteressenten**" (siehe auf den nächsten Seiten) wird Ihnen dabei zusätzlich helfen. Einige Punkte (zum Beispiel „Wie erfahre ich von einer Versteigerung?") dürften Ihnen schon bekannt sein. Wichtig sind vor allem die Punkte „Wieviel muß geboten werden?", „Muß ich Belastungen übernehmen?" und „Was muß ich zur Versteigerung mitbringen?".

Merkblatt für Bietinteressenten beachten

Wenn Sie immer noch unsicher sind, suchen Sie einen Fachmann auf. Das ist nicht, wie viele glauben, der Makler oder die Hausbank, sondern der Rechtspfleger. Gehen Sie auf Nummer Sicher! Sie können dann im Versteigerungstermin auch ohne Scheu bieten, natürlich nur bis zu Ihrem gesetzten Limit. Sorgen Sie also schon im Vorfeld der Versteigerung dafür, daß Sie ein wirksames Gebot – verbunden mit ausreichender Sicherheitsleistung – abgeben können.

auf Nummer sicher gehen

Falls Sie im Versteigerungstermin persönlich anwesend sind und bieten wollen, müssen Sie sich durch einen gültigen **Personalausweis** legitimieren. Können Sie nicht persönlich anwesend sein, ist es ratsam, einem Vertrauten eine Vollmacht zu erteilen, wobei zumindest Ihre Unterschrift vor dem Notar geleistet und beglaubigt werden muß. Ein Muster für die **notariell beglaubigte Bietungsvollmacht** finden Sie auf Seite 135.

selbst ausweisen oder Bietungsvollmacht erteilen

Merkblatt für Bietinteressenten

Dieses Merkblatt gibt Ihnen nur allgemeine Hinweise. Es ist nicht möglich, rechtliche Besonderheiten, die im Einzelfall auftreten können, in der vorliegenden Form der Kurzinformation darzustellen. Für Sie wichtige Angaben, die sich aus den Verfahrensakten ergeben, werden auf jeden Fall im Versteigerungstermin bekanntgegeben.

Wie verfahre ich von einer Versteigerung?

Das Gericht hängt die Terminbestimmung an der Gerichtstafel in der 3. Etage des Gerichtsgebäudes vor Zimmer A 310 aus und veröffentlicht den Termin im Amtsblatt für den Regierungsbezirk Düsseldorf (Bezugsquelle: Verlag A. Bagel, Grafenberger Allee 100, 40237 Düsseldorf, Telefon: (0211) 988-2241). Außerdem gibt das Gericht die Versteigerungstermine in den Wochenendausgaben der hiesigen Tageszeitungen (Rheinische Post – dort unter der Rubrik „Versteigerungen" –, Westdeutsche Zeitung, NRZ) bekannt. Finden Sie in der Bekanntmachung ein Objekt, welches Sie interessiert, sollten Sie nach einer Außenbesichtigung unbedingt das bei den Akten befindliche Gutachten des Sachverständigen einsehen. Das Gutachten kann von den Bietinteressenten auf der Geschäftsstelle des Amtsgerichts **Düsseldorf-Altstadt, Mühlenstraße 34, Zimmer A 310**, in der Zeit von 9.00 bis 12.00 Uhr eingesehen werden.

Bitte beachten Sie, daß eine Objektbesichtigung nur mit Einverständnis des Eigentümers/Mieters möglich ist und Sie hierauf keinen Anspruch haben. Das Gericht kann keinen Besichtigungstermin vermitteln.

Wieviel muß geboten werden?

Das sogenannte „geringste Gebot" unfaßt oft nur die Gerichtskosten und die fälligen öffentlichen Lasten (Grundsteuern). Wichtiger sind für Sie die Zuschlagversagungsgrenzen:

- Liegt das vorliegende Meistgebot unter 50% des festgesetzen Verkehrswertes, muß das Gericht den Zuschlag aus Schuldnerschutzgründen von Amts wegen versagen.
- Erreicht das Meistgebot zwar 50%, nicht aber 70% des Wertes, und stellt die betroffene Gläubigerbank einen entsprechenden Antrag, versagt das Gericht ebenfalls den Zuschlag.

In diesen Fällen findet ein neuer Termin statt, in dem beide Mindestgrenzen nicht mehr gelten. Darauf weist das Gericht bereits in der Bekanntmachung des neuen Termins hin. Wenn der Gläubigerbank auch ein Gebot über 70% des Verkehrswertes nicht ausreicht, kann sie den Zuschlag noch durch eine einstweilige Einstellung nach der Bietstunde verhindern.

Muß ich Belastungen übernehmen?
In der Regel sind von dem Ersteher keine grundbuchlichen Belastungen zu übernehmen. Ob Sie im Einzelfall **zusätzlich** zum Bargebot im Grundbuch eingetragene Rechte übernehmen müssen, stellt das Gericht vor Eröffnung der Bietstunde fest.

Was muß ich zur Versteigerung mitbringen?
Bieter müssen sich mit gültigem Personalausweis oder Paß ausweisen. Wenn Sie für andere bieten wollen – das gilt auch für den Ehepartner –, müssen Sie eine spezielle Bietvollmacht oder eine Generalvollmacht (mit notarieller Unterschriftsbeglaubigung oder in notarieller Urkunde) vorlegen. Sollte zum Nachweis der Vertretung ein Handelsregisterauszug erforderlich sein, so muß dieser neuesten Datums **und** beglaubigt sein. Sie müssen damit rechnen, daß ein Verfahrensbeteiligter bei Abgabe Ihres Gebotes Sicherheitsleistung verlangt, die dann **sofort** erbracht werden muß. Die Höhe beträgt in der Regel 10% Ihres Gebotes. Als Sicherheit geeignet sind Bargeld, Bankbürgschaft oder ein bestätigter Landeszentralbankscheck (diesen erhalten Sie bei Ihrer Hausbank, wobei die auf der Rückseite bescheinigte Vorlegungsfrist nicht vor dem 4. Tag nach dem Termin ablaufen darf). Andere als im Gesetz ausdrücklich genannten Arten der Sicherheitsleistung können grundsätzlich nicht zugelassen werden.

Wann muß das Meistgebot gezahlt werden?
Auf Antrag müssen Sie 10% Ihres Gebots im Versteigerungstermin als Sicherheit anzahlen (s.o.). Erhalten Sie den Zuschlag, wird ein Verteilungstermin bestimmt, der etwa 6 Wochen nach der Versteigerung stattfindet. Erst in diesem Termin ist der Versteigerungserlös (abzüglich unter Umständen gezahlter Sicherheitsleistung) zu zahlen. Den genauen Verteilungstermin können Sie mit dem Gericht abstimmen. Neben der Grunderwerbsteuer (regelmäßig 3,5%) betragen die Erwerbsnebenkosten in der Versteigerung nur rund 0,6% des Meistgebots (Gebühren für den Zuschlag und die Berichtigung des Grundbuchs).

Noch zwei weitere Hinweise für Interessenten:
Alle Versteigerungstermine sind öffentlich und können von jedermann wahrgenommen werden. Das Gericht empfiehlt Ihnen deshalb, vor der Versteigerung des „eigenen" Objektes an einem der anstehenden Versteigerungstermine teilzunehmen, die im Gebäude Mühlenstraße 34, Saal A 101 (1. OG) oder A 275 (2. OG) abgehalten werden. Außerdem sollten Sie sich mit der Gläubigerbank – Auskunft erteilt das Gericht – vor dem Versteigerungstermin in Verbindung setzen.

Amtsgericht Düsseldorf – Zwangsversteigerungsabteilungen –
Telefon: (0211) 8306-2401 (Abteilung 65 a) oder 2415 (Abteilung 65 b)

Notariell beglaubigte Bietungsvollmacht

(Name und Anschrift des Vollmachtgebers)

VOLLMACHT

Hiermit bevollmächtigte ich Herrn/Frau ....
(Name des Bevollmächtigten)

wohnhaft in ....

im Versteigerungstermin am ....

Objekt.........................., Aktenzeichen...........

für mich Gebote abzugeben, deren Höhe

auf maximal.................. DM beschränkt ist.

.... (Ort und Datum)

.... (Unterschrift des Vollmachtgebers)

Unterschrift wurde in Gegenwart des Notars ....
geleistet und wird hiermit beglaubigt.

....
(Unterschrift des Notars)

limitierte Bietungsvollmacht

Selbstverständlich muß sich in diesem Fall Ihr Bevollmächtigter im Versteigerungstermin durch einen gültigen Personalausweis legitimieren. Bei vom Betrag her limitierten Bietungsvollmachten sollte der Bevollmächtigte den Rechtspfleger in einer geeigneten Weise auf das Limit hinweisen, ohne daß dieses den Beteiligten und Bietkonkurrenten vor Schluß der Versteigerung bekannt wird.

Vertretungsbefugnisse und Beteiligungsverhältnisse

Wollen Sie für ein **Handelsunternehmen** bieten, muß sich die Vertretungsbefugnis zum Erwerb von Grundstücken aus dem beglaubigten Handelsregisterauszug ergeben (beispielsweise Geschäftsführer einer GmbH). Bei Bietergemeinschaften (zum Beispiel Ehegatten, Vater und Sohn) muß vor oder bei Abgabe des ersten Gebots das **Beteiligungsverhältnis** nach Bruchteilen (zum Beispiel 1/2 + 1/2) angegeben werden, es sei denn, es handelt sich um eine Gesellschaft des bürgerlichen Rechts (auch BGB-Gesellschaft genannt).

Ehegatten, die gemeinsam (zum Beispiel je zur Hälfte) ersteigern wollen, müssen das Gebot auch gemeinsam im Versteigerungstermin abgeben. Beide Eheleute müssen sich dann entsprechend ausweisen.

geringstes Gebot als absolutes Mindestgebot

Das **geringste Gebot** ist nichts anderes als ein absolutes Mindestgebot. Es darf auf keinen Fall unterschritten werden. In der Regel besteht es nur aus den Verfahrenskosten und eventuell rückständigen Grundsteuern (sogenannter bar zu zahlender Teil), die in jedem Gebot enthalten sind und nicht vom Ersteher gesondert gezahlt zu werden brauchen.

geringstes Gebot plus evtl. bestehenbleibende Rechte

Enthält das geringste Gebot jedoch auch Grundschulden, Nießbrauchsrechte oder ähnliches (sogenannte bestehenbleibende Rechte), müssen diese vom Ersteher übernommen werden. In diesem Ausnahmefall setzt sich das geringste Gebot aus dem bar zu zahlenden Teil (auch Barteil oder geringstes Bargebot genannt) und den bestehenbleibenden Rechten zusammen.

Bargebot

Das abgegebene Gebot ist immer nur ein **Bargebot**. Ins geringste Gebot fallende bestehenbleibende Rechte müssen also – wie schon erwähnt – „im Geiste“ zum abgegebenen Gebot hinzugezählt werden, um den wirtschaftlichen Wert des Gebots und damit den möglichen Preis zu bestimmen.

Die in der Öffentlichkeit am meisten bekannten Regeln zur Zwangsversteigerung beziehen sich auf die 5/10- und die 7/10-Grenze. Was ist hierunter zu verstehen?

5/10-Grenze im Ersttermin

Im **Ersttermin** (man spricht vom Ersttermin immer dann, wenn die 5/10- und die 7/10-Grenze noch gelten, also auch noch nach zwei Versteigerungsterminen, bei denen beispielsweise überhaupt nicht geboten wurde) gilt für jeden Bieter, der nicht Gläubiger ist, die **5/10-Grenze**. Das heißt, der Zuschlag auf ein Gebot unter 50 Prozent des Verkehrswertes muß von Amts wegen, und zwar aus Gründen des Schuldnerschutzes, versagt werden.

Grenzen knacken und Zweittermin

Sie können also ruhig weniger als 50 Prozent, aber mehr als das geringste Gebot bieten, den Zuschlag erhalten Sie sowieso nicht. Allerdings haben Sie damit etwas anderes erreicht, nämlich die Ansetzung eines **Zweittermins**, bei dem die 5/10-Grenze dann nicht mehr gilt. Eingeweihte sprechen hier von „Grenzen knacken", eine Methode, die völlig legal und ungefährlich für den Bieter ist und auch von den Rechtspflegern sowie den Gläubigerbanken akzeptiert werden muß.

Als „Grenzenknacker" machen Sie sich jedoch eher lächerlich, wenn Sie auf eine große Bietkonkurrenz stoßen. Sie sollten im Ersttermin nur dann ein Gebot unter 50 Prozent des Verkehrswertes in Erwägung ziehen, wenn überhaupt kein anderer bietet (also auch die Gläubigerbank nicht) und Sie einen Zweittermin erzwingen wollen. Ansonsten gilt für den Ersttermin: Bieten Sie mindestens 50 Prozent des Verkehrswertes!

7/10-Grenze im Ersttermin

Entgegen landläufiger Meinung können Sie im Ersttermin, wenn Sie mindestens 50 Prozent, aber weniger als 70 Prozent des Verkehrswertes bieten, durchaus den Zuschlag erhalten. „Können" heißt aber nicht „müssen", denn der Gläubiger, der durch Ihr Gebot einen Forderungsausfall erleiden würde, kann den Antrag auf Versagung des Zuschlags stellen. Die sogenannte **7/10-Grenze** dient also dem Gläubigerschutz.

Wohlgemerkt: Der vom Ausfall betroffene Gläubiger „kann“ den Antrag stellen, er „muß“ nicht. In der Regel wird er es tun, um einen zu hohen Ausfall zu vermeiden.

nicht antragsberechtigte Gläubiger

Antragsberechtigt sind nicht die Gläubiger, die durch Ihr Gebot voll befriedigt würden (zum Beispiel, wenn die angemeldete Forderung nur 50 Prozent des Verkehrswertes beträgt) oder die auch bei einem 7/10-Gebot nichts oder nicht mehr erhalten würden (die angemeldete Forderung beginnt beispielsweise erst bei 70 Prozent des Verkehrswertes, da man in der Rangordnung der Gläubiger erst an zweiter oder dritter Stelle steht).

7/10-Antrag ist die Regel

In den meisten Fällen, insbesondere bei „guten“ Objekten (zum Beispiel neuwertiges Einfamilienhaus) oder „guten“ Regionen (zum Beispiel südlich der Mainlinie), können Sie davon ausgehen, daß der antragsberechtigte Gläubiger am Ende der Versteigerung den sogenannten 7/10-Antrag stellt und damit die Versagung des Zuschlags herbeiführt. In einem Fall habe ich es sogar erlebt, daß der Gläubiger zwar zu Beginn des Termins den Antrag ankündigte (als überhaupt kein Gebot abgegeben war), am Ende des Termins aber dann doch nicht stellte, obwohl er dazu berechtigt gewesen wäre (Gebot lag bei 64 Prozent des Verkehrswertes).

Zweittermin

Im **Zweittermin** (man spricht vom Zweittermin immer dann, wenn der Zuschlag schon einmal wegen Nichterreichens der 5/10- oder der 7/10-Grenze versagt wurde), gilt zwar weder die 5/10- noch die 7/10-Grenze, aber es gibt ja immer noch das geringste Gebot als rechnerische Untergrenze. Viele glauben nun, sie könnten das ganz große Schnäppchen (beispielsweise 30 oder 40 Prozent des Verkehrswertes) machen. Es wird allerdings in den seltensten Fällen dazu kommen, da die Gläubiger allzu große Verluste vermeiden wollen und dann eher selbst ansteigern.

Außerdem ist eine Verschleuderung des Objekts verboten, wobei die Verschleuderungsgrenze vom jeweiligen Einzelfall abhängt.

Verschleuderungsgrenze

Völliger Unsinn ist die Meinung, es gäbe jetzt keine Untergrenze mehr, und wer ein Angebot mache, der bekomme auch den Zuschlag.

Billigsterwerb in seltenen Fällen

Auch durch häufige Wiederholung (selbst in seriösen Fachzeitschriften) wird die Behauptung, man könne im Zweittermin oft Häuser oder Wohnungen zum Spottpreis erwerben, nicht wahrer. Hier ist wohl der Wunsch der Vater des Gedankens. Nur in ganz speziell gelagerten Fällen habe ich einen **Billigsterwerb** erlebt (zum Beispiel 34 Prozent des Verkehrswertes bei einem renovierungsbedürftigen Objekt) oder davon erfahren (zum Beispiel Ersteigern von zwei Wohnungen, erste Wohnung für 62 Prozent, zweite Wohnung für 5 Prozent des Verkehrswertes).

Phantasiegrenzen

Wider besseren Wissens werden von angeblichen Fachleuten auch folgende Bietgrenzen „zum Besten gegeben“: Im 1. Termin mindestens 70 Prozent des Verkehrswertes, im 2. Termin mindestens 50 Prozent und im 3. Termin keine Mindestgrenze mehr. Erst eins, dann zwei, dann drei ... Diese „Grenzziehung“ mag zwar gut verständlich sein, sie entspringt aber allein der Phantasie des Redners oder Schreibers. Mich wundert es nur, daß solcher Unsinn sogar von Rechtsanwälten in Büchern verbreitet wird.

Tips zur Bietstrategie

Mein Rat: Gehen Sie die folgende Checkliste 13 „Gebotshöhe“ gewissenhaft durch und nehmen Sie die Arbeitshilfe 8 „Bietstrategie“ zur Hand!

- Setzen Sie sich unbedingt vor dem Versteigerungstermin ein Gebotslimit und hüten Sie dies wie ein Staatsgeheimnis!
- Ermitteln Sie eventuell bestehenbleibende Rechte, die Sie im Geiste zu Ihrem Gebotslimit hinzuzählen müssen!
- Beschäftigen Sie sich intensiv mit der Bedeutung der 5/10- und 7/10-Grenze, wenn es sich um den Ersttermin (im juristischen Sinne) handelt!
- Besorgen Sie sich rechtzeitig vor dem Termin geeignete und ausreichende Sicherheitsleistungen!

Checkliste 13 „Gebotshöhe“

Wirksame Gebote

- ○ Ich will selbst bieten: Habe ich einen gültigen Personalausweis?
- ○ Ich lasse einen anderen für mich bieten: Habe ich für ihn eine notariell beglaubigte Bietungsvollmacht?
- ○ Ich biete für eine Handelsgesellschaft: Besitze ich einen aktuellen und beglaubigten Auszug aus dem Handelsregister?
- ○ Wie hoch wird das geringste Gebot sein (im Zweifel Rechtspfleger fragen)? Besteht es nur aus dem bar zu zahlenden Gebot?
- ○ Müssen bestehenbleibende Rechte übernommen werden? Wenn Ja: Welcher Art (zum Beispiel Grundschulden) und wie hoch sind sie? Müssen Dauerschuldverhältnisse wie Nießbrauch, Wohnungsrecht oder Reallast übernommen werden? Wenn Ja: Wie können sie bewertet werden?
- ○ Handelt es sich um den juristisch 1. Termin (sog. Ersttermin)? Wie hoch ist die 5/10-Grenze? Oder handelt es sich um den juristisch 2. Termin? (Ein Zweittermin liegt vor, wenn der Zuschlag schon einmal wegen Nichterreichens der 5/10- oder 7/10-Grenze versagt wurde, im Zweittermin gelten diese Grenzen nicht mehr).
- ○ Falls Ersttermin: Wer ist der Gläubiger, der den Antrag auf Versagung des Zuschlags wegen Nichterreichens der 7/10-Grenze stellen kann? Wird dieser Gläubiger voraussichtlich diesen Antrag stellen?
- ○ Wo liegt mein persönliches Gebotslimit? Habe ich einen „krummen“ Betrag gewählt?
- ○ Falls Rechte bestehenbleiben: Habe ich die bestehenbleibenden Rechte zu meinem persönlichen Gebotslimit „im Geiste“ hinzugezählt? Wo liegt dann meine persönliche Preisgrenze?

Sicherheitsleistung

- ○ Wer kann Sicherheitsleistung verlangen? Wird ein Gläubiger bei meinem Gebot auf Sicherheitsleistung verzichten? Gibt es dann noch andere Gläubiger, die Sicherheitsleistung verlangen könnten? Wird vermutlich der Schuldner anwesend sein?
- ○ Wie hoch ist meine Sicherheitsleistung im äußersten Falle? Habe ich zehn Prozent meines persönlichen Gebotslimits bei mir?

- ○ Möchte ich sowohl Bargeld als auch bestätigte LZB-Schecks mitnehmen? Habe ich die bestätigten LZB-Schecks rechtzeitig besorgt und auf rechtliche Zulässigkeit im Termin überprüft?
- ○ Kann ich eventuell eine Bankbürgschaft besorgen, vielleicht sogar durch die Gläubigerbank?
- ○ Kann ich inländische Wertpapiere, die auf den Inhaber lauten und einen Kurswert besitzen, vorlegen? Wenn Ja: Habe ich im Vorfeld der Versteigerung mit dem zuständigen Rechtspfleger geklärt, ob er diese Wertpapiere als Sicherheitsleistung anerkennt?

Arbeitshilfe 8 „Bietstrategie“ (Beispiel A)

Gebote

Bieter:
- ☒ Ich biete selbst
- ☐ Ich lasse einen Bevollmächtigten bieten
- ☐ Ich biete für meine Firma

geringstes Gebot:

a) bar zu zahlender Teil:	circa 4.000 DM
b) bestehenbleibende Rechte:	keine
5/10-Grenze: (Mindestgebot im l. Termin)	87.500 DM
7/10-Grenze: (nur im 1. Termin und nur auf Antrag eines Gläubigers)	122.500 DM
persönliches Gebotslimit: (= 86 % des Verkehrswertes)	151.000 DM
persönliche Preisgrenze:	151.000 DM

(mit Gebotslimit identisch, wenn keine bestehenbleibenden Rechte übernommen werden müssen)

Sicherheitsleistung

Beteiligter: a) Gläubiger: Sparkasse H
b) Schuldner: unbekannten Aufenthalts

Höhe: 10 % des Gebotes, also maximal: (= 10 % von 151.000 DM)		15.100 DM
Art:	bestätigter LZB-Scheck:	12.500 DM
	Bargeld:	2.600 DM
	Bankbürgschaft:	entfällt

Findet der Termin auch statt?

Endlich: Der Tag X – der **Versteigerungstermin** – ist gekommen. Findet die Versteigerung denn auch statt? Hoffentlich haben Sie sich nicht extra einen Tag frei genommen, um nun beim Gericht erfahren zu müssen, daß der Termin kurfristig aufgehoben wurde.

geplatzte Versteigerungstermine

Mein Rat daher: Rufen Sie doch ein bis zwei Tage vorher in der Geschäftsstelle oder beim zuständigen Rechtspfleger an, und fragen Sie, ob der Termin noch „steht". Ob Sie es glauben oder nicht: Ich habe es erlebt, daß Termine noch eine Stunde vorher abgesetzt wurden, oder daß man vor Beginn der Veranstaltung erklärte, daß der Termin aufgehoben werden müsse, weil der Gläubiger die einstweilige Einstellung bewilligt habe. Halten Sie also auch Kontakt zum Gläubiger, und lassen Sie sich von ihm am Tage vor der Versteigerung versichern, daß er morgen auf jeden Fall da sein werde.

Es kommt zwar vor, daß jeder dritte oder vierte Versteigerungstermin „platzt", weil das Objekt in letzter Minute noch verkauft wurde oder weil der Gläubiger dem Drängen des Schuldners nach **einstweiliger Einstellung** noch einmal nachgegeben hatte.

Neuauflage von Terminen

Nicht selten erlebt der Termin aber sechs Monate später eine Neuauflage, weil beispielsweise der Schuldner seine Zusagen (Wiederaufnahme der Zins- und Tilgungszahlungen, Zahlung von Teilbeträgen usw.) nicht eingehalten hatte und der Gläubiger seine eigene Geduld nicht überstrapazieren möchte.

Termin zum Üben

Findet der Termin aber wie vorgesehen statt (vielleicht haben Sie eine Stunde vorher in der Geschäftsstelle noch einmal angerufen?), kann Ihr geplantes Pokerspiel beginnen. Ich hoffe, daß Sie gemäß dem Sprichwort „Übung macht den Meister" vorher schon einmal einige Versteigerungstermine von Anfang bis Ende miterlebt haben. Die Spielregeln des Bietens und der Ablauf eines Versteigerungstermins dürften Ihnen dann in Fleisch und Blut übergegangen sein.

Jeder Versteigerungstermin besteht aus drei Phasen:

drei Phasen im Versteigerungstermin

- Bekanntmachungsteil
- Bietstunde
- Verhandlung über den Zuschlag.

Diese drei Phasen dauern unterschiedlich lang. Der **Bekanntmachungsteil** ist nach einer viertel bis halben Stunde vorüber. Die darauffolgende **Bietstunde** dauert mindestens eine Stunde. Sie soll nach einem Gesetzentwurf, der bereits dem Bundesrat vorliegt, demnächst auf eine halbe Stunde verkürzt werden. Oft nur Sekunden dauert die **Verhandlung über den Zuschlag**, sofern es keine besonderen Probleme gibt.

zeitlicher Ablauf

Nach eineinhalb Stunden ist ein normaler Versteigerungstermin also vorüber. Planen Sie vorsichtigerweise gleich zwei Stunden vorher ein, sofern Sie den Versteigerungstermin tatsächlich von Anfang bis Ende wahrnehmen möchten.

Zu Ihrer eigenen Kontrolle schauen Sie sich einmal die folgende Checkliste 14 „Versteigerungstermin" an. Im kurzgefaßten „Versteigerungsprotokoll" (siehe Arbeitshilfe 9) lesen Sie, worauf es letztlich ankommt.

Bekanntmachungsteil

Mit dem Aufruf der Sache („Zwangsversteigerungstermin...." - es folgt der Name des Schuldners) beginnt der Bekanntmachungsteil und damit der Versteigerungstermin. Dieser Teil ist der für Laien langweiligste und oft auch unverständlichste Teil. Viele verstehen nur „Bahnhof", wenn der Rechtspfleger seine Litanei vorträgt.

Vortrag des Rechtspflegers

Ob Bahnhof, Litanei oder Jägerlatein: Glauben Sie bitte nicht, daß der Rechtspfleger die Bietinteressenten hinausekeln will (obwohl es schon einmal vorkommt, daß der eine oder andere bereits nach zehn Minuten entnervt den Saal verläßt). Er ist vielmehr kraft Gesetzes verpflichtet, das in Checkliste 14 „ Versteigerungstermin" aufgeführte 11-Punkte-Programm abzuspulen, insbesondere im Interesse der anwesenden Gläubiger und Schuldner.

11-Punkte-Programm

Checkliste 14 „Versteigerungstermin"

1. Phase: Bekanntmachungsteil
(Bekanntmachungen durch den zuständigen Rechtspfleger)

- ○ Welche *Gläubiger* sind anwesend (Banken und deren Vertreter namentlich aufschreiben)?
- ○ Ist der *Schuldner* anwesend? Sind Mieter, Hausverwalter, andere Wohnungseigentümer vertreten?
- ○ Stimmt der vorgelesene *Grundbuchinhalt* mit Ihren Informationen überein? Sind vielleicht noch nachträglich Neueintragungen im Grundbuch vorgenommen worden, oder liegen Anträge auf Eintragung vor (Sicherungshypotheken, Abtretung von Grundschulden)?
- ○ Sind Ihnen die betreibenden *Gläubiger* bereits bekannt? Der Zeitpunkt der ersten *Beschlagnahme* (das ist der Zeitpunkt, zu dem das Ersuchen um Eintragung des Versteigerungsvermerkes dem Grundbuchamt zugegangen ist) ist für die Berechnung der laufenden und rückständigen Zinsen maßgebend, also nur für die Gläubiger und Schuldner wichtig.
- ○ Haben alle Gläubiger ihre *Rechte* (meist Grundschulden und Zinsen) angemeldet (Beträge nicht notieren)? Haben Mieter oder Pächter Rechte angemeldet, da sie Mietvorauszahlungen oder Baukostenzuschüsse geleistet haben?
- ○ Wird von einem Gläubiger der Antrag gestellt, nur ein *Gesamtausgebot* unter Verzicht auf *Einzelausgebote* zuzulassen? Werden Einzelausgebote oder *Gruppenausgebote* zugelassen?
- ○ Muß der Ersteher *bestehenbleibende Rechte* übernehmen oder erwirbt er lastenfrei? Werden abweichende *Versteigerungsbedingungen* auf Antrag eines Gläubigers zugelassen?
- ○ Wie hoch ist der *Einheitswert?* (nur noch für die Berechnung der Grundsteuer von Bedeutung)

- ○ Wie hoch ist der *Verkehrswert?* Gelten die 5/10- und 7/10-Grenze noch? Wenn Ja: Wie hoch sind diese Grenzen in DM?
- ○ Wie hoch ist das *geringste Gebot?* Umfaßt es nur den bar zu zahlenden Teil oder auch bestehenbleibende Rechte?
- ○ Sind Ihnen die Hinweise auf *Grunderwerbsteuerpflicht,* Unbedenklichkeitsbescheinigung und Eintragung in das Grundbuch geläufig?

2. Phase: Bietstunde

- ○ Wann beginnt die *Bietstunde,* wann endet sie frühestens?
- ○ Wer gibt ein *Gebot* ab (Name und Anschrift notieren), wie hoch ist es und welche Sicherheitsleistung (LZB-Scheck, Bargeld, Bankbürgschaft) wurde erbracht?
- ○ Wer bleibt *Meistbietender?*

3. Phase: Verhandlung über den Zuschlag

- ○ Werden von den Gläubigern *Anträge zum Zuschlag* gestellt?
- ○ Wird der Zuschlag sofort erteilt?
- ○ Wird der Zuschlag auf Antrag eines Gläubigers wegen Nichterreichens der 7/10-Grenze *versagt?*
- ○ Wird der Zuschlag auf Antrag eines Gläubigers *ausgesetzt?* Für wie lange, wann ist der Verkündungstermin?
- ○ Hat der betreibende Gläubiger die *einstweilige Einstellung* des Verfahrens bewilligt? Will er das Verfahren fortsetzen?

Arbeitshilfe 9 „Versteigerungsprotokoll“ (Beispiel A)

1. Bekanntmachungen durch den zuständigen Rechtspfleger

Feststellung der Verfahrensbeteiligten (Gläubiger, Eigentümer, eventuelle Mieter und Pächter):	Gläubigerbank H
Grundbuchinhalt (Abteilung I, II und III):	(siehe Arbeitshilfe 4)
betreibende Gläubiger und erste Beschlagnahme:	Gläubiger H (Sparkasse) 10.3.1996
Anmeldungen der Gläubiger, eventuelle Mieter und Pächter:	Grundschuld 187.960 DM + zusätzl. Kosten
Ausgebotsarten:	Gesamtausgebot
Versteigerungsbedingungen:	keine bestehenbleibenden Rechte, lastenfreier Erwerb
Einheitswert:	22.900 DM
Verkehrswert:	175.000 DM
5/10 davon:	87.500 DM
7/10 davon:	122.500 DM
geringstes Gebot:	4.505,31 DM

2. Bietstunde (von 10.00 bis 11.10 Uhr)

1. Gebot: 100.000 DM um 10.05	Bieter: A (Siepe)
2. Gebot: 105.000 DM um 10.32	Bieter: B
3. Gebot: 115.000 DM um 10.50	Bieter: C
4. Gebot: 116.000 DM um 10.55	Bieter: D
5. Gebot: 118.000 DM um 10.58	Bieter: C

6. Gebot: 119.000 DM um 11.00	Bieter: D
7. Gebot: 122.500 DM um 11.01	Bieter: A (Siepe)
8. Gebot: 123.000 DM um 11.02	Bieter: D
9. Gebot: 125.000 DM um 11.02	Bieter: B
10. Gebot: 126.000 DM um 11.02	Bieter: D
11. Gebot: 127.000 DM um 11.03	Bieter: A (Siepe)
12. Gebot: 128.000 DM um 11.03	Bieter: D
13. Gebot: 129.000 DM um 11.03	Bieter: B
14. Gebot: 130.000 DM um 11.04	Bieter: D
15. Gebot: 131.000 DM um 11.04	Bieter: A (Siepe)
16. Gebot: 132.000 DM um 11.05	Bieter: D
17. Gebot: 133.000 DM um 11.05	Bieter: A (Siepe)
18. Gebot: 134.000 DM um 11.05	Bieter: D
19. Gebot: 135.000 DM um 11.06	Bieter: B
20. Gebot: 136.000 DM um 11.07	Bieter: D
21. Gebot: 137.000 DM um 11.07	Bieter: A (Siepe)
22. Gebot: 138.000 DM um 11.07	Bieter: D
23. Gebot: 139.000 DM um 11.07	Bieter: A (Siepe)
24. Gebot: 140.000 DM um 11.08	Bieter: D
25. Gebot: 141.000 DM um 11.08	Bieter: A (Siepe)
26. Gebot: 142.000 DM um 11.08	Bieter: D
27. Gebot: 143.000 DM um 11.09	Bieter: A (Siepe)
28. Gebot: 144.000 DM um 11.09	Bieter: D
29. Gebot: 145.000 DM um 11.10	Bieter: A (Siepe)
Meistgebot: 145.000 DM	Bieter: Werner Siepe

3. Verhandlung über den Zuschlag

sofortige Zuschlagserteilung: am 28.11.1996 um 11.10 Uhr

Zuschlagsversagung wegen Nichterreichens
der 5/10-Grenze bzw. der 7/10-Grenze: nein

Aussetzung (Vertagung) der Zuschlagsentscheidung
bis zum ....: entfällt
einstweilige Einstellung des Verfahrens: entfällt
(Wiederaufnahme auf Antrag)

Am Ende dieses Programmteils fordert der Rechtspfleger dann zur Abgabe von Geboten auf. Dies ist der letzte Akt des Bekanntmachungsteils und zugleich der Übergang zur Bietstunde. Typische Formulierung des Rechtspflegers: „Es ist jetzt 9.22 Uhr. Die Bietstunde wird nicht vor 10.23 Uhr beendet sein".

Verhalten des informierten Bietinteressenten

Der Bietinteressent, der sich wie Sie vorher genauestens informiert hat, wird in diesen in der Regel 15 bis 30 Minuten kaum etwas Neues zu hören bekommen. Vergleichen Sie also das Gehörte mit dem bisher schon Bekannten und achten Sie auf Unbekanntes (vom Gesetz abweichende Versteigerungsbedingungen auf Antrag des Gläubigers, geringstes Gebot mit genauem Betrag usw.). Notieren Sie sich die Punkte, die eventuell noch unklar geblieben sind, und bitten Sie den Rechtspfleger während der Bietstunde um Aufklärung. Schreiben Sie auch die Namen der Gläubigervertreter auf, mit denen Sie später Kontakt aufnehmen wollen.

mögliche Bietkonkurrenz beobachten

Beobachten Sie aber insbesondere das Verhalten der anderen Zuhörer (die Laien erkennen Sie daran, daß sie alle angemeldeten Beträge mitschreiben oder mit ihren Nachbarn dauernd tuscheln), denn vielleicht können Sie daraus Rückschlüsse auf Ihre Bietkonkurrenz ziehen.

absichtliches Zuspätkommen

Ganz „coole" Bieter kommen erst 30 oder 60 Minuten nach Beginn des Versteigerungstermins. Da sie sich vorher gründlich informiert haben und den Ablauf des Termins genau kennen, gehen sie – nicht zu unrecht – davon aus, daß sich in der ersten halben oder auch ganzen Stunde nichts Besonderes tut. Dieses absichtliche Zuspätkommen ist aber nur dann sinnvoll, wenn ein Bekannter bis zum Eintreffen alles genauestens verfolgt hat, oder wenn sofort nach dem Eintreffen zumindest der Rechtspfleger oder der Gläubigervertreter nach Geboten oder Besonderheiten (zum Beispiel Übernahme von bestehenbleibenden Rechten) gefragt werden. Ich habe auch schon Bieter erlebt, die erst eine Minute vor Ende der Bietstunde eintrafen.

Lassen Sie sich von diesen „eiskalten" Bietern aber nicht verunsichern. Auch sie kochen nur mit Wasser. Im Regelfall sollten Sie jedoch andächtig den Ausführungen des Rechtspflegers lauschen. Glauben Sie mir, Sie werden automatisch ganz ruhig (der Bietinteressent hat nämlich während des Bekanntmachungsteils nichts zu sagen) und legen Ihre anfängliche Nervosität vielleicht sogar ganz ab. Warum sollten Sie auch nervös sein? Als gut vorbereiteter Bieter ist Ihnen doch alles, was der Rechtspfleger vorträgt, längst bekannt. Nur uninformierte Bietinteressenten warten jetzt noch auf sensationelle Neuigkeiten.

Ruhe statt Nervosität

Fassen wir die wichtigsten Stationen aus dem 11-Punkte-Programm der Checkliste „Versteigerungstermin" zusammen. Wie schon beim Grundbuch, wird es auch hier erst am Schluß so richtig interessant. Sie können also, entgegen der angegebenen Reihenfolge, auch mit dem letzten Punkt beginnen.

Punkte 1 bis 4: Zu diesen Punkten werden Sie wohl nichts Neues erfahren, es sei denn, daß noch ein Gläubiger oder ein Mieter, der Ihnen bisher nicht bekannt war, seine Forderungen angemeldet hat oder jetzt erst im Termin anmeldet. Verzichten Sie auf das lästige und unnötige Mitschreiben der Grundschuld- und Zinsbeträge, die mit dem Erwerbspreis, sofern sie nicht in das geringste Gebot fallen, grundsätzlich nichts zu tun haben.

bekannte Punkte

Punkte 5 bis 7: Im Regelfall gelten die gesetzlichen **Versteigerungsbedingungen**. Abweichungen auf Antrag der Gläubiger (zum Beispiel hinsichtlich der Feststellung des geringsten Gebots) sind aber statthaft. Obwohl das Gesetz grundsätzlich vom Einzelausgebot ausgeht, können bei mehreren in demselben Verfahren zu versteigernden Grundstücken (beispielsweise zwei oder drei Flurstücke), Grundstücksbruchteilen (zum Beispiel Ehemann und Ehefrau je zur Hälfte) oder grundstücksgleichen Rechten auch Gruppenausgebote oder Gesamtausgebote zugelassen werden.

Versteigerungsbedingungen

Meist wird bei Einfamilienhäusern und Eigentumswohnungen mit Garage oder Einstellplatz oder bei Objekten, die mehreren

Gesamtausgebot auf Antrag

Personen (zum Beispiel Eheleuten) gehören, von der Gläubigerbank der Antrag gestellt, nur ein **Gesamtausgebot** unter Verzicht auf Einzelausgebote zuzulassen. Dies bedeutet, daß der Ersteher das gesamte Objekt, wie es im Grundbuch eingetragen und vom Gutachter bewertet wurde, erwirbt.

Tricktäter

Leider gibt es ab und zu am Verfahren beteiligte Personen (zum Beispiel private Gläubiger oder Schuldner), die eine Fülle von Anträgen zu den Versteigerungsbedingungen oder den Ausgebotsformen stellen. Diese „Spezialisten", in Bankkreisen auch Tricktäter genannt, haben nur ein Ziel: Sie wollen mögliche Bietinteressenten so verunsichern und abschrecken, daß der Weg frei wird für den geplanten Eigenerwerb zu Billigstpreisen.

stundenlanger Bekanntmachungsteil

Ich habe es erlebt, daß der Bekanntmachungsteil auf diese Weise so in die Länge gezogen wurde (in einem Fall auf über drei Stunden), daß die meisten Bietinteressenten entnervt den Saal verließen. Es gab Fälle, in denen mehr als 20 (!) verschiedene Ausgebotsarten zugelassen wurden. Leider durchschauen die meisten Bietinteressenten diese raffinierte Taktik nicht.

Geduld bewahren

Was ist aber zu tun, wenn Sie auf einen solchen „Spezialisten" stoßen? Sind Sie ihm überhaupt gewachsen? Die Antwort ist nicht einfach: Harren Sie aus (möglicherweise einen ganzen Tag lang, wie es vorgekommen ist), halten Sie sich an Ihr Limit beim Bieten und lassen Sie sich alles, was Sie nicht verstanden haben, vom Rechtspfleger (auf keinen Fall vom „Spezialisten", mit dem Sie besser nicht reden sollten) erklären. Sie können davon ausgehen, daß Sie auch in solch einem Sonderfall, der vielleicht in einem von 100 Versteigerungsterminen vorkommt, Ihre Chance haben. Das Bieten kann man Ihnen ja schließlich nicht verbieten.

bedeutungsloser Einheitswert

Punkt 8: Der **Einheitswert**, der für die Berechnung der Grundsteuer durch die Gemeinde zugrundegelegt wird, wurde vom Finanzamt festgestellt und wird nun im Termin bekanntgegeben. Eine besondere Bedeutung sollte man dem Einheitswert hinsichtlich der Ermittlung des möglichen Erwerbspreises nicht beimessen.

Punkt 9: In ganz seltenen Fällen wird der **Verkehrswert** erst im Versteigerungstermin vom Rechtspfleger festgesetzt, und zwar nach Anhörung der anwesenden Gläubiger und Schuldner. Die beiden Grenzen – 5/10 und 7/10 des Verkehrswertes – sind nur für den juristisch ersten Termin von Belang.

Verkehrswert und Grenzen

Punkt 10: Das **geringste Gebot** umfaßt, falls keine Rechte bestehenbleiben (der Ersteher erwirbt also lastenfrei), nur den bar zu zahlenden Teil (in der Regel Verfahrenskosten und rückständige Grundsteuern). Dieser Barteil ist in jedem abgegebenen Gebot, das ja immer ein Bargebot ist, enthalten.

geringstes Gebot

Der Ersteher braucht die Verfahrenskosten also nicht „extra" zu bezahlen. Auf ihn kommt nur eine relativ geringe Zuschlagsgebühr in Höhe von etwa 0,5 Prozent des Erwerbspreises zu. Das **Bargebot** ist mit vier Prozent ab der Erteilung des Zuschlags zu verzinsen und spätestens zum Verteilungstermin zu zahlen (die Juristen sprechen von „berichtigen"). Die Verzinsungspflicht endet mit der Hinterlegung des Betrages beim Gericht, falls auf die Rücknahme verzichtet wird. Da der vierprozentige gesetzliche Zins immer unter dem banküblichen Darlehnszins liegt, empfiehlt es sich, den fraglichen Betrag (bares Meistgebot abzüglich hinterlegter Sicherheitsleistung) auch erst zum Verteilungstermin bzw. einige Tage vorher zu zahlen.

nur 4 % Zins auf Bargebot

Die eventuell **bestehenbleibenden Rechte** zählen zwar nicht zum Bargebot. Sie müssen aber vom Ersteher übernommen werden und erhöhen somit den Erwerbspreis (Erwerbspreis = bares Meistgebot plus bestehenbleibende Rechte). Da nun der Sonderfall eintreten kann, daß bestimmte Rechte (zum Beispiel Wegerecht, Leitungsrecht, Wohnungsbesetzungsrecht) zum Zeitpunkt der Erteilung des Zuschlags nicht mehr bestehen, wäre der Ersteher um den Gegenwert dieser Rechte bereichert. Für diesen wohl nur theoretischen Fall muß das Gericht einen Ersatzbetrag (meistens 100 DM pro Recht) festsetzen, der vom Ersteher zusätzlich zu seinem Meistgebot gezahlt werden muß. Diese gesetzliche Vorschrift, die in der Praxis kaum zum Tragen kommt, führt leider oft zu Verwirrung und Verunsicherung der Bietinteressenten.

bestehenbleibende Rechte einkalkulieren

Grunderwerbsteuerpflicht

Punkt 11: Die **Grunderwerbsteuer** beträgt 3,5 Prozent des Erwerbspreises, also des Meistgebots einschließlich eventuell bestehenbleibender Rechte. Sie wird zweimal fällig, wenn das Meistgebot an einen anderen abgetreten wird oder wenn der Meistbietende später erklärt, für einen anderen geboten zu haben (sogenannte verdeckte Vertretung, nicht zu verwechseln mit der notariellen Bietungsvollmacht).

Unbedenklichkeitsbescheinigung

Der Ersteher – das ist bis auf die beiden genannten Sonderfälle der Meistbietende, der den Zuschlag erhält – wird erst in das Grundbuch eingetragen, wenn dem Gericht die **Unbedenklichkeitsbescheinigung** des zuständigen Finanzamts über die erfolgte Zahlung der Grunderwerbsteuer vorliegt. Eigentümer wird der Ersteher allerdings schon mit der Erteilung des Zuschlags. Die spätere Eintragung in das Grundbuch hat also nur – wie die Juristen sagen – deklaratorischen Charakter.

- Notieren Sie sich während des Bekanntmachungsteils nur die Punkte, die für Sie neu sind oder noch unklar geblieben sind!
- Beobachten Sie während des Rechtspflegervortrags Ihre möglichen Konkurrenten!
- Lassen Sie sich während der Bietstunde abweichende Versteigerungsbedingungen und seltene Ausgebotsformen vom Rechtspfleger erklären!
- Sprechen Sie nicht mit „Spezialisten", die durch ihre Anträge nur Verwirrung stiften und Sie abschrecken wollen !

Bietstunde

Bietstunde als Versteigerungsgeschäft

Nun wird es spannend: Die Bietstunde beginnt, die „Stunde der Wahrheit" ist angebrochen. Sie dauert wirklich, wie ihr Name sagt, mindestens eine volle Stunde und ist der zweite und zugleich wichtigste Teil des Versteigerungstermins. Nicht juristisches Wissen ist nunmehr gefragt, sondern wirtschaftliches Denken und Handeln. Die Bietstunde ist gleichzusetzen mit einem **Versteigerungsgeschäft,** bei dem eine „unsichtbare" Ware, nämlich die Immobilie, zu einem vorher nicht bekannten Preis gehandelt wird.

Über die Zwangsversteigerung von Immobilien kursieren häufig die seltsamsten Gerüchte. Oft werden sie von Zeitgenossen in die Welt gesetzt, die noch nie an einer Versteigerung teilgenommen haben oder von Leuten, die irgendwann einmal eine Auktion von Möbeln, Schmuck oder ähnlichem erlebt haben und nun wider besseren Wissens glauben, daß eine Versteigerung von Immobilien genauso abliefe. Doch weit gefehlt! Die Spielregeln lauten vielmehr so:

Gerüchteküche

- Der Rechtspfleger (den Ausdruck Versteigerer oder Auktionator gibt es bei Immobilienversteigerungen beim Amtsgericht nicht) fordert am Ende des Bekanntmachungsteils zur Abgabe von Geboten auf (ein Mindestaufrufpreis existiert nicht).
- Der Bieter gibt sein Gebot mündlich ab. Ist es sein erstes Gebot, geht er nach vorne zum Rechtspfleger, weist sich aus, nennt sein Gebot und leistet auf Verlangen Sicherheit in Höhe von zehn Prozent seines Gebotes. Gibt er später weitere Gebote ab, um einen anderen zu überbieten, reicht die Angabe des Übergebots, eventuell muß seine Sicherheit erhöht werden (die Höhe des übersteigenden Betrags ist nicht vorgeschrieben, theoretisch reicht schon ein Pfennig).

tatsächliche Spielregeln

- Der Rechtspfleger nennt jedes wirksame Gebot. Er ruft aber nur das höchste Gebot nach Ablauf einer vollen Stunde auf, und zwar höchstens dreimal.
- Mit dem dritten Aufruf des letzten Gebots (einen Hammer gibt es bei Zwangsversteigerungen von Immobilien nicht) und der Verkündung des Schlusses der Versteigerung steht das Meistgebot fest (ob der Zuschlag darauf erteilt wird, entscheidet sich erst im dritten Teil des Versteigerungstermins, nämlich in der Verhandlung über den Zuschlag).

Zu den Spielregeln zwei und vier möchte ich noch zwei interessante Anmerkungen machen. Trotz des Hinweises des Rechtspflegers, möglichst runde Beträge zu bieten, haben sich in einem

Bieten in kleinen Schritten

Termin zwei Bieter über eine Stunde lang in kleinen Schritten (anfangs 500 DM, dann 100 DM, später sogar 10 DM) überboten (Verkehrswert 200.000 DM, Anfangsgebot 120.000 DM, Meistgebot 141.500 DM).

Der Rechtspfleger steht dem machtlos gegenüber. Allerdings hat der Gläubiger das Recht, im Bekanntmachungsteil zu beantragen, daß Übergebote nur zulässig sind, wenn sie das vorhergehende Gebot um mindestens X DM (zum Beispiel 1.000 DM) übersteigen (sogenannte abweichende Versteigerungsbedingung).

Bieten in letzter Sekunde

In einigen Terminen habe ich erlebt, daß noch zwischen dem dritten Aufruf des letzten Gebots und der Verkündung des Schlusses der Versteigerung (dazwischen liegen tatsächlich nur Sekunden) geboten wurde. Zwar ist auch diese Taktik bei Rechtspflegern nicht besonders beliebt, erlaubt ist sie aber auf jeden Fall.

Während ich die beiden oben genannten Taktiken – Bieten in kleinen Schritten und Bieten in letzter Sekunde – nicht unbedingt zur Nachahmung empfehlen kann, da Sie sich in beiden Fällen den Ärger des Rechtspflegers und eventuell auch der Gläubigerbanken zuziehen und ihre Bietkonkurrenten auch nicht mit Sicherheit abschütteln können, bin ich mit zwei anderen Taktiken bisher recht gut gefahren.

Krumme Grenze als Gebotslimit

Die eine Taktik beginnt schon beim Festlegen des persönlichen Gebotslimits. Bei sehr vielen Versteigerungen ist mir aufgefallen, daß Bieter meistens dann aussteigen, wenn ein bestimmter glatter Betrag (zum Beispiel 250.000 DM) vom Konkurrenten geboten wurde. Die Schlußfolgerung dürfte auf der Hand liegen. Setzen Sie sich als Limit eine **krumme Grenze** (251.000 DM in unserem Beispiel), denn es wäre ja denkbar, daß Ihre Bietkonkurrenten die gleiche Preisvorstellung (also 250.000 DM) wie Sie haben. Es wäre doch schade, wenn der preisgünstige Erwerb letztlich an einem Tausendmarkschein scheitern würde (1.000 DM sind 0,4 Prozent von 250.000 DM!).

Die andere Taktik bezieht sich auf die Übergebote. Da die meisten Bietinteressenten in immer gleichen Schritten (500 DM, 1.000 DM, 5.000 DM mehr) überbieten, wenden Sie möglicherweise eine andere Methode an. Sie gehen „anders als die anderen" vor und bieten im **Wechselschritt** (mal kleine Sprünge mit 500 DM und 1.000 DM, mal große Sprünge mit 3.000 DM und 5.000 DM). Sie erreichen damit zumindest, daß Ihr Konkurrent Ihre Bietkarten nicht durchschaut, geschweige denn Ihr Limit erahnt.

Bieten in wechselnden Schritten

Die bisher genannten vier Taktiken setzen voraus, daß Sie mindestens einen Bietkonkurrenten haben. Was aber, wenn sich keiner im Saal rührt oder wenn außer dem Rechtspfleger, den Gläubigern und Ihnen niemand anwesend ist? Hier gibt es eigentlich eine ganz einfache Marschroute: Sprechen Sie mit der Gläubigerbank, und zwar am besten mit der Bank, die nach der Rangfolge in der Dritten Abteilung des Grundbuches vermutlich einen Ausfall erleiden wird, wenn Sie Ihr Limit einhalten.

Gespräch mit dem Gläubiger

Gehen Sie auf den Gläubigervertreter ohne Scheu im Saal zu und bitten Sie ihn für ein kurzes Gespräch mit Ihnen nach draußen. Wenn Sie vorher schon einmal telefonisch Kontakt mit der Bank aufgenommen haben, können Sie sich darauf beziehen (etwa: „Ich habe letzte Woche mit Ihrem Kollegen, Herrn X, gesprochen"). Fragen Sie den Banker doch frei heraus, bei welchem Preis man sich einigen könne, oder wo die „**Schmerzgrenze**" der Bank liege. Haben Sie sich vorher schon geeinigt (beispielsweise durch Abschluß eines Ausbietungsgarantievertrages), kann sich das Gespräch auf den Zeitpunkt der Abgabe Ihres bereits schriftlich fixierten Gebotes beschränken.

Schmerzgrenze erfragen

Vermeiden Sie vor allem, während der Bietstunde nur herumzusitzen und darauf zu warten, daß etwas geschieht. Vielleicht geschieht überhaupt nichts. Der Rechtspfleger verkündet dann den Schluß der Bietstunde, stellt fest, daß kein Gebot abgegeben wurde und daß daher das Verfahren einstweilen eingestellt wird. Ich habe immer wieder beobachtet, daß vorher sprachlose Zuhörer jetzt plötzlich wach werden und fragen, was das nun zu

ergebnislose Versteigerung

bedeuten habe. „In einem halben Jahr kommt es zu einem neuen Termin", ist das Äußerste, was sie erfahren. Um das zu hören, haben sie 90 Minuten lang im Gerichtssaal gesessen? Es scheint so. Oder haben sie Zeitung gelesen? Das hätten sie auch woanders tun können.

Tips aus erster Hand

Was will ich damit sagen? Wenn nichts geschieht, tun Sie etwas, damit etwas geschieht! Auch wenn Sie nicht bieten wollen: Sprechen Sie mit den Gläubigervertretern oder dem Rechtspfleger, und fragen Sie! Ich darf Ihnen versichern, daß ich die meisten Informationen, Ratschläge und Tips in den Bietstunden erhalten habe, in denen nichts lief, und ich Zeit hatte, mich mit Bankern und Rechtspflegern (die ja auch Zeit hatten) zu unterhalten. Das einzige, was uns fehlte, war eine Tasse Kaffee.

Nutzen Sie also auch die Versteigerungen, die „still wie ein See ruhen", und schlagen Sie nicht Ihre kostbare Zeit durch bloßes Herumsitzen tot, es sei denn, daß Sie es vor Langeweile zu Hause nicht aushalten können. Vergessen Sie nicht, daß Sie die einmalige Chance haben, fachlich qualifizierte Informationen kostenlos vor Ort zu erhalten, sozusagen „live".

viele Neugierige

Ganz anders stellt sich die Situation dar, wenn sich eine große Interessentenschar im Saal versammelt hat. Bei der Versteigerung von Einfamilienhäusern zählte ich auch schon einmal 30 oder 40 Zuhörer. Doch ich weiß, daß nur ein ganz kleiner Teil, wenn überhaupt, bieten wird, denn die meisten kommen aus reiner Neugier. Nicht selten trifft sich hier die halbe Nachbarschaft, nur um hautnah mitzuerleben, zu welchem Preis das Haus denn nun unter den sprichwörtlichen Hammer kommt.

Motivforschung

Beobachten Sie also die Leute und finden Sie heraus, warum sie gekommen sind, aus ernsthaftem Bietinteresse oder aus ganz anderen Motiven (nachbarschaftliche Neugier, allgemeines Interesse an Versteigerungen, zur Ausbildung gehörende Hospitation bei Rechtspflegeranwärtern usw.). Eine Bietstunde, die von vielen besucht wird, muß übrigens nicht unbedingt dramatisch verlaufen. Spannend wird sie immer dann, wenn überhaupt geboten wird und die Biettaktik, die Taktik im Termin, erkannt werden kann.

Welche Biettaktik werden Sie aber einschlagen, wenn Sie sich entschlossen haben, zu bieten? Leider muß ich Ihnen zunächst sagen: Es gibt nicht die Biettaktik schlechthin, die allein den Erfolg verspricht. Es existieren vielmehr eine ganze Reihe von Maßnahmen und Verhaltensweisen, die in einer bestimmten Situation Erfolg versprechen. Wäre dies anders, würde die Bietstunde viel, wenn nicht alles, von ihrer oft knisternden Spannung und Faszination verlieren.

verschiedene Biettaktiken

Welche Bietpraktiken bieten sich nun an, wenn man einmal von den bereits erwähnten **Biettechniken** (Bieten in kleinen Schritten, Bieten in wechselnden Schritten, Bieten in letzter Sekunde, Bieten bis zur krummen Grenze) absieht? Da die Immobilienversteigerung wie jede Versteigerung auf die Konkurrenz der Bieter ausgerichtet ist, möchte ich unter Konkurrenzgesichtspunkten die folgenden Hauptfälle unterscheiden:

Biettechniken

- „Bieter contra Bieter“
  (andere Bieter sind Hauptkonkurrenten)
- „Bieter contra Bank“
  (Gläubiger ist Hauptkonkurrent).

zwei Hauptfälle

Daneben gibt es noch die Sonderfälle „Bieter mit Bank“ (Gläubiger und Bieter sind sich einig) sowie „Bieter = Beteiligter“ (Gläubiger oder Schuldner ist einziger Bieter).

Sonderfälle

Im weitaus häufigsten Fall haben Sie es mit Bietkonkurrenten zu tun, die weder dem Gläubiger- noch dem Schuldnerlager zuzurechnen sind.

Bieter contra Bieter

Wenn andere Bietinteressenten mitbieten, spielt die Bank meist nur eine Nebenrolle, indem sie ein Anfangsgebot abgibt oder auch ein- oder zweimal Übergebote, um die Bieter zu weiteren und höheren Geboten herauszulocken.

Nebenrolle der Bank

Im Prinzip vertraut sie aber darauf, daß sich die Bieter gegenseitig hochtreiben und so ein für sie annehmbares Versteigerungsergebnis erzielen.

Bieter im Pokerspiel

Die Fälle „Bieter contra Bieter" sind natürlich besonders nervenaufreibend für die an diesem Pokerspiel beteiligten Bietinteressenten. Zugleich sind sie spannend und sehr lehrreich für die Zuschauer. Interessant ist es, Aktionen und Reaktionen der Konkurrenten zu beobachten und Wetten auf den vermutlichen Sieger in diesem Bietkampf abzuschließen.

Bietrausch vermeiden

Falls Sie dann einmal selbst als Bieter auftreten, können Sie sich besser auf mögliche Überraschungsangriffe Ihrer Konkurrenten einstellen. Einer wird gewinnen, warum sollten nicht Sie dieser Eine sein? Halten Sie sich allerdings an die eiserne Regel, Ihr Gebotslimit nicht zu überschreiten, denn sonst besteht die Gefahr, daß Sie in einen „**Bietrausch**" geraten und den Gerichtssaal mit einem Spielkasino verwechseln. Versteigerungen sind zwar etwas für Spekulanten (jeder, der ein Schnäppchen machen will, ist doch nichts anderes als ein legaler Spekulant), aber nichts für Glücksspieler. Wie sieht nun so ein freier Wettbewerb zwischen Bietkonkurrenten aus? Lassen wir konkret erlebte Fälle sprechen!

Fall 1 (siehe auch Beispiel A):
Versteigerung am 28.11.1996, Eigentumswohnung in Düsseldorf-Unterbilk, Baujahr 1982/83, Wohnfläche 56 qm plus TG-Stellplatz, vermietet für 750 DM monatlich netto kalt + 70 DM TG-Stellplatz, Verkehrswert 175.000 DM

10.05 Uhr Bieter A (Siepe)	100.000 DM	(= 57 % des Verkehrswertes)
10.32 Uhr Bieter B	105.000 DM	
10.50 Uhr Bieter C	115.000 DM	
10.55 Uhr Bieter D	116.000 DM	
.... (siehe Arbeitshilfe 9 auf S. 146/147)		
11.09 Uhr Bieter D	144.000 DM	
11.10 Uhr Bieter A (Siepe)	145.000 DM	(= 83 % des Verkehrswertes)
11.10 Uhr: sofortige Zuschlagserteilung an Meistbietenden Werner Siepe		

Mein Gebotslimit lag bei 151.000 DM. Am Ende der Bietstunde entwickelte sich ein Bieter-Zweikampf zwischen Bieter D und mir. Nach der Versteigerung sprach mich Bieter D (eine Frau) an, wie weit ich noch gegangen wäre. Wahrheitsgemäß antwortete ich: „Bis 151.000 DM". Daraufhin bekannte sie, daß sie sich die Grenze von 145.000 DM gesetzt habe. Übrigens war sie erst fünf Minuten vor Ende der Bietstunde im Gerichtssaal erschienen, während ihr Mann die ganze Zeit vorher die möglichen Konkurrenten beobachtet hatte.

Bieterzweikampf

Fall 2 (siehe auch Beispiel B):
Versteigerung am 30.5.1997, Eigentumswohnung in Düsseldorf-Flingern-Nord, Baujahr 1974, Wohnfläche 53 qm plus TG-Stellplatz, vermietet für 870 DM monatlich netto kalt + 70 DM TG-Stellplatz, Verkehrswert 160.000 DM

9.18 Uhr Bieter A (Siepe)	85.000 DM	(= 53 % des Verkehrswertes)
9.20 Uhr Bieter B	90.000 DM	
9.30 Uhr Bieter C	112.000 DM	(= 70 % des Verkehrswertes)
9.40 Uhr Bieter B	115.000 DM	
10.00 Uhr Bieter C	117.000 DM	
10.03 Uhr Bieter A	118.000 DM	
10.08 Uhr Bieter C	119.000 DM	
10.15 Uhr Bieter A	120.000 DM	
10.15 Uhr Bieter C	121.000 DM	
10.16 Uhr Bieter A	123.000 DM	
10.16 Uhr Bieter C	125.000 DM	
10.17 Uhr Bieter A	126.000 DM	
10.17 Uhr Bieter C	127.000 DM	
10.18 Uhr Bieter A	128.000 DM	
10.18 Uhr Bieter C	130.000 DM	
10.18 Uhr Bieter A	131.000 DM	
10.19 Uhr Bieter C	132.000 DM	
10.19 Uhr Bieter A	133.000 DM	
10.19 Uhr Bieter C	134.000 DM	
10.19 Uhr Bieter A	135.000 DM	
10.20 Uhr Bieter C	136.000 DM	
10.20 Uhr Bieter A	137.000 DM	
10.20 Uhr Bieter C	138.000 DM	
10.20 Uhr Bieter A	139.000 DM	
10.21 Uhr Bieter C	140.000 DM	
10.21 Uhr Bieter A (Siepe)	141.000 DM	(= 88 % des Verkehrswertes)

10.22 Uhr: sofortige Zuschlagserteilung an Meistbietenden Werner Siepe

Von meiner Mieterin erfuhr ich, daß außer mir keiner die Wohnung vorher besichtigt hatte, also auch nicht meine Bietkonkurrenten B, C und D. Ich hatte es erst zwei Tage vor dem Versteigerungstermin „geschafft".

Bieten bis zum Gebotslimit

Im Fall 2 lag mein Gebotslimit exakt bei 141.000 DM. Hätte mein Konkurrent, der sich offensichtlich eine „glatte Grenze" gesetzt hatte, mich noch einmal überboten, hätte ich gepaßt.

Wie sich die Bilder gleichen: Auch in diesem Versteigerungsfall war ich der einzige unter den Bietern, der die Wohnung von innen besichtigt hatte.

Keine Sicherheitsleistung im Ausnahmefall

Überraschenderweise verlangte die Vertreterin der Gläubigerbank von keinem Bietinteressenten Sicherheitsleistung („Ich bin nicht geldgierig", waren ihre Worte). Daher konnte ich mit meinem bestätigten LZB-Scheck von 11.200 DM sowie Bargeld in Höhe von 2.900 DM den Gerichtssaal wieder verlassen.

Mischgebotstaktik

Meine in den Fällen 1 und 2 angewandte Biettaktik haben Sie sicherlich sofort erkannt: Ich gebe zunächst ein relativ niedriges Anfangsgebot ab und überbiete meine Konkurrenten bis zu meinem „krummen Gebotslimit". Erst wenn meine krumme Grenze überboten wird, was selbstverständlich von Fall zu Fall geschieht, steige ich aus.

In den Bietkampf bei Fall 3 griff ich gar nicht erst ein, da schon das Anfangsgebot von Bieter A um 2.000 DM über meinem persönlichen Gebotslimit lag. Bieter A trat gemeinsam mit einem Makler auf, der sich intensiv mit dem Gläubigervertreter unterhielt.

ortsüblicher Marktpreis statt Schnäppchen

Zu meiner Überraschung versammelten sich gut 30 Interessenten im Gerichtssaal. Die attraktive Eigentumswohnung konnte ich in fünf Fußminuten von meinem Eigenheim aus erreichen. Ein Schnäppchen stellte der gezahlte Ersteigerungspreis von knapp 3.000 DM pro qm Wohnfläche für eine 13 Jahre alte Eigentumswohnung (ohne TG-Stellplatz mit geschätzten 15.000 DM) wohl nicht mehr dar. Eher handelte es sich um einen ortsüblichen Marktpreis.

Fall 3:
Versteigerung am 28.2.1997, Eigentumswohnung in Erkrath-Hochdahl (bei Düsseldorf), Baujahr 1984, Wohnfläche 48 qm plus TG-Stellplatz, vermietet für 705 DM monatlich netto kalt + 70 DM TG-Stellplatz, Verkehrswert 165.000 DM

12.05 Uhr Bieter A	138.000 DM	(= 89 % des Verkehrswertes)
12.56 Uhr Bieter B	140.000 DM	
12.58 Uhr Bieter A	141.000 DM	
12.59 Uhr Bieter C	143.000 DM	
13.02 Uhr Bieter B	144.000 DM	
13.05 Uhr Bieter C	145.000 DM	
13.05 Uhr Bieter A	146.000 DM	
13.06 Uhr Bieter C	147.000 DM	
13.06 Uhr Bieter B	148.000 DM	
13.07 Uhr Bieter C	149.000 DM	
13.07 Uhr Bieter B	149.500 DM	
13.08 Uhr Bieter C	150.000 DM	
13.08 Uhr Bieter B	150.500 DM	
13.09 Uhr Bieter C	151.000 DM	
13.09 Uhr Bieter B	151.500 DM	
13.09 Uhr Bieter C	152.000 DM	
13.10 Uhr Bieter B	152.500 DM	
13.10 Uhr Bieter C	153.000 DM	
13.10 Uhr Bieter B	153.500 DM	
13.10 Uhr Bieter C	155.000 DM	(= 94 % des Verkehrswertes)

13.10 Uhr: sofortige Zuschlagserteilung an Meistbietenden C

Fall 4:
Versteigerung am 14.2.1997, Eigentumswohnung in Düsseldorf-Pempelfort (Nähe Hofgarten), Baujahr 1984, Wohnfläche 80 qm, von Eigentümer selbst bewohnt, kein TG-Stellplatz, vom Gutachter geschätzte monatliche Nettokaltmiete 17 DM/qm, Verkehrswert 330.000 DM

9.50 Uhr Bieter A	180.000 DM	(= 55 % des Verkehrswertes)
10.45 Uhr Bieter B	185.000 DM	
10.48 Uhr Bieter C	195.000 DM	
10.50 Uhr Bieter D	200.000 DM	
10.55 Uhr Bieter E	200.100 DM	
10.55 Uhr Bieter D	200.500 DM	
10.55 Uhr Bieter C	202.000 DM	

10.56 Uhr Bieter E	203.000 DM	
10.56 Uhr Bieter C	204.000 DM	
10.57 Uhr Bieter D	205.000 DM	
10.57 Uhr Bieter E	205.500 DM	
10.57 Uhr Bieter C	206.000 DM	
10.58 Uhr Bieter D	210.000 DM	
10.58 Uhr Bieter C	212.000 DM	
10.58 Uhr Bieter E	213.000 DM	
10.58 Uhr Bieter C	215.000 DM	
10.59 Uhr Bieter E	216.000 DM	
10.59 Uhr Bieter C	217.000 DM	
10.59 Uhr Bieter E	217.500 DM	
11.00 Uhr Bieter C	219.000 DM	
11.00 Uhr Bieter E	219.500 DM	
11.00 Uhr Bieter C	220.000 DM	
11.01 Uhr Bieter E	220.500 DM	
11.01 Uhr Bieter C	220.999 DM	(!)
11.02 Uhr Bieter E	221.000 DM	
11.02 Uhr Bieter C	224.000 DM	
11.02 Uhr Bieter E	225.000 DM	
11.03 Uhr Bieter C	226.000 DM	
11.03 Uhr Bieter A	230.000 DM	
11.03 Uhr Bieter E	230.100 DM	
11.03 Uhr Bieter A	230.500 DM	
11.04 Uhr Bieter C	231.000 DM	(= 70 % des Ver kehrswertes)
11.04 Uhr Bieter A	232.000 DM	
11.04 Uhr Bieter E	232.100 DM	
11.05 Uhr Bieter A	232.500 DM	
11.05 Uhr Bieter C	233.000 DM	
11.05 Uhr Bieter A	233.100 DM	
11.06 Uhr Bieter C	233.500 DM	(= 71 % des Verkehrswertes)

fehlende Innenbesichtigung

Spannend war der Bieter-Wettstreit im Fall 4 allemal. Ob Bieter C indes mit einem Preis von 71 Prozent des Verkehrswertes ein Schnäppchen gemacht hat, scheint mir sehr fraglich. Begründung: Der im Objekt wohnende Eigentümer hatte jedem Bietinteressenten (also auch Bieter C und mir) und auch dem Gutachter eine Innenbesichtigung verweigert.

Schlimmer noch: Das Haus befand sich in einem verwahrlosten Zustand. Verschmutztes Treppenhaus, defekte Heizungsanlage und fehlende Hausverwaltung – mir reichte es. Eine Miteigentümerin berichtete mir von unglaublichen Vorfällen, die von einem im Haus wohnenden Chaoten verursacht worden seien. Sie habe ihre beiden Wohnungen fest versperrt und seit über einem Jahr leer stehen. Mietern könnte sie das Wohnen in diesem Haus zur Zeit nicht zumuten.

verwahrlostes Haus

Fast 3.000 DM pro qm Wohnfläche für ein solches Objekt? Dieser Preis ist heiß und weit entfernt von einem Schnäppchen. 17 DM pro qm Wohnfläche als monatliche Nettokaltmiete – wer würde dies zahlen angesichts der chaotischen Verhältnisse?

überhöhter Preis

Sie merken es schon: Der Fall 4 ist eher ein abschreckendes Beispiel. Ein Steigpreis von 71 Prozent des Verkehrswertes kann also im Einzelfall viel zu hoch sein.

Einen Bietkrimi mit glücklichem Ausgang aus dem Jahr 1986 möchte ich Ihnen nicht vorenthalten. Bieter A (ein Bekannter von mir, neben dem ich saß und protokollierte) mußte alle Register seines Könnens ziehen.

Bietkrimi mit glücklichem Ausgang

Fall 5:
Versteigerung am 24.1.1986, freistehendes Einfamilienhaus in Düsseldorf, Baujahr 1967, Grundstücksfläche 558 qm, Wohnfläche 111 qm, Verkehrswert 240.000 DM (bei einem Sachwert von 278. 400 DM), Beginn der Bietstunde: 10.10 Uhr

11.00 Uhr	Bank	120.000 DM	(= 50 Prozent des Verkehrswertes)
11.05 Uhr	Bieter A	168.000 DM	(= 70 Prozent des Verkehrswertes)
11.08 Uhr	Bieter B	170.000 DM	
11.10 Uhr	Bieter C	175.000 DM	
11.11 Uhr	Bieter D	181.000 DM	
11.11 Uhr	Bieter C	183.000 DM	
11.12 Uhr	Bieter D	185.000 DM	
11.12 Uhr	Bieter C	186. 000 DM	
11.12 Uhr	Bieter B	187. 000 DM	
11.13 Uhr	Bieter D	190.000 DM	
11.13 Uhr	Bieter C	191.000 DM	
11.13 Uhr	Bieter D	195.000 DM	
11.14 Uhr	Bieter C	196.000 DM	

11.14 Uhr	Bieter D	197.000 DM	
11.14 Uhr	Bieter B	198.000 DM	
11.14 Uhr	Bieter D	199.000 DM	
11.14 Uhr	Bieter C	200. 000 DM	
11.15 Uhr	Bieter D	201. 000 DM	
11.15 Uhr	Bieter C	202. 000 DM	
11.15 Uhr	Bieter D	203. 000 DM	
11.15 Uhr	Bieter C	204. 000 DM	
11.16 Uhr	Bieter D	205.000 DM	
11.16 Uhr	Bieter C	206.000 DM	
11.16 Uhr	Bieter D	207. 000 DM	
11.16 Uhr	Bieter C	210. 000 DM	
11.17 Uhr	Bieter A	211.000 DM	(= 88 Prozent des Verkehrswertes)

glatte Grenzen der Konkurrenten

In diesem Fall hatten sich drei Bieter glatte Grenzen gesetzt. Bieter B hatte sogar die „Todsünde“ eines jeden Bieters begangen und seine Grenze einem Nachbarn so zugeflüstert, daß Bieter A mithören konnte.

Bieter C und D hatten sich offensichtlich 210.000 DM als Grenze vorgenommen (C wollte mit seinem „gewaltigen“ 3.000 DM-Schritt wohl als erster diese Grenze erreichen). Bieter A, der sich zwei Grenzen gesetzt hatte (201.000 DM und 211. 000 DM), gab sein Gebot in Höhe von 211. 000 DM erst in letzter Sekunde ab.

gelungene Mischtaktik

Seine mit mir festgelegte „**Mischtaktik**“ hieß: als erster 70 Prozent bieten (in Vorgesprächen mit den Gläubigerbanken war klar geworden, daß nur ein Gebot „um die 200.000 DM“ den Zuschlag erhalten konnte) und als letzter maximal 211. 000 DM bieten! Nur selten habe ich es erlebt, daß eine Taktik so genau aufging.

Schnäppchenpreis auch bei 88 % des Verkehrswertes

Pikanterie am Rande: Ein Makler hatte das Objekt noch zwei Tage vorher per Annonce für 270.000 DM plus 6,84 Prozent Provision für den Käufer angeboten! Ich war schon damals sicher, daß Bieter A auch bei 88 Prozent des Verkehrswertes ein Schnäppchen gemacht hat, denn der Verkehrswert war mit 240.000 DM in diesem Falle wohl zu niedrig angesetzt. Immerhin handelte es sich um ein 20 Jahre altes freistehendes Einfamilienhaus in Düsseldorf-Lohausen.

Sicherlich werden Sie angesichts der – gemessen am Verkehrswert – relativ hohen Erwerbspreise in den Fällen 2, 3 und 5 fragen: Ging es denn nicht billiger? Hätten die jeweiligen Bieter nicht Absprachen mit ihren Konkurrenten treffen können (zum Beispiel „Wenn Sie nicht weiterbieten, erhalten Sie von mir X DM."), da die Gläubigerbanken doch offensichtlich stillhielten? Oder sind solche Absprachen nicht erlaubt?

Absprachen mit Konkurrenten

Damit sind mir bei einem heißen Eisen angelangt, den sogenannten „**negativen Bietabkommen**". Es handelt sich dabei um Vereinbarungen, die den Zweck haben, andere Bietinteressenten vom Bieten abzuhalten. Sie sollen damit einem bestimmten anderen Bieter einen möglichst günstigen Erwerbspreis ermöglichen. Die Konkurrenz unter den Bietern wird geschwächt oder sogar ausgeschaltet, was ja im Interesse des dann allein bietenden Erwerbers liegt. Dem „abgeschreckten" Bietinteressenten wird als Belohnung für seinen Verzicht eine bestimmte Geldsumme – ein Interessent hat auf einem Seminar einmal freimütig erzählt, daß er auf diese Weise 5.000 DM erhalten habe – ausgezahlt.

negative Bietabkommen

Solche negativen Bietabkommen sind nicht schlechthin sittenwidrig und damit nichtig (*vgl. Zeller, Kommentar zum Zwangsversteigerungsgesetz, Seite 777*). Es kommt vielmehr, wie auch Gerichtsurteile belegen, auf die Umstände jedes Einzelfalles an. Die **Sittenwidrigkeit** kann sich aus Inhalt, Beweggrund oder Zweck ergeben. So hat das Oberlandesgericht in Köln in seinem Urteil vom 12.9.1963 die Sittenwidrigkeit bejaht, wenn Zahlungen auf den Wert des Grundstücks geleistet werden, die nicht dem Grundstückseigentümer (also dem Schuldner) zugute kommen.

Sittenwidrigkeit oder nicht

Nach Storz (*Praxis des Zwangsversteigerungsverfahrens, Seite 327*) besteht das eigentliche Problem solcher Abkommen darin, „daß man sie in aller Regel nicht feststellen und erst recht nicht nachweisen kann". Getreu dem Spruch „Wo kein Kläger, da kein

Richter“ sind vermutlich schon oft negative Bietabkommen geschlossen worden, von deren Existenz dann nur der spätere Erwerber und der mit Geld abgefundene anfängliche Interessent wissen.

Eines sollte aber auch dem „Geldanbieter“ klar sein: Wenn der scheinbar ausgeschaltete Konkurrent trotzdem bietet, ist dieses Gebot voll wirksam. Jammern Sie nicht gegenüber dem Rechtspfleger (wie ich es in einem Fall erlebt habe), daß Ihr „Partner“ sich nicht an die Abmachungen gehalten habe.

Risiken bei negativen Bietabkommen

Ob sittenwidrig oder nicht: Die Zahlung einer Geldsumme an einen anderen während der Bietstunde kann ihren Zweck sehr wohl verfehlen. Es ist möglich, daß der angebliche Bietkonkurrent nur ein guter Schauspieler war, der das Objekt eigentlich gar nicht erwerben, sondern nur einen Abfindungsbetrag kassieren wollte. Darüber hinaus ist es denkbar, daß Sie das heißersehnte Objekt trotz Ausschaltung des Konkurrenten nicht bekommen, weil in letzter Sekunde noch „der große Unbekannte“ bietet oder weil die Gläubigerbank den Zuschlag nicht sofort erteilen lassen will.

„black money“ als steuerfreie Nebeneinnahme?

Eine Gewissensfrage für Sie ist es, ob Sie andererseits auf das Geldangebot Ihres Konkurrenten eingehen und sich damit eine steuerfreie Nebeneinnahmequelle erschließen (oder wollen Sie die Einnahme in Ihrer Einkommensteuererklärung unter „sonstige Einkünfte“ angeben?). Allerdings sollten Sie nicht glauben, daß dies ein besonders lukrativer Nebenerwerb ist, denn – abgesehen von den möglichen juristischen Folgen – gilt: Sonderzuwendungen in Form von „black money“ sind bei Zwangsversteigerungen sicherlich nicht die Regel.

Mein Rat: Hände weg von Abkommen dieser Art! Sie sind kaum praktikabel, juristisch umstritten und vom Standpunkt der Gläubiger und Schuldner sogar verwerflich.

Existieren andere Tricks, um Bietkonkurrenten auszuschalten? Manche selbst ernannten Profis glauben daran. Sie gehen davon aus, daß ihre Konkurrenten die Hände nicht zum Bieten erheben, wenn sie das Objekt im Termin „schlecht machen". Man setzt also den alten Händlertrick ein, die Ware des Kunden schlecht zu machen, um den Preis zu drücken.

Profi-Methoden und legale Tricks?

Von diesen angeblichen „Profi-Methoden", die genüßlich in der Untergrundliteratur zum Immobilienerwerb durch Zwangsversteigerung ausgebreitet werden, kann ich mich nur distanzieren. Dennoch sollte man sie kennen, um im Termin entsprechend reagieren zu können.

angeblich neue Informationen

In einem Fall versuchte jemand, durch eine Fülle von Zusatzinformationen („der Balkon muß abgerissen werden", „die Wohnung ist überall feucht"), die völlig aus der Luft gegriffen waren, seine Konkurrenten (darunter auch mich) abzuschrecken. Dem Rechtspfleger und den Gläubigerbanken wurde es schließlich zu bunt, so daß der Versteigerungstermin unterbrochen wurde, um geeignete Gegenmaßnahmen zu ergreifen.

plumpe Drohung

In der nun einsetzenden Zwangspause unterhielt ich mich mit dem Informanten und sagte ihm, daß ich dennoch bieten werde, da ich das Objekt sehr interessant finde. Mein Kontrahent drohte mir daraufhin an, daß ich im Falle des Erwerbs erhebliche Schwierigkeiten mit ihm bekommen würde. Schließlich gehörten ihm einige Wohnungen in dem betreffenden Haus. Von einem Gläubigervertreter erfuhr ich dann, daß besagter Informant schon einmal auf seine recht plumpe Art und Weise ersteigert habe (übrigens eine Wohnung in diesem Haus) und daß man es nun leid sei. Der Termin wurde übrigens nicht fortgesetzt, sondern um mehrere Monate verschoben.

vertrauliche Infos „draußen vor der Tür"

Nicht so plump wie in obigem Beispiel ist eine andere Masche. Der eigentliche Bietinteressent erscheint in Begleitung von Bekannten und läßt diese über die angeblichen Tücken und Mängel des Objekts berichten. Um nicht wegen Ruhestörung vom Rechtspfleger zurechtgewiesen zu werden, verfallen ganz geschickte Zeitgenossen auf folgenden „Trick": Sie verwickeln die möglichen Konkurrenten in Einzelgespräche auf dem Flur und klären sie dort über die angeblichen Mängel (zum Beispiel defekte Heizung, undichtes Dach) auf.

Absicht erkennen

Glauben Sie diesen Leuten nicht, sondern erkennen Sie ihre Absicht und teilen ihnen Ihre Verstimmung mit! So habe ich einmal einen lästigen Informanten abgeschüttelt mit den Worten: „Sie nehmen sich also extra einen Tag frei, um mich freundlicherweise auf alle Mängel aufmerksam zu machen? Und selbst haben Sie natürlich kein Interesse an diesem Objekt?" Es versteht sich von selbst, daß ich auf diese Fragen keine Antwort erhielt.

Skepsis im Termin

Ich habe die seltsamsten Widersprüche kennengelernt und bin Informanten im Termin gegenüber sehr mißtrauisch. So habe ich es erlebt, daß ausgerechnet diejenigen, die mir vorher die Besichtigung des Objekts sehr erschwerten oder Informationen über das Haus oder die Wohnung verweigerten, im Termin plötzlich sehr redselig wurden.

vor dem Termin informieren

Besorgen Sie sich daher alle erdenklichen Informationen vor dem Termin und seien Sie skeptisch gegenüber „neuesten" Informationen im Termin! Das Amtsgericht ist nicht der Ort, an dem Vor- und Nachteile einer Immobilie erörtert werden sollen, denn dazu bestand vorher genügend Zeit. Den Rechtspfleger und die Gläubigervertreter interessieren im Versteigerungstermin nicht der bauliche Zustand oder die Ausstattung des Objekts, sondern nur, ob Sie überhaupt bieten und wie hoch Sie bieten wollen.

skrupellose „Profis"

Ganz raffiniert, aber auch skrupellos gehen „die Profis" vor, die ihre möglichen Bietkonkurrenten schon im Vorfeld austricksen wollen. Sie nehmen Kontakt mit dem im Versteigerungsobjekt wohnenden Eigentümer auf und erzählen ihm, daß sie das Objekt für einen Preis, der über dem Verkehrswert liegt, kaufen würden. Der Eigentümer soll dann anderen Interessenten, die das Haus oder die Wohnung besichtigen wollen, absagen.

Bieter contra Bank

Einen Konkurrenten haben Sie immer, auch wenn viele Bietinteressenten es nicht wahrhaben wollen, nämlich den **Gläubiger**, der in der Regel eine Bank (Sparkasse, Volksbank, Hypothekenbank usw.), Bausparkasse oder Lebensversicherung ist. Selbstverständlich laufen Gläubiger- und Bietinteressen dann auseinander, wenn die persönlichen Forderungen der Gläubiger relativ hoch (beispielsweise höher als der Verkehrswert) sind.

Bank als Hauptkonkurrent

Die Gläubiger werden einerseits versuchen, die Ausfälle so gering wie möglich zu halten, andererseits wollen sie das Objekt endlich loswerden und „Kasse machen". Wie verhalten Sie sich, wenn Sie merken, daß Ihnen außer der Bank keine ernsthafte Konkurrenz droht? Statt grauer Theorie nun ein paar Beispiele aus der Praxis:

Fall 6:
Versteigerung am 28.11.1996, Eigentumswohnung in Düsseldorf-Unterbilk, Baujahr 1982/83, Wohnfläche 55 qm plus TG-Stellplatz, vermietet für 720 DM monatlich netto kalt + 60 DM TG-Stellplatz, Verkehrswert 170.000 DM

10.00 Uhr Bieter A		85.000 DM	(= 50 % des Verkehrswertes)
10.05 Uhr Bieter B	(Siepe)	90.000 DM	
10.30 Uhr Bieter C		105.000 DM	
10.40 Uhr Bieter A		110.000 DM	
10.43 Uhr Bieter C		112.000 DM	
10.45 Uhr Bieter B	(Siepe)	119.000 DM	(= 70 % des Verkehrswertes)
10.45 Uhr Bieter C		120.000 DM	
10.46 Uhr Bieter B	(Siepe)	122.000 DM	
10.46 Uhr Bieter D	(Bank)	130.000 DM	(= 77 % des Verkehrswertes)

10.47 Uhr: sofortige Zuschlagserteilung an meistbietende Gläubigerbank

Diese Versteigerung war 20 Minuten vor der Versteigerung einer Nachbarwohnung desselben Eigentümers (siehe Fall 1) angesetzt worden. Die Bietstunde lief teilweise parallel.

Da mir der Mieter eine Innenbesichtigung beharrlich verweigert hatte, wollte ich nur bis 126.000 DM bieten. Die Gläubigerbank hatte mir noch im Versteigerungstermin signalisiert, daß sie mindestens 150.000 DM erwarten würde.

Parallele zu Fall 1

Wie Sie von Fall 1 her wissen, hatte ich schließlich die um zwei Quadratmeter größere und von mir auch innen besichtigte Wohnung für 145.000 DM ersteigert.

Nachspiel zu Fall 6

Obwohl die Gläubigerbank nun die Wohnung laut Fall 6 selbst ersteigerte, gab es noch ein Nachspiel. Wie ich vom Vertreter der Bank einige Tage später hörte, hatte das Mieter-Ehepaar im Gerichtssaal gesessen und nach Beendigung des Versteigerungstermins Kontakt mit ihm aufgenommen.

eigenes Kaufangebot

Durch die Vermittlung der Bank konnte ich einige Tage später das Ex-Versteigerungsobjekt dann doch unter die Lupe nehmen und den abgeschlossenen Mietvertrag einsehen. Am 4.12.1996 faxte ich dann folgendes Schreiben an die Gläubigerbank:

„Kauf der ETW Nr. 70b in der Bruchstr. 13

Sehr geehrter Herr ....,

am Erwerb der o.a. Eigentumswohnung, die von der Sparkasse .... am 28.11.1996 für 130.000 DM angesteigert wurde, bin ich grundsätzlich interessiert. Meine Preisvorstellung beläuft sich auf 135.000 DM.

Bei dieser Preisvorstellung habe ich mich am Preis für die von mir bereits ersteigerte und um ca. 2 qm größere ETW Nr. 70b am 28.11.1996 (Steigpreis 145.000 DM) orientiert.

Bitte rufen Sie mich an oder senden Sie mir ein Fax, falls Ihr Institut die obige Eigentumswohnung an mich verkaufen möchte.

Mit freundlichen Grüßen

Werner Siepe“

Gegenangebot der Bank

Selbstverständlich war mir klar, daß die Bank meine Preisvorstellung von 135.000 DM nicht ohne weiteres akzeptieren würde. Das folgende Fax der Sparkasse vom 6.12.1996 überraschte mich daher nicht:

„ETW Nr. 70b in Düsseldorf, Bruchstr. 13

Sehr geehrter Herr Siepe,

vielen Dank für Ihr Schreiben vom 4. ds. Mts. und das damit bekundete Kaufinteresse an obiger Eigentumswohnung. Die verschiedenen Bewertungen dazu, insbesondere die Wertfestsetzung durch das Amtsgericht im Rahmen des Versteigerungsverfahrens, sind Ihnen bekannt und deswegen an dieser Stelle verzichtbar.

Ein Verkaufspreis von TDM 135 entspricht nicht ganz unseren Vorstellungen. Unter Berücksichtigung von TDM 15 für den zugehörigen PKW-Einstellplatz würde der genannte Preis nur rd. 2.170,- DM/qm entsprechen. Ein weiteres Argument unsererseits ist, daß wir die Kosten des Zuschlags und die anfallende Grunderwerbsteuer ebenfalls berücksichtigen müssen.

Wir bieten Ihnen die Immobilie zu einem Preis von insgesamt TDM 145 (= TDM 15 für Einstellplatz und 2.350,- DM/qm).

Gern erwarten wir Ihre baldige Nachricht (auch wegen der ab 1.1.1997 anstehenden Erhöhung der Grunderwerbsteuer auf 3,5 %).

Mit freundlichem Gruß
....................“

Einigung mit nachfolgendem Kauf

145.000 DM contra 135.000 DM? Wie nicht anders zu erwarten war, einigte ich mich mit der Bank telefonisch zwei Tage später auf einen Kaufpreis von 142.000 DM. Der notarielle Kaufvertrag wurde einen Tag vor Heiligabend 1996 abgeschlossen.

Warum erzähle ich Ihnen diese Geschichte so ausführlich? Ich möchte Ihnen Mut machen für den Fall, daß eine Gläubigerbank das Objekt ersteigert und Sie nachträglich noch daran interessiert sind, die Immobilie zu kaufen. Banker sprechen von **Sicherheitenverwertung**, Juristen von freihändigem Verkauf nach der Versteigerung.

Erwerb von der Gläubigerbank

Der Erwerb von der Gläubigerbank kann auch noch auf andere Weise erfolgen. Sie können den Gläubigervertreter am Ende der Bietstunde und vor der Verhandlung über den Zuschlag bitten, einen Antrag auf Aussetzung des Zuschlags für beispielsweise eine Woche zu stellen.

Hintergrund dieser Vorgehensweise: Die Bank als Meistbietender erhält nicht den Zuschlag, kann aber die Rechte aus ihrem Meistgebot an einen Dritten abtreten. Tritt sie ihre Rechte zum Beispiel an Sie durch eine öffentlich beglaubigte Urkunde ab, werden Sie mit Zuschlagserteilung in einem besonderen Verkündungstermin Ersteher und neuer Eigentümer.

doppelte Grunderwerbsteuer bei Abtretung des Meistgebots

Ein notarieller Kaufvertrag braucht bei der **Abtretung des Meistgebots** nicht abgeschlossen zu werden. Allerdings fällt doppelte Grunderwerbsteuer an, nämlich für die Abgabe und die Abtretung des Meistgebots.

Zahlungen außerhalb der Versteigerung

Das hört sich gut an, werden Sie vielleicht sagen. Sie sollten jedoch nicht vergessen, daß die Bank im Regelfall eine höhere Summe als das von ihr abgegebene Meistgebot verlangt und Sie zu einer **Zahlung außerhalb der Versteigerung** bewegen wird. Können Sie sich über die Höhe dieser Zuzahlung mit der Bank nicht einig werden, platzt der geplante legale Deal.

Mein Rat: Achten Sie darauf, daß Meistgebot und Zahlung außerhalb der Versteigerung zusammengenommen Ihr Gebotslimit bzw. Ihre Kaufpreisvorstellung nicht übersteigen. Bleiben noch Rechte bestehen (zum Beispiel Grundschuld 100.000 DM zugunsten der Bank X), müssen diese noch hinzugezählt werden. In diesem Sonderfall ergibt sich der wirkliche Erwerbspreis wie folgt:

Steigpreis in Sonderfällen

Steigpreis (als Erwerbspreis für das ersteigerte Objekt)
= Meistgebot
\+ bestehenbleibende Rechte
\+ Zahlungen außerhalb der Versteigerung.

Erwähnenswert ist noch, daß die – übrigens völlig legalen – Zahlungen außerhalb der Versteigerung zwar grunderwerbsteuer-, aber nicht zuschlagsgebührenpflichtig sind.

Fall 7:
Versteigerung am 20.2.1997, Eigentumswohnung in Düsseldorf-Unterrath, Baujahr 1984, Wohnfläche 51 qm plus TG-Stellplatz, vermietet für 820 DM monatlich netto kalt + 80 DM TG-Stellplatz, Verkehrswert 211.000 DM

9.50 Uhr Bieter A		120.000 DM	(= 57 % des Verkehrswertes)
9.50 Uhr Bieter B	(Bank)	130.000 DM	
10.05 Uhr Bieter C		135.000 DM	
10.06 Uhr Bieter B	(Bank)	140.000 DM	
10.13 Uhr Bieter C		141.000 DM	
10.13 Uhr Bieter B	(Bank)	144.000 DM	
10.13 Uhr Bieter C		145.000 DM	
10.14 Uhr Bieter A		146.000 DM	
10.14 Uhr Bieter C		147.000 DM	
10.14 Uhr Bieter A		147.700 DM	(= 70 % des Verkehrswertes)
10.14 Uhr Bieter C		148.000 DM	
10.15 Uhr Bieter A		148.500 DM	
10.15 Uhr Bieter C		149.000 DM	
10.15 Uhr Bieter A		150.000 DM	
10.15 Uhr Bieter C		151.000 DM	
10.16 Uhr Bieter B	(Bank)	152.000 DM	
10.17 Uhr Bieter C		155.000 DM	(= 73 % des Verkehrswertes)

20.2.1997, 10.18 Uhr:	Aussetzung des Zuschlags für eine Woche auf Antrag der Gläubigerbank
27.2.1997:	Zuschlagserteilung in einem besonderen Verkündungstermin

Aufforderung zu Übergebot

Das Besondere an diesem Fall: Der Vertreter der Gläubigerbank bat Bieter C um 10.16 Uhr nach draußen und forderte ein Gebot von 158.000 DM. Bieter C (übrigens der Bieter, den ich am 28.11.1996 noch überboten hatte – siehe Fall 1 -) blieb hartnäckig und bot nur 155.000 DM.

Aussetzung des Zuschlags

Daraufhin stellte die Bank den Antrag auf **Aussetzung des Zuschlags** für eine Woche. Auf die gewünschte „Zahlung außerhalb der Versteigerung“ in Höhe von zusätzlich 3.000 DM ging der Meistbietende C jedoch nicht ein. Folge: Die Gläubigerbank ließ den Zuschlag dennoch eine Woche später an C erteilen. Sie hätte das Verfahren zwar auch einstweilig einstellen lassen können. Ein neuer Termin (vielleicht erst in sechs Monaten) und weitere Kosten wären ihr dann aber gewiß gewesen.

7 % Mietrendite

Bieter C konnte die vermietete Wohnung von innen erst nach dem Versteigerungstermin in Augenschein nehmen. Bei einer gezahlten Jahresnettokaltmiete von 10.800 DM beträgt die anfängliche Mietrendite immerhin sieben Prozent, bezogen auf den Ersteigerungspreis. Hier die Berechnung: 10.800 x 100/155.000 = 7 Prozent.

nur 6,5 % Effektivzins bei 10jähriger Zinsbindung

Trotz des relativ hohen Erwerbspreises von 2.745 DM pro qm Wohnfläche (ohne TG-Stellplatz mit angenommen 15.000 DM) wird sich diese 13 Jahre alte Eigentumswohnung in mittlerer bis guter Wohnlage von Düsseldorf für den Ersteher und Kapitalanleger C rechnen, sofern die monatliche Nettokaltmiete von 16 DM/qm auch nachhaltig erzielbar ist. Hinzu kommt, daß C diese Wohnung zum absoluten Zinstiefpunkt ersteigerte und daher Hypothekendarlehen zu effektiv nur 6,5 Prozent (bei zehnjähriger Zinsbindung) aufnehmen konnte.

Da ich weder die Wohnung von innen besichtigen noch den Mieter kontaktieren konnte, hatte ich selbst auf Gebote verzichtet. Ich lag auf der Lauer für den Fall, daß die Bank das Objekt ersteigern und mir einen Besichtigungstermin verschaffen würde.

Schuldner auf der Gläubigerbank

Übrigens war im Versteigerungstermin am 20.2.1997 auch der Schuldner bzw. Noch-Eigentümer (ein Rechtsanwalt) anwesend. Während des Termins saß er „brav“ neben dem Banker, also im wahrsten Sinne des Wortes „auf der Gläubigerbank“. Nur einmal erhob er sich, um Bietinteressenten danach zu fragen, ob sie die Mieter seiner Wohnung seien.

Wie ich erfuhr, handelte es sich bei seiner Wohnung um ein gescheitertes Bauherrenmodell mit gewerblichem Zwischenvermieter. Die in der Dritten Abteilung im Jahr 1984 eingetragene Grundschuld belief sich auf 258.000 DM. Die Gläubigerbank hatte zum Termin 472.000 DM angemeldet. Beide Beträge sollten den Neu-Eigentümer C nicht mehr interessieren, da er die Eigentumswohnung lastenfrei übernahm.

geplatztes Bauherrenmodell

Zum Abschluß möchte ich noch drei Fälle zum Thema „Bieter contra Bank" zum Besten geben, die sich schon vor gut zehn Jahren zutrugen.

Fall 8:
Versteigerung am 3.6.1985, Eigentumswohnung in Monheim-Süd (bei Düsseldorf), Baujahr 1973, Wohnlfläche 68 qm, kein TG-Stellplatz, leerstehend, Verkehrswert 147.000 DM, Zweittermin

Bieter A	(Bank)	60.000 DM	(= 40 % des Verkehrswertes)
Bieter B	(Siepe)	61.000 DM	
Bieter A	(Bank)	70.000 DM	
Bieter B	(Siepe)	75.000 DM	(= 51 % des Verkehrswertes)

sofortige Zuschlagserteilung an Meistbietenden Werner Siepe

Nach dem 70.000-DM-Gebot der Bank führte ich auf dem Flur ein intensives Gespräch mit den Bankenvertretern. Eine Minute vor Ende der Bietstunde gabe ich dann das Gebot von 75.000 DM ab, auf das der Zuschlag, wie auf dem Flur verabredet, sofort erteilt werden konnte.

Gespräch auf dem Flur

Übigens: Am gleichen Tag gab ich eine Mietannonce in einem örtlichen Anzeigenblatt auf, zwei Tage später konnte ich die Wohnung für 530 DM netto kalt vermieten. Im Laufe von zehn Jahren hob ich die Miete auf moderate 680 DM (= 10 DM/qm Wohnfläche) an.

sofortige Neuvermietung

Nach zehn Jahren – im Juni 1995 – verkaufte ich die Wohnung für 145.000 DM, und zwar an meinen Mieter. Schönes Fazit: Der

Verkauf nach 10 Jahren

Ersteigerungspreis hatte sich innerhalb von zehn Jahren fast verdoppelt. Darüber hinaus hatten die Mieten immer ausgereicht, um die laufende Belastung aus Zins und Tilgung sowie die nicht umlagefähigen Verwaltungs- und Instandhaltungskosten zu decken, und dies bei einem Fremdkapitalanteil von 90 Prozent des Ersteigerungspreises.

Fall 9:
Versteigerung am 10.4.1996, Einfamilienhaus mit Einliegerwohnung in Monheim (bei Düsseldorf), Baujahr, 1983, Wohnfläche 136 qm, leerstehend, Verkehrswert 325.000 DM

Bieter A	227.500 DM	(= 70 % des Verkehrswertes)
Bieter B (Bank)	230.000 DM	
Bieter A	231.000 DM	
Bieter B (Bank)	240.000 DM	
Bieter A	241.000 DM	
Bieter B (Bank)	250.000 DM	
Bieter A	251.000 DM	
Bieter B (Bank)	259.000 DM	
Bieter A	260.000 DM	(= 80 % des Verkehrswertes)

sofortige Zuschlagserteilung an Bieter A

Der mit mir bekannte Bieter A wollte im Fall 9 tatsächlich nur 260.000 DM ausgeben. Die Bank, zu deren Gunsten 1983 eine Grundschuld in Höhe von 400.000 DM eingetragen war, nannte in Vorgesprächen 90 Prozent des Verkehrswertes als Verhandlungsbasis. Im Termin begnügte sie sich schließlich mit 80 Prozent.

Ein Fall für zwei

Trotz des relativ hohen Prozentsatzes konnte sicherlich von einem Schnäppchen gesprochen werden, wenn man bedenkt, daß der vom Gericht beauftragte Gutachter den Sachwert des Hauses bereits im Jahre 1985 auf 404.500 DM geschätzt hatte. Übrigens: Der Ersteher heiratete zwei Wochen nach dem Versteigerungstermin und zog mit seiner Frau in das Haus ein, das so ihr gemeinsames Hochzeitsgeschenk wurde.

Das Strickmuster in den Fällen 8 und 9 ist relativ einfach zu durchschauen: Mangels Nachfrage ist die Bank einerseits bereit,

Ausfälle in Kauf zu nehmen. Der einzige Bieter weiß andererseits, daß ein Billigsterwerb nicht möglich ist. Da er sein Limit einhält (im Fall 9 wurde es exakt erreicht), läuft alles wie am Schnürchen ab. Ob bei dieser Biettaktik „Bieter contra Bank" der Bieter (siehe Fall 9) oder die Bank (siehe Fall 8) das Anfangsgebot abgibt, ist letztlich uninteressant.

einfaches Strickmuster

Entscheidend für das Versteigerungsergebnis ist der Wille des Bieters, bis zu einem gesetzten Limit zu gehen, und der Wille der Bank, ab einem bestimmten Limit den Interessenten nicht mehr zu überbieten.

Biet- und Schmerzgrenze

Es gibt allerdings auch Fälle, in denen sich die Bank im Laufe der Bietstunde erst relativ spät als Hauptkonkurrent herausschält, nachdem andere Konkurrenten bereits ausgestiegen sind.

Sind Sie an einem „Altfall" interessiert, der wie ein Krimi ablief und bei dem die Bietstunde um mehr als 30 Minuten überzogen wurde? Hier ist er:

Fall 10:

Versteigerung am 30.7.1985, Reiheneckhaus in Düsseldorf-Hellerhof, Baujahr 1978, Wohnfläche 111 qm, Verkehrswert 477.900 DM, bestehenbleibende Rechte (Grundschuld eines Gläubigers) 111.400 DM

	Bargebot	+ bestehenbl. Rechte	= tats. Wert
Bieter A	129.000 DM	+ 111.400 DM	= 240.400 DM
Bieter B	140.000 DM		(= 50 % des Verkehrswertes)
Bieter A	141.000 DM		
Bieter B	145.000 DM		
Bieter A	146.000 DM		
Bieter B	150.000 DM		
Bieter A	151.000 DM		
Bieter B	155.000 DM		
Bieter A	156.000 DM		
Bieter B	157.000 DM		
Bieter A	160.000 DM		
Bieter B	161.000 DM		
Bieter A	165.000 DM		

	Bargebot	+ bestehenbl. Rechte	= tats. Wert
Bieter B	167.000 DM		
Bieter A	170.000 DM		
Bieter B	172.000 DM		
Bieter A	175.000 DM		
Bieter B	177.000 DM		
Bieter A	178.000 DM		
Bank	185.000 DM	+ 111.400 DM =	296.400 DM
Bieter B	187.000 DM		(= 62 % des Verkehrswertes)
Bieter A	188.000 DM		
Bank	190.000 DM		
Bieter B	192.000 DM		
Bieter A	193.000 DM		
Bank	195.000 DM		
Bieter B	197.000 DM		
Bieter A	198.000 DM		
Bieter B	199.000 DM		
Bieter A	200.000 DM		
Bieter B	201.000 DM		
Bank	205.000 DM		
Bieter B	206.000 DM		
Bank	210.000 DM		
Bieter B	211.000 DM		
Bank	214.000 DM		
Bieter B	214.500 DM	+ 111.400 DM =	325.900 DM
			(= 68 % des Verkehrswertes)

Bietkrimi mit versöhnlichem Ausgang

Erst spät griff die Bank in diesem Falle ein. Übrigens: Bei dem Gebot der Bank in Höhe von 214.000 DM (+ 111.400 DM = 325.400 DM) sagte Bieter B: „Geht nicht mehr". Darauf die Bank: „Legen Sie noch 1.000 DM drauf!" Obwohl Bieter B nur zur Hälfte gehorchte, überbot die Bank ihn nicht mehr und beantragte, den Zuschlag sofort zu erteilen (7/10-Antrag hätte gestellt werden können). Selbst der anwesende Schuldner war sichtlich erleichtert, daß „sein" Objekt nun endlich einen neuen Eigentümer fand.

Dieser letzte Fall zeigt außerdem eine Besonderheit: Da dem bestrangig betreibenden Gläubiger eine Bank in der Dritten

Abteilung im Grundbuch vorausging, zu deren Gunsten eine Grundschuld in Höhe von 111.400 DM eingetragen war, mußten diese Rechte bestehen bleiben.

Die Bietinteressenten wurden im Versteigerungstermin ausdrücklich darauf hingewiesen, daß sie diese 111.400 DM „im Geiste" zu ihren Bargeboten hinzuzählen müßten. Oder andersherum ausgedrückt: Bieter A und B mußten 111.400 DM von ihren Preisvorstellungen abziehen, um ihre Gebotshöhe zu ermitteln.

bestehenbleibende Rechte beim Bieten berücksichtigen

Es gibt aber auch Versteigerungstermine, die einen für Bieter enttäuschenden Abschluß finden, weil der Gläubigerbank die abgegebenen Gebote zu niedrig erscheinen. Sie hat dann immer noch mehrere Möglichkeiten, den Zuschlag zu dem vorliegenden Gebot zu verhindern:

- Sie überbietet und läßt sich selbst den Zuschlag erteilen (siehe Fall 6). Die Bank wird also Eigentümer und verwertet das Objekt selbst.

- Sie überbietet und läßt das Verfahren einstweilig einstellen. Die Bank kann innerhalb von sechs Monaten die Fortsetzung des Verfahrens beantragen. Es kommt also zu einem neuen Termin (der im juristischen Sinne ein erster Termin ist, bei dem die 5/10 und die 7/10-Grenze noch gelten).

Taktiken der Gläubigerbank

- Sie überbietet nicht, läßt aber die Entscheidung über den Zuschlag für beispielsweise eine Woche aussetzen.
- Sie überbietet nicht, stellt aber den Antrag auf Versagung des Zuschlags wegen Nichterreichens der 7/10-Grenze (gilt nur für den juristisch ersten Termin).

Dabei kommt dem **bestrangig betreibenden Gläubiger** als „Herr des Verfahrens" (wie die Juristen sagen) eine besondere Machtstellung zu. Er kann unabhängig von der Höhe des Meistgebots den Zuschlag verhindern, zum Beispiel durch einstweilige Einstellung des Verfahrens auch noch nach Ende der Bietstunde.

Herr des Verfahrens

Falls er die Verkündung des Zuschlags für beispielsweise zwei Wochen aussetzen läßt, kann er in der Zwischenzeit entscheiden, ob er den Zuschlag nach dieser Frist erteilen lassen oder das Verfahren einstweilen einstellen will.

Gläubigermacht

Diese überragende taktische Machtposition des bestrangig betreibenden Gläubigers ist vom Gesetzgeber so gewollt. Man mag darüber als Meistbietender verärgert sein. Rechtens ist sie auf jeden Fall, denn im Interessengegensatz zwischen Gläubiger (möglichst teuer versteigern) und Bieter (möglichst billig erwerben) schützt das Zwangsversteigerungsgesetz den Bieter nicht. Auch Storz behauptet mit Recht: „Bieter/Interessenten werden nicht geschützt und haben nicht einmal Antragsrechte" (Praxis des Zwangsversteigerungsverfahrens, S. 15).

Überspitzt formuliert, gilt also folgendes: Der Bieter darf, sofern er selbst nicht Gläubiger oder Schuldner ist, nur bieten und auf den Zuschlag hoffen. Erzwingen kann er den Zuschlag nicht.

Vorsicht bei Zahlungen außerhalb der Versteigerung

Andererseits sollte sich der Bieter den Interessen der Gläubigerbank auf keinen Fall willig ergeben. Jeder Bietinteressent sollte wissen, daß beispielsweise Vereinbarungen über **Zahlungen außerhalb der Versteigerung**, die zwischen Gläubiger und Meistbietendem getroffen werden, möglich sind. Diese zusätzlichen Zahlungen können den Erwerb aber unwirtschaftlich machen.

Außerdem sollen sie dem Rechtspfleger angegeben und dem Schuldner im Endeffekt gutgeschrieben werden. Es ist jedoch anzunehmen, daß dies nicht immer geschieht. Daher sind Vereinbarungen über Zahlungen außerhalb der Versteigerung weder bei den Rechtspflegern noch – verständlicherweise – bei den Meistbietenden beliebt, was andererseits die Gläubigerbanken herzlich wenig stört.

Es kann natürlich sein, daß Sie das Objekt unbedingt ersteigern möchten und der Konkurrenz anderer Bieter bzw. der Gläubigerbanken aus dem Wege gehen wollen. Ist ein freihändiger Erwerb des Objekts nicht mehr möglich, weil sich beispielsweise der (Noch-)Eigentümer vehement dagegen sträubt, kann immer noch eine vorläufige Einigung mit der Bank ins Auge gefaßt werden. Bieter und Gläubigerbank einigen sich über den möglichen Erwerbspreis und stimmen die Bietstrategie und -taktik miteinander ab.

vorherige Einigung mit der Bank

Eine solche – übrigens völlig legale – Absprache hat selbstverständlich ihren Preis, was sich an der Höhe der Meistgebote leicht ablesen läßt. Meistens erwarten die Banken ein Gebot „in der Nähe des Verkehrswertes". Ab und zu geben sie sich auch mit etwas weniger zufrieden oder erwarten sogar ein Gebot über dem Verkehrswert.

hohe Gebote

Ist es für Sie sinnvoll, sich vor oder zumindest im Versteigerungstermin mit der Bank auf einen Preis zu einigen, oder nicht? Das Pokerspiel wie in den bisher geschilderten Fällen können Sie dann weitgehend vergessen. Aber: Hätten Sie Ihr Ziel, das Objekt möglichst günstig zu ersteigern, dann noch erreicht? Wie sollte eine solche Einigung mit der Bank überhaupt praktiziert werden?

Ausbietungs- oder Ausfallverhütungsgarantie

Wie bereits erwähnt, können Sie mit dem Gläubiger Bietabkommen abschließen, zum Beispiel in Form einer Ausbietungsgarantie oder einer Ausfallverhütungsgarantie. Während Sie sich bei der **Ausbietungsgarantie** verpflichten, ein Gebot in einer bestimmten Mindesthöhe abzugeben, garantieren Sie bei der **Ausfallverhütungsgarantie** dem Gläubiger gegenüber, daß dieser keinen Verlust erleidet.

In beiden Fällen sollten Sie sich über die rechtlichen Folgen (eventuelle Schadensersatzansprüche der Gläubiger) klar sein und von der Gläubigerseite auch Gegenleistungen fordern (zum Beispiel Sonderkonditionen bei der Finanzierung).

Nach herrschender Ansicht bedarf der Ausbietungsgarantievertrag sogar der notariellen Beurkundung, da die Verpflichtung zur Abgabe eines Gebotes in einer bestimmten Mindesthöhe einer bedingten Erwerbsverpflichtung gleichzusetzen ist (vgl. § 313 BGB).

Formbedürftigkeit bei Ausbietungsgarantieverträgen

Verzicht auf notarielle Beurkundung

Häufig wird auf diese notarielle Beurkundung verzichtet. Und zwar in der Erwartung, daß einem schriftlich gegebenen Garantieversprechen ebenso Vertrauen geschenkt werden kann, denn das gegenseitige Vertrauen ist wesentliche Voraussetzung für den Abschluß von Bietabkommen zwischen Bieter und Gläubiger. Insofern können auch mündlich abgeschlossene Bietabkommen (beispielsweise während der Bietstunde) sinnvoll sein. Oder gilt immer und überall der Lenin'sche Grundsatz „Vertrauen ist gut, Kontrolle ist besser"?

keine Erwerbsgarantie

Während die im Abschnitt „Bieter contra Bieter" genannten negativen Bietabkommen Interessenten vom Bieten überhaupt abhalten sollen, wird bei obigem Bietabkommen ein Bietinteressent besonders zum Bieten angehalten. Dieser hofft natürlich, daß er auch zum Zuge kommt und nicht noch von einem anderen überboten wird, denn selbst bei Ausbietungs- oder Ausfallverhütungsgarantien gibt es keine Garantie auf den Erwerb des Objekts. Man kann die Wahrscheinlichkeit für den Erwerb erhöhen, absolut sicher ist man erst als Eigentümer. Wenn Sie also Ihr Traumhaus unbedingt besitzen wollen, sollten Sie alles daran setzen, das Objekt noch vor dem Versteigerungstermin freihändig zu erwerben.

Beteiligte als Bieter

In einigen von mir erlebten Fällen blieben am Ende die Gläubigerbank (siehe Fall 6) oder sogar der Schuldner Meistbietender, nachdem andere Interessenten überboten wurden. Es kann aber auch sein, daß der Gläubiger bzw. der Schuldner – die Juristen nennen diese beiden auch die **Beteiligten** – als einziger bietet und den Zuschlag erhält.

So gibt es beispielsweise Gläubigerbanken, die kurz vor Ende der Bietstunde noch ein Gebot in Höhe des geringsten Gebotes (beispielsweise 3.000 DM) abgeben, um eine **ergebnislose Versteigerung**, die ja eine einstweilige Einstellung des Verfahrens zur Folge hätte, zu verhindern. Sie ersteigern also die Objekte ihrer Schuldner selbst, um sie anschließend so schnell und auch so günstig wie möglich wieder zu verkaufen.

Den Zuschlag erhalten sie sogar im juristisch ersten Termin, sofern das abgegebene Meistgebot einschließlich der bestehenbleibenden Rechte (zum Beispiel 3.000 DM) zusammen mit dem Betrag, mit dem die Bank bei der Verteilung des Erlöses ausfallen würde, mindestens 50 Prozent des Verkehrswertes erreicht und kein anderer berechtigter Gläubiger den 7/10-Antrag stellt. Der Gläubiger muß also nicht seine Forderung ausbieten.

Ausnahmevorschrift für Gläubiger

Allerdings gilt er in Höhe von 70 Prozent des Verkehrswertes befriedigt, wenn Meistgebot einschließlich bestehenbleibender Rechte zusammen mit seiner persönlichen Restforderung mindestens 70 Prozent des Verkehrswertes ausmachen (sogenannte **Befriedigungsfiktion** des § 114 a ZVG). Damit wird der Gläubiger (und übrigens auch der Schuldner) so gestellt, als ob er 70 Prozent des Verkehrswertes geboten und dann für diesen Preis an einen anderen verkauft hätte.

Befriedigungsfiktion

Da der § 114 a ZVG nach Ansicht einiger Kommentatoren des Zwangsversteigerungsgesetzes nicht angewandt werden muß, wenn eine Tochtergesellschaft des Gläubigers das Objekt ersteigert, ist auch folgende Variante möglich: Die Tochtergesellschaft T der Gläubigerbank G ersteigert das Objekt für 50 Prozent des Verkehrswertes (oder weniger als 50 Prozent im zweiten Termin). G geht mit ihrer persönlichen Restforderung weiter gegen den Schuldner vor, und T verkauft das Objekt für 80 Prozent des Verkehrswertes.

Tochtergesellschaft des Gläubigers ersteigert

In diesem Fall kommt der Spekulationsgewinn allein T bzw. G zugute. Der Schuldner wird so gestellt, daß – wie bei jedem anderen Bieter – nur 50 Prozent des Verkehrswertes (oder weniger als 50 Prozent im zweiten Termin) auf seine Schulden angerechnet werden. Mangels Bietkonkurrenz haben sich also T oder G auf Kosten des Schuldners bereichert bzw. „gesundgestoßen".

Spekulationsgewinn auf Kosten des Schuldners

Die Möglichkeit, als Gläubiger – nicht als bloßer Bieter – Anträge stellen zu können, machen sich einige „Spezialisten" zunutze, die nicht aus dem Bankenumfeld kommen.

kleine Kriegskasse

Sie erwerben eine letztrangige, völlig aussichtslose Forderung (zum Beispiel Sicherungshypothek für Autohaus X) für einen geringen Betrag (sogenannte kleine Kriegskasse) und stellen im Versteigerungstermin so viele Anträge (mehrere Ausgebotsformen, abweichende Versteigerungsbedingungen usw.), daß der Bekanntmachungsteil weit über eine Stunde hinausreicht.

Juristentrick

Die Verunsicherung läßt sich an den Gesichtern der möglichen Bietkonkurrenten ablesen. Kaum jemand durchschaut dieses bewußt inszenierte juristische Spektakel, das nur scheinbar wie ein Machtkampf zwischen „Spezialisten", Gläubigerbanken und Rechtspfleger aussieht, in Wirklichkeit aber nichts anderes bezweckt, als Konkurrenten abzuschrecken und sich selbst (nämlich den „Spezialisten") einen Billigsterwerb zu ermöglichen. Hier wird nicht das Objekt schlecht, sondern das Verfahren undurchsichtig gemacht. Statt des bekannten Händlertricks (Ware schlecht machen, um den Preis zu drücken) setzen diese Zeitgenossen den Juristentrick ein (Verfahren kompliziert machen, um Preisangebote überhaupt zu verhindern).

Versteigerungshaie

Ein Bietkrimi ist letzteres sicher nicht, da ja gerade die Konkurrenz der Bieter ausgeschaltet werden soll. Eher handelt es sich um einen Wirtschaftskrimi, bei dem man zuschauen kann, wie unseriöse **Versteigerungshaie** bestehende Gesetze zu ihrem Vorteil und zum Schaden anderer mißbrauchen. Auch hier könnte ich Fälle aufführen, doch möchte ich staatsanwaltschaftlichen Ermittlungsverfahren nicht vorgreifen.

Betrug als Mittel zum Zweck

Die Stars unter den Versteigerungshaien haben selbstverständlich noch mehr Tricks auf Lager. Sie schlüpfen mal in die Rolle des Gläubigers, mal in die Rolle des Schuldners und scheuen sich beispielsweise nicht, notleidende Schuldner aufzusuchen, und zwar unter der Tarnkappe des Helfers und Beraters. Als „Nothelfer der letzten Stunde" zocken sie den Schuldner noch einmal so richtig ab. Der Zweck – Billigsterwerb – heiligt die Mittel, ist die Richtschnur dieser Versteigerungshaie, und tatsächlich ist ihnen jedes Mittel recht, auch und gerade Betrug.

Es gibt aber zuweilen auch **Schuldner**, die sich die Schwachstellen des Versteigerungsrechts zu eigen machen. Sie schließen „wasserdichte" Mietverträge mit Verwandten oder Bekannten ab, um die Risiken für einen Bietinteressenten zu erhöhen. Im Versteigerungstermin bieten sie dann selbst (zum Beispiel als Geschäftsführer einer soeben gegründeten dubiosen GmbH) oder lassen einen Strohmann bieten, der ihnen später das Meistgebot abtritt. Falls sie zum Verteilungstermin nicht zahlen können, nehmen sie auch eine Wiederversteigerung in Kauf, bei der zur Abwechslung einmal der Ehegatte bietet und ersteigert. Die Hauptsache ist, das Objekt bleibt in der Familie und für Fremde tabu.

Schuldner als Bieter

Ich wollte Ihnen faule Tricks und Betrugsfälle nicht vorenthalten. Andererseits werden Sie sicherlich Verständnis dafür haben, daß ich hierbei nicht konkreter werde. Obwohl es diese Versteigerungshaie vereinzelt gibt, bin ich der festen Überzeugung, daß in mindestens neun von zehn Fällen der Ersteher ohne den Einsatz von unseriösen Mitteln ersteigert.

keine Angst vor Haien

Kein Bietinteressent braucht im übrigen die Versteigerungshaie zu fürchten, wenn er sich umfassend informiert hat und bis zu seinem gesetzten Limit bietet. Haie bieten erfahrungsgemäß, da sie ja die ganz dicken Happen verspeisen wollen, an der unteren Grenze. Überbieten Sie ruhig, das ist immer noch das beste Mittel, um diesen Zeitgenossen die Zähne (Ihre Zähne!) zu zeigen. Selbst der „kleine Mann" hat seine Chance, vielleicht wird er ja sogar einmal ein großer!

Chancen auch für den „kleinen Mann"

Doch nun zurück zur eigentlichen Biettaktik. Sie haben bisher Biettechniken (Bieten in kleinen Schritten, Bieten in wechselnden Schritten, Bieten in letzter Sekunde, Bieten bis zur krummen Grenze) und biettaktische Maßnahmen (Bieter contra Bieter, Bieter contra Bank, Bieter = Beteiligter) kennengelernt.

Wenn wir einmal von den taktischen Maßnahmen im Falle „Bieter = Beteiligter" (Ersteigern durch Gläubigerbanken, private

Konkurrenz der Bieter als Hauptfall

Gläubiger und Schuldner) absehen, ist die Bietstunde geprägt von der Konkurrenz der Bieter, wobei ein potentieller Bietkonkurrent für Sie eigentlich immer von vornherein feststeht, nämlich die Gläubigerbank. Welche taktischen Alternativen – außer den genannten Biettechniken – haben Sie in diesem Fall?

taktische Alternativen

- Wann sollten Sie bieten?
- Wie hoch sollte Ihr Anfangsgebot liegen?
- Welche Sicherheitsleistung müssen Sie einsetzen?
- Sollten Sie Begleitpersonen zum Termin mitnehmen?

frühzeitige Gebote

Die meisten Bietinteressenten geben ihre Gebote erst in den letzten fünf bis zehn Minuten der Bietstunde ab. Gerade deswegen sind **frühzeitige Gebote** (etwa fünf Minuten nach Beginn der Bietstunde), insbesondere wenn sie relativ hoch sind (zum Beispiel 70 Prozent des Verkehrswertes), ein Schock für Ihre Konkurrenten. Allerdings besteht die Gefahr, daß Konkurrenten sehr schnell zu Übergeboten angestachelt werden.

spät abgegebene Gebote

Spät abgegebene Gebote (zum Beispiel eine Minute vor Ende der Bietstunde oder erst nach dem dritten Ausruf des letzten Gebots) sind bei Rechtspflegern ziemlich unbeliebt, weil sie oft eine aus ihrer Sicht unnötige Hektik verursachen.

Überraschungseffekte nutzen

So verständlich der Wunsch der Rechtspfleger ist (einige Rechtspfleger äußern diesen Wunsch auch ausdrücklich zu Beginn der Bietstunde): Als Bieter haben Sie mit dieser Taktik vielleicht Erfolg. Um die Bedenkzeit der Konkurrenten abzukürzen und einen Überraschungseffekt zu erzielen, ist auch folgende Taktik möglich: Sie bieten fünf Minuten vor Schluß der Bietstunde (beispielsweise 70 Prozent des Verkehrswertes), weisen sich aus und leisten Sicherheit, warten dann in Ruhe die Übergebote der Konkurrenten ab und bieten nach dem dritten Aufruf des letzten Gebots noch 1.000 DM mehr.

Beispiel: Fall 5 mit 211.000 DM am Ende der Bietstunde. Auf weitere Sicherheitsleistung wurde nach Absprache mit der Gläubigerbank verzichtet, so daß Konkurrent C, der sich eine glatte

Grenze als Limit gesetzt hatte, nur sehr wenig Zeit für eine mögliche Gegenreaktion besaß. Auch der Rechtspfleger hatte für diese Taktik offensichtlich Verständnis und gratulierte dem Ersteher nach Erteilung des sofortigen Zuschlags.

Da ich an diesem Coup nicht unbeteiligt war (Bieter A hatte mich vor dem Versteigerungstermin um Rat gefragt), konnte ich mich den Glückwünschen an Bieter A nur anschließen. Selten habe ich einen solchen „Bietkrimi" erlebt wie diesen, dessen Ablauf am Abend vor dem Versteigerungstermin minutiös vorausgeplant worden war. Sicherlich, Glück war auch dabei, aber ohne eine passende Bietstrategie und -taktik wäre das Glück wohl nicht möglich gewesen.

Glück plus minutiöse Planung

Ihr erstes Gebot, das **Anfangsgebot**, sollte nicht zu niedrig liegen. Sie verärgern damit nur die Gläubigerbanken. Da andere Bieter meist nur vorsichtig weiterbieten, kann das von der Bank gewünschte Bietergebnis, das von dieser natürlich streng geheimgehalten wird, möglicherweise weit verfehlt werden.

Anfangsgebot

Die Bank wird dann selbst zur Offensive übergehen und ein entsprechend höheres Gebot abgeben. Oder sie wird, weil ihr das Bietergebnis nicht paßt, die Aussetzung des Zuschlags beantragen bzw. als bestrangig betreibender Gläubiger die einstweilige Einstellung des Verfahrens bewilligen.

Sehr hohe Anfangsgebote (zum Beispiel über 80 Prozent des Verkehrswertes) sind eigentlich nur sinnvoll, wenn sich Bieter und Bank schon vorher geeinigt haben, beispielsweise durch Abschluß eines Ausbietungsgarantie-Vertrages. Dieses hohe Anfangsgebot schreckt erfahrungsgemäß die Konkurrenten ab, die dann meist fluchtartig den Gerichtssaal verlassen.

hohe Anfangsgebote zur Abschreckung

Möglich ist auch folgende Taktik: Sie geben ein relativ hohes Anfangsgebot (zum Beispiel 70 Prozent des Verkehrswertes) ab, um unter den Bietinteressenten die Spreu vom Weizen zu trennen und andererseits der Gläubigerbank gegenüber Ihr ernsthaftes

Interesse zu signalisieren, und warten dann in Ruhe auf die Reaktion der Bank oder der anderen Bietkonkurrenten.

Bargeld als alleinige Sicherheitsleistung

Es ist immer wieder erstaunlich zu sehen, wieviel Bargeld einige Bietinteressenten abgezählt auf den Tisch des Rechtspflegers blättern, wenn von der Gläubigerbank Sicherheitsleistung verlangt wird. Zwar wird Bargeld regelmäßig als **Sicherheitsleistung** anerkannt (von gefälschten Scheinen, die auch schon vorgekommen sind, wollen wir einmal absehen). Doch unter taktischen und risikoabwägenden Gesichtspunkten gibt es auch andere und vermutlich bessere Mittel.

Das Versteigerungsgeschäft übt auch auf mich eine große Faszination aus, was allerdings nichts mit der Faszination von viel Bargeld, von der wohl einige Neugierige angetan sind, zu tun hat. Bargeld ist als Sicherheitsleistung besser zusätzlich zu einem bestätigten LZB-Scheck einzusetzen.

Bargeld als zusätzliche Sicherheitsleistung

Beispiel: Im Fall 8 trug ich einen bestätigten LZB-Scheck über 7.000 DM sowie Bargeld über 2.500 DM bei mir (7.000 DM plus 2.500 DM = 9.500 DM = 10 Prozent meines Gebotslimits von 95.000 DM). Im Gespräch mit den Banken konnte ich erreichen, daß ich den Zuschlag für ein Gebot von 75.000 DM erhielt. Bis heute habe ich dieses „Bietergeheimnis“ wie in meinen sonstigen Ersteigerungsfällen für mich behalten. Ich bin sicher, die Bankenvertreter werden beim Lesen dieser Zeilen schmunzeln und eher Verständnis als Ärger zeigen.

Handhabung von bestätigten LZB-Schecks

Die Handhabung eines von der Landeszentralbank (LZB) bestätigten Schecks will allerdings gelernt sein. Am besten ist es, Sie gehen zwei bis drei Tage vor dem Versteigerungstermin zu Ihrer Hausbank und bitten sie, einen Scheck über beispielsweise 7.000 DM auf die LZB auszustellen und den Betrag einschließlich einer geringen Gebühr Ihrem Girokonto zu belasten.

Falls Ihr Konto gedeckt ist oder an Ihrer Kreditwürdigkeit nicht zu zweifeln ist, wird Ihre Hausbank dies gerne tun. Holen Sie sich den Scheck einen Tag vor dem Versteigerungstermin bei Ihrer Hausbank ab und prüfen Sie, ob der Bestätigungsvermerk auf der Rückseite ordnungsgemäß vorgenommen wurde und ob zwischen dem Versteigerungstermin und dem letzten Tag der Vorlegungsfrist mindestens drei volle Tage liegen.

Eine interessante Alternative ist auch die Bürgschaft, möglicherweise sogar die Bürgschaft der Gläubigerbank. Da sie sehr selten als Sicherheitsleistung verwandt wird, ist der Überraschungseffekt für die Bietkonkurrenten, die nun annehmen müssen, es sei alles zwischen Ihnen und der Bank abgemacht, nicht zu unterschätzen.

Überraschungseffekt mit Bankbürgschaft

Eine besondere Überraschung kann Ihnen gelingen, wenn die Gläubigerbank bei Ihren Geboten ganz auf Sicherheitsleistung verzichtet, was Sie natürlich in Vorgesprächen mit dieser Bank vereinbart haben (zum Beispiel aufgrund eines Ausbietungsgarantie-Vertrages oder durch Vorlage einer vorläufigen Darlehenszusage Ihrer Hausbank). Aber bedenken Sie hierbei, daß vielleicht auch ein anderer Gläubiger oder sogar der anwesende Schuldner Sicherheitsleistung von Ihnen verlangt. Darum sollten Sie kein Risiko eingehen und auch für diesen Fall vorsorgen nach dem Motto: „Immer auf Nummer Sicher, nie ohne ausreichende Sicherheitsleistung in den Termin“.

Verzicht auf Sicherheitsleistung

Es gibt Leute, die nehmen zur Sicherheit Bekannte und Verwandte mit, da sie Angst um ihr Bargeld haben, das gebündelt im Aktenkoffer oder in der Brieftasche liegt. Diese Vorsichtsmaßnahme ist zwar unnötig, wenn Sie sich auf eine Bankbürgschaft verlassen können. Doch auf Begleitung sollten Sie vielleicht aus ganz anderen Gründen nicht verzichten.

Nicht als Begleitschutz, sondern als „**Helfer in Bietsachen**“ sollte Ihr Bekannter oder Verwandter fungieren. Postieren Sie ihn ruhig neben Ihren vermeintlichen Konkurrenten, während Sie allein und gelangweilt in einer der letzten Reihen sitzen. Lassen Sie ihn alle Vorgänge beobachten, während Sie auf dem Flur

statt Begleitschutz Hilfe in Bietsachen

Gespräche mit Gläubigervertretern führen, und bewegen Sie ihn dazu, mit seinen Nachbarn zu sprechen.

geschicktes Fragen

Häufig kann Ihr Begleiter durch geschicktes Fragen herausbekommen, ob es sich bei seinen Nachbarn um Neugierige oder ernsthafte Bietkonkurrenten handelt. Haben Sie gar zwei Begleiter, sollte es möglich sein, die ganze Bieterschar, sofern sie nicht größer als etwa zehn Personen ist, zu analysieren und zu durchleuchten.

psychologischer Beistand

In anderen Fällen sind Ihre Begleiter immer noch für einen psychologischen Beistand gut, denn allzu leicht könnten Sie sonst von der Nervosität und Hektik Ihrer Bietkonkurrenten angesteckt werden.

etwas Bietpsychologie

Zum Abschluß dieses recht langen Kapitels über Biettaktik (Techniken, Maßnahmen, Alternativen) möchte ich noch etwas **Bietpsychologie** betreiben und die unterschiedlichen Verhaltensweisen der Bietinteressenten beleuchten.

unterschiedliche Bietertypen

Die folgenden gegensätzlichen Bietertypen werden Ihnen am häufigsten begegnen:

- der Stumme – der Gesprächige (es gibt Bieter, die außer Ihrem Gebot, das sie leise dem Rechtspfleger zuflüstern, nichts sagen, und andere, die intensiv mit Gläubigerbanken und vielleicht auch Sitznachbarn sprechen)
- der Sichere – der Unsichere (einige Bieter erwecken durch ihr Verhalten den Eindruck, als sei alles schon zu ihren Gunsten gelaufen, andere sind nervös, gucken sich dauernd um oder bedienen mit fiebrigen Händen ihren Taschenrechner)
- der Verläßliche – der Unberechenbare (es gibt Bieter, deren Taktik so einfach ist, daß ihr Limit vorausgesagt werden kann, und andere, deren Taktik nicht zu durchschauen ist).

Meist hat der selbstsichere und gerade deswegen unberechenbare Bieter die besseren Karten. Andererseits sollte man die einzelnen Verhaltensweisen (Sprache, Mimik, Gestik, Umgangsform) nicht überbewerten, denn schließlich entscheidet immer noch die Preisvorstellung der einzelnen Konkurrenten darüber, wer am Schluß der Versteigerung Meistbietender bleibt.

Übung macht den Meister

Sie sehen, es ist noch kein Meistbietender vom Himmel gefallen. Übung macht auch hier den Meister, sprich Meistbietenden, aber das Erfolgsrezept gibt es natürlich ebenso wenig wie an der Börse. Hüten Sie sich daher vor „todsicheren" Tips (meine Tips sollen mehr Anregungen als Befehle sein), denn „manch einer verdankt seinen Erfolg den Ratschlägen, die er von anderen nicht angenommen hat" (Ferenc Molnar).

Mißerfolg als Chance

Geben Sie allerdings auch nicht verzweifelt auf, wenn Sie beim ersten oder zweiten Mal scheitern, weil Sie von einem Konkurrenten noch zuletzt überboten werden. Trösten Sie sich, daß, wie Henry Ford I. formuliert hat, Mißerfolg die Chance ist, es beim nächsten Mal besser zu machen, und sagen Sie sich, daß Ihr Konkurrent wohl zuviel für das Objekt bezahlt hat.

Ärger über eigene Fehler

Ärgern können Sie sich nur, wenn Ihnen schwerwiegende Fehler unterlaufen sind (zum Beispiel: bestätigter LZB-Scheck wird vom Rechtspfleger oder von der Gläubigerbank nicht anerkannt, weil der Bestätigungsvermerk auf der Rückseite nicht formgerecht ist, oder Bietungsvollmacht scheitert an der fehlenden notariellen Beglaubigung). In diesem Falle können Sie allerdings immer noch aus den gemachten Fehlern lernen (beispielsweise den Rechtspfleger einen Tag vor dem Versteigerungstermin fragen, ob bestätigter LZB-Scheck beziehungsweise notarielle Bietungsvollmacht in Ordnung sind).

Eine ganze Reihe von Biettips möchte ich Ihnen aber zum Schluß noch auf den Weg zum Meistgebot mitgeben:

- Prägen Sie sich die Spielregeln des Bietens bei einer Immobilienversteigerung fest ein (mündliche Abgabe des Gebots, Vorlage des Personalausweises, zehn Prozent Sicherheitsleistung vom Bargebot)!

- Setzen Sie sich eine krumme Grenze als Gebotslimit!
- Bieten Sie, falls Sie Konkurrenten haben, in wechselnden Schritten, wobei auch kleine Schritte (500 DM oder 100 DM mehr) sinnvoll sein können!
- Bieten Sie nur, wenn es aufgrund der Situation nötig ist, in letzter Sekunde, denn sonst verärgern Sie den Rechtspfleger und eventuell auch die Gläubigerbank!
- Sprechen Sie im Versteigerungstermin mit dem Gläubigervertreter und fragen Sie ihn nach der „Schmerzgrenze"! Finden Sie heraus, ob die Gläubigerbanken oder andere Bieter Ihre Hauptkonkurrenten sind!
- Halten Sie sich fern von negativen Bietabkommen und von Versteigerungshaien!

Biettips

- Geben Sie frühzeitige Gebote nur ab, wenn Sie mögliche Bietkonkurrenten abschrecken wollen!
- Geben Sie nur ein hohes Anfangsgebot ab, wenn Sie sich vorher mit der Gläubigerbank geeinigt haben!
- Ziehen Sie die „Mischgebotstaktik" (durchschnittlich hohes Anfangsgebot im Laufe der ersten Stunde und Übergebot nach dem ersten, zweiten oder dritten Aufruf des bisherigen letzten Gebots) in Betracht!
- Besorgen sie sich einen bestätigten LZB-Scheck für Ihr Anfangsgebot und Bargeld für spätere Übergebote!
- Prüfen Sie, ob eine Bankbürgschaft oder der Verzicht der Gläubigerbank auf Sicherheitsleistung Ihre taktischen Chancen erhöhen!
- Nehmen Sie, wenn möglich, Bekannte oder Verwandte als zuverlässige Begleiter und Helfer in Bietsachen mit!
- Verhalten Sie sich völlig ruhig, bieten Sie ohne Nervosität, und lassen Sie sich von der möglichen Hektik am Ende der Bietstunde nicht anstecken! Bewahren Sie immer einen klaren Kopf und halten Sie Ihr Limit ein!
- Lassen Sie sich von niemandem in Ihre Bietkarten schauen, und wählen Sie eine Biettaktik, die für Ihre Konkurrenten nur schwer nachzuvollziehen ist!

Verhandlung über den Zuschlag

Verkündung des Meistgebots

Viele Bietinteressenten glauben, mit der Verkündung des Meistgebots sei der Versteigerungstermin gelaufen. Es kommt zuweilen vor, daß sich der **Meistbietende** triumphierend umschaut und sich bereits als „Sieger" von seinen Angehörigen feiern läßt. Ich habe es erlebt, daß sich der Meistbietende im wahrsten Sinne des Wortes zu früh gefreut hatte.

Verhandlung über den Zuschlag als letzter Teil

Nach dem Schluß der Versteigerung – dies ist das Ende der Bietstunde, nicht das Ende des Versteigerungstermins – findet nämlich eine Anhörung der anwesenden Beteiligten zum Zuschlag statt (das sind in der Regel nur die Gläubiger, da die Schuldner meist fehlen). Die Verhandlung über den Zuschlag ist der dritte und letzte Teil des Versteigerungstermins. Sicherlich ist dies die kürzeste, doch für den Meistbietenden zugleich auch die wichtigste Phase.

sofortige Zuschlagserteilung

Meist fragt der Rechtspfleger die Gläubigervertreter, ob Anträge zum Zuschlag gestellt werden. Beantragen nun die Gläubiger die **sofortige Erteilung des Zuschlags**, ist die Sache tatsächlich gelaufen. Im Moment der Verkündung des Zuschlags durch den Rechtspfleger sind Sie Eigentümer des Objekts. Glückwünsche können entgegengenommen, der Sekt kann kalt gestellt werden.

Aussetzung, einstweilige Einstellung oder Versagung

Es kann aber auch vorkommen, daß die Zuschlagsentscheidung auf Antrag einer Gläubigerbank für beispielsweise eine Woche ausgesetzt wird (dann können Sie noch eine Woche hoffen, Eigentümer zu werden), daß das Verfahren auf Bewilligung des bestrangig betreibenden Gläubigers einstweilen eingestellt oder daß der Zuschlag im Ersttermin wegen Nichterreichens der 5/10- beziehungsweise der 7/10-Grenze versagt wird (dann ist Ihre Hoffnung auf den Erwerb der Immobilie zunächst einmal dahin).

Fallbeispiele

In den beiden Beispielen auf den nächsten Seiten sind einmal alle Möglichkeiten durchgespielt worden, und zwar sowohl für den Fall des lastenfreien Erwerbs (Beispiel 1) als auch für den Fall der Übernahme von Lasten (Beispiel 2).

Beispiel 1: Meistgebot und Zuschlag (lastenfreier Erwerb)

Annahmen

Verkehrswert	300.000 DM	
geringstes Gebot	3.000 DM	(Verfahrenskosten)
5/10-Grenze	150.000 DM	
7/10-Grenze	210.000 DM	

Einzelfälle

1. kein Gebot: einstweilige Einstellung des Verfahrens, Fortsetzung des Verfahrens auf Antrag des Gläubigers innerhalb von sechs Monaten

2. Gebot unter 3.000 DM: unwirksam gemäß § 71 Abs. ZVG, daher Folgen wie unter 1)

3. Meistgebot mindestens 3.000 DM, aber unter 150.000 DM: wirksames Gebot, aber Zuschlagsversagung von Amts wegen gemäß § 85a Abs. 1 ZVG, falls Bieter kein Berechtigter im Sinne des § 85a Abs.3 ZVG ist. (Gläubiger braucht eventuell nur 3.000 DM zu bieten, um Zuschlag zu erhalten.)

4. Meistgebot mindestens 150.000 DM, aber unter 210.000 DM: wirksames Gebot, aber Zuschlagsversagung auf Antrag eines bestimmten Gläubigers, das heißt eines Berechtigten gemäß § 74a Abs.1 ZVG, falls Bieter kein Berechtigter im Sinne des § 74b ZVG ist

5. Meistgebot mindestens 210.000 DM: sofortige Zuschlagserteilung auf Antrag der Gläubiger gemäß §§ 74 und 81 ZVG
oder
Aussetzung der Zuschlagsentscheidung für ein bis zwei Wochen gemäß § 87 ZVG
oder
einstweilige Einstellung des Verfahrens auf Bewilligung des bestrangig betreibenden Gläubigers gemäß § 30 ZVG

Anmerkungen zu 3 und 4:

Wenn der Zuschlag wegen Nichterreichens der 5/10 Grenze oder der 7/10-Grenze schon einmal versagt wurde, gelten in dem neuen Versteigerungstermin diese beiden Grenzen nicht mehr gemäß § 74a Abs. 4 und § 85a Abs. 2 ZVG.

Alle Gebote, die das geringste Gebot übersteigen, sind in diesem neuen Versteigerungstermin (sogenannter Zweittermin) somit zuschlagsfähig. Ob der Meistbietende dann den Zuschlag erhält, hängt insbesondere vom Verhalten der Gläubiger ab.

Beispiel 2: Meistgebot und Zuschlag (mit bestehenbleibenden Rechten)

Annahmen

Verkehrswert	300.000 DM	
geringstes Gebot	3.000 DM	(Verfahrenskosten)
	+ 100.000 DM	(bestehenbleibendes Recht, zum Beispiel Grundschuld zugunsten Bank X)
5/10-Grenze	50.000 DM	Bargebot
	+ 100.000 DM	bestehenbl. Recht
	= 150.000 DM	
7/10-Grenze	110.000 DM	Bargebot
	+ 100.000 DM	bestehenbl . Recht
	= 210.000 DM	

Einzelfälle

1. kein Gebot: einstweilige Einstellung des Verfahrens, Fortsetzung des Verfahrens auf Antrag des Gläubigers innerhalb von sechs Monaten

2. Gebot unter 3.000 DM: unwirksam gemäß § 71 Abs. 1 ZVG, daher Folgen wie unter 1)

3. Meistgebot mindestens 3.000 DM, aber unter 50.000 DM: wirksames Gebot, aber Zuschlagsversagung von Amts wegen gemäß § 85a Abs. 1 ZVG, falls Bieter kein Berechtigter im Sinne des § 85 Abs. 3 ZVG ist (Gläubiger braucht eventuell nur 3.000 DM zu bieten, um Zuschlag zu erhalten.)

4. Meistgebot mindestens 50.000 DM, aber unter 110.000 DM: wirksames Gebot, aber Zuschlagsversagung auf Antrag eines bestimmten Gläubigers, das heißt eines Berechtigten gemäß § 74a Abs. 1 ZVG, falls Bieter kein Berechtigter im Sinne des § 74b ZVG ist

5. Meistgebot mindestens 110.000 DM: sofortige Zuschlagserteilung auf Antrag der Gläubiger gemäß §§ 74 und 81 ZVG oder
Aussetzung der Zuschlagsentscheidung für ein bis zwei Wochen gemäß § 87 ZVG oder einstweilige Einstellung des Verfahrens auf Bewilligung des bestrangig betreibenden Gläubigers gemäß § 30 ZVG

Anmerkungen:

Wenn ein bestehenbleibendes Recht (hier 100.000 DM) vom Ersteher übernommen werden muß, vermindern sich alle Gebotsgrenzen um diesen Betrag (also auf 50.000 DM beziehungsweise 110.000 DM). Um den wirtschaftlichen Wert seines Gebots, das ja immer nur ein Bargebot ist, zu erhalten, muß der Bieter das bestehenbleibende Recht (hier 100.000 DM) „im Geiste" zu seinem Gebot hinzuzählen!

Die Sicherheitsleistung wird gemäß § 68 ZVG nur vom Bargebot berechnet, also bei 70 Prozent des Verkehrswertes: 10 Prozent von 210.000 DM = 21.000 DM. Hat der Meistbietende den Zuschlag erhalten, werden 3,5 Prozent Grunderwerbsteuer und circa 0,5 Prozent Zuschlagsgebühr fällig, und zwar berechnet vom Meistgebot einschließlich der bestehenbleibenden Rechte.

Der Gläubiger besitzt also drei Möglichkeiten, die sofortige Zuschlagserteilung zu verhindern:

Machtmittel der Gläubiger

- Aussetzung der Zuschlagsentscheidung gemäß § 87 ZVG
- Bewilligung der einstweiligen Einstellung gemäß § 30 ZVG
- Versagung des Zuschlags wegen Nichterreichens der 7/10 Grenze gemäß § 74a ZVG (gilt nur für den Ersttermin).

Aussetzung des Zuschlags

Ist der Gläubiger unschlüssig, ob er bei dem abgegebenen Meistgebot den Zuschlag erteilen lassen soll oder nicht, kann er die **Aussetzung der Verkündung des Zuschlags** für ein bis zwei Wochen beantragen. Sie erfahren also erst in einem besonderen Verkündungstermin, ob Sie Eigentümer werden. Dieser Antrag nach dem Motto „aufgeschoben ist nicht aufgehoben" hat meist den Sinn, Sie als Meistbietenden noch zu einer – übrigens völlig legalen – Zahlung außerhalb der Versteigerung zu bewegen.

Zuzahlungsbetrag als Preiserhöhung

Falls der Meistbietende diese zusätzliche Zahlung leistet, um das Objekt doch noch zu erstehen, wird zwar nicht das Meistgebot, dafür aber der tatsächliche Erwerbspreis erhöht. Der Meistbietende sollte sich dies genau überlegen und nur dann zahlen, wenn Meistgebot und Zuzahlungsbetrag sein persönliches Gebotslimit nicht überschreiten. Der Zuzahlungsbetrag ist grunderwerbsteuerpflichtig und muß dem Schuldner zugute kommen.

Meistbietender kann sofortige Zuschlagserteilung beantragen

Was viele Meistbietende nicht wissen: Sie können die sofortige Zuschlagserteilung beantragen, falls die Gläubigerbank die Zuschlagsentscheidung aussetzen will. Es gibt Rechtspfleger, die dann zugunsten der Meistbietenden entscheiden und den Aussetzungsantrag der Gläubigerbank ablehnen wollen. Allerdings hat die Bank auch dann noch die Möglichkeit, den Zuschlag durch Bewilligung der einstweiligen Einstellung zu verhindern.

Es kann auch sein, daß die Gläubigerbank den Zuschlag auf ihr eigenes Meistgebot aussetzen will, da sie das Meistgebot an einen anderen abtreten möchte. In diesem Falle ist die Bank zwar Meistbietender, sie ist aber auf der Suche nach einem Ersteher, an den sie ihr Gebot abtreten kann. Gelingt ihr dies, wird der Zuschlag an den Ersteher erteilt. Im übrigen fällt doppelte Grunderwerbsteuer an. Gelingt ihr dies nicht, wird sie das Objekt selbst übernehmen oder das Verfahren einstweilig einstellen lassen.

Abtretung des Meistgebots

Erscheint dem bestrangig betreibenden Gläubiger das abgegebene Meistgebot als zu niedrig, kann er auch die einstweilige Einstellung bewilligen, was zur Folge hat, daß der Zuschlag versagt wird. Es ist sogar denkbar, daß die Bank den Bieter noch einmal überbietet und dann erst die **einstweilige Einstellung** des Verfahrens bewilligt. Sicherlich ist dies für viele außerordentlich schwer zu verstehen. Erklärbar ist dies nur aus der vom Gesetzgeber so gewollten überragenden Machtposition des bestrangig betreibenden Gläubigers.

einstweilige Einstellung durch Gläubiger

Blieb im Ersttermin das abgegebene Meistgebot einschließlich der bestehenbleibenden Rechte unter 70 Prozent des Verkehrswertes, kann der Gläubiger, dessen Anspruch im Bereich von 70 Prozent liegt und der daher einen Ausfall erleiden würde, die **Versagung des Zuschlags** wegen Nichterreichens der 7/10-Grenze beantragen. Wie gesagt, er kann, er muß nicht. In der Regel wird er es allerdings tun. Sie sehen also, daß der Meistbietende niemals den Zuschlag erzwingen kann. Ohne den Willen des bestrangig betreibenden Gläubigers kann er nicht Eigentümer werden.

7/10-Antrag

Im übrigen muß im Ersttermin der Zuschlag von Amts wegen versagt werden, wenn das Meistgebot einschließlich der bestehenbleibenden Rechte unter 50 Prozent des Verkehrswertes geblieben ist.

5/10-Grenze

- Versuchen Sie schon während der Bietstunde, mit der Gläubigerbank über eine sofortige Zuschlagserteilung zu sprechen!
- Leisten Sie außerhalb der Versteigerung nur Zahlungen, die zusammen mit Ihrem Meistgebot Ihr gesetztes Limit nicht überschreiten !

3.7 Wie erledige ich den Rest? – die problemlose Abwicklung nach Erteilung des Zuschlags

Eigentumserwerb durch Zuschlag

Wurde der Zuschlag im Versteigerungstermin oder in einem späteren Verkündungstermin an Sie erteilt, sind Sie rechtmäßiger Eigentümer des Objekts. Der **Eigentumserwerb** erfolgt also schon durch den **Zuschlag**. Der Zuschlag gilt als Eigentumsübertragungsakt des öffentlichen Rechts, er ist vergleichbar mit einem Richterspruch. Die spätere Eintragung im Grundbuch hat nur deklaratorischen (rechtserklärenden) Charakter.

Zuschlagsbeschluß per Post

Der **Zuschlagsbeschluß** des Versteigerungsgerichts wird Ihnen als Ersteher meist innerhalb einer Woche amtlich zugestellt. Das heißt, Sie müssen dem Postboten den Empfang schriftlich bestätigen.

seltene Zuschlagsbeschwerde

Zwar kann der Zuschlagsbeschluß im Beschwerdeweg noch rechtskräftig aufgehoben werden. Die Beschwerde gegen die Entscheidung über den Zuschlag (kurz Zuschlagsbeschwerde genannt) kann jedoch nur darauf gestützt werden, daß bestimmte Vorschriften des Zwangsversteigerungsgesetzes verletzt wurden oder daß der Zuschlag unter anderen als den der Versteigerung zugrundegelegten Bedingungen erteilt worden ist. Eine solche **Zuschlagsbeschwerde** habe ich nur einmal erlebt. In diesem Fall legte der Schuldner Zuschlagsbeschwerde ein, die allerdings vom Landgericht als Beschwerdegericht abgewiesen wurde. Mit an Sicherheit grenzender Wahrscheinlichkeit sind und bleiben Sie also Eigentümer.

Festlegung des Verteilungstermins

Bei allem berechtigten Stolz sollten Sie allerdings nicht vergessen, daß Sie auch noch die letzte Hürde, nämlich die Restzahlung im **Verteilungstermin**, überspringen müssen. Um bis dahin möglichst viel Zeit zu haben, ist es natürlich von Vorteil, wenn der Verteilungstermin so spät wie möglich liegt. Es gibt Rechtspfleger, die auf Ihre persönliche Terminplanung (zum Beispiel bevorstehender Urlaub) Rücksicht nehmen und dies bei der Festlegung des Verteilungstermins, der fast immer schon im Versteigerungs- oder Verkündungstermin bestimmt wird, wohlwollend berücksichtigen.

In der Regel liegt der Verteilungstermin sechs bis acht Wochen nach der Verkündung des Zuschlags im Versteigerungs- oder in einem besonderen Verkündungstermin. Im Beispiel A (Versteigerungstermin 28.11.1996) lag der Verteilungstermin erst am 3.2.1997, im Beispiel B (Versteigerungstermin 30.5.1997) schon am 15.7.1997.

Zahlung und Verzinsung des Bargebots

Im Verteilungstermin muß der Rechtspfleger die Verteilung des Versteigerungserlöses an die Gläubiger aufgrund eines Teilungsplanes vornehmen. Für Sie als Ersteher bedeutet dies, daß Sie das Bargebot einschließlich vier Prozent Zinsen (berechnet vom Versteigerungstermin bis zum Verteilungstermin) spätestens zu diesem Zeitpunkt bezahlt haben müssen.

Haben Sie die Sicherheitsleistung unter Verzicht auf Rücknahme hinterlegt oder haben Sie weitere Teile des Bargebots schon vor dem Verteilungstermin bei Gericht hinterlegt, vermindert sich der zu zahlende Rest um diesen Betrag, der mit dem Zeitpunkt der Hinterlegung auch nicht mehr der Verzinsungspflicht unterliegt. Dazu mein eigenes Beispiel A (siehe auch Dokumente unter 5.3):

Berechnungsbeispiel für Restzahlung

	bares Meistgebot	145.000,00 DM
./.	hinterlegte Sicherheitsleistung	./. 14.500,00 DM
=	restliches Bargebot	130.500,00 DM
+	4 % Zinsen für 67 Tage (28.11.-2.2.)	+ 958,19 DM
=	noch zu zahlender Rest (restliches Bargebot einschl. 4 % Zinsen)	131.458,19 DM

Über die Höhe der **Restzahlung** erhalten Sie vom Amtsgericht oft schon zusammen mit dem Zuschlagsbeschluß eine Abrechnung.

Da in diesem Beispiel die Bank ein Darlehen in Höhe von 130.000 DM bewilligte, sah die weitere Berechnung für mich wie folgt aus:

Restzahlung des Erstehers

	Restzahlung an das Gericht	131.458,19 DM
./.	Zahlung der Bank (= Darlehenssumme minus evtl. Disagio)	./. 130.000,00 DM
=	Restzahlung des Erstehers	1.458,19 DM

Es macht wenig Sinn, das restliche Bargebot sofort nach dem Versteigerungstermin zu zahlen, da die banküblliche Verzinsung für aufgenommene Hypothekendarlehen regelmäßig höher liegt als die nur vierprozentige Verzinsung nach den gesetzlichen Vorschriften.

rechtzeitige Zahlung veranlassen

Andererseits sollten Sie unbedingt dafür sorgen, daß das restliche Bargebot einschließlich vier Prozent Zinsen rechtzeitig vor dem Verteilungstermin bei der Gerichtskasse eingeht. Es sei denn, Sie wollen im Verteilungstermin persönlich anwesend sein und dann den Rest zahlen.

Zahlungsauftrag an Bank erteilen

Am einfachsten ist es, wenn Sie Ihrer Bank mindestens zwei Wochen vor dem Verteilungstermin einen entsprechenden **Zahlungsauftrag** erteilen und Ihre eigene Restzahlung ebenfalls zu diesem Zeitpunkt per Überweisung vornehmen. Das Amtsgericht Düsseldorf weist den Ersteher beispielsweise auf folgendes hin: *„Die Überweisung muß aus internen buchungstechnischen Gründen mindestens 2 Wochen vor dem Verteilungstermin veranlaßt werden, da andernfalls der Zahlungseingang dem Gericht nicht rechtzeitig nachgewiesen werden kann! Verspätete Überweisungen müssen vom Gericht als Nichtzahlungen behandelt werden!“*

telefonische Bestätigung des Zahlungseingangs

Mahlen die Mühlen der Behörden besonders langsam? Sie mögen die 2-Wochen-Frist für überzogen halten. Mein Rat: Lassen Sie sich die rechtzeitige Überweisung vom Rechtspfleger ein bis zwei Tage vor dem Verteilungstermin telefonisch bestätigen. Dann können Sie sich nämlich den Verteilungstermin sparen (der Rechtspfleger natürlich nicht). Falls Sie einen anderen Zahlungsweg wählen (zum Beispiel Barzahlung oder Übergabe eines bestätigten Landeszentralbankschecks im Verteilungstermin), teilen Sie dies dem zuständigen Rechtspfleger ebenfalls telefonisch mit.

Damit nichts schiefgehen kann, sehen Sie sich die Checkliste 15 „Abwicklung“ und die Arbeitshilfe 10 „Zeitplan“ auf den nächsten Seiten an.

Bei den anfallenden Arbeiten, die von vielen wohl zu Recht als lästiger Papierkram angesehen werden, sollten Sie unbedingt zwischen der **Abwicklung**

zeitliche Abwicklung

- vor bzw. im Verteilungstermin (Punkte 1 bis 8) und
- nach dem Verteilungstermin (Punkte 9 bis 13)

unterscheiden.

Wiederversteigerung bei Nichtzahlung

Platzt der Verteilungstermin, weil Sie bzw. Ihre Bank die Restzahlung nicht erbringen, kann es im schlimmsten Fall zur **Wiederversteigerung** kommen. Diese erfolgt aufgrund einer vollstreckbaren Ausfertigung des Zuschlagsbeschlusses und ist auch schon möglich, wenn der Ersteher noch nicht als Eigentümer im Grundbuch eingetragen ist.

geplatzte Finanzierung

Unverständlicherweise gibt es zuweilen Ersteher, die sich um die Finanzierung erst nach dem Versteigerungstermin kümmern. Falls weder die Hausbank noch eine andere Bank bereit sind, das erforderliche Darlehen „auf die Schnelle“ zu bewilligen, sitzt der einst glückliche Ersteher in der Patsche.

Sie sollten sich diesem Risiko einer eventuell geplatzten Finanzierung erst gar nicht aussetzen. Darüber hinaus werden Sie, falls Sie unter erheblichem Zeitdruck stehen, wohl kaum besonders günstige Zinskonditionen aushandeln können.

Abwicklung bis zum Verteilungstermin

mögliche Pannen

Der Zuschlagsbeschluß ist quasi Ihr Ausweis über Ihr neues Eigentum. Falls Sie den Zuschlagsbeschluß nach über einer Woche noch nicht in Ihren Händen halten, rufen Sie den zuständigen Rechtspfleger an. Es kann ja sein, daß noch irgendeine Panne passiert ist. So war beispielsweise bei meiner ersten Ersteigerung die „Ruhrstraße“ mit einer gar nicht vorhandenen „Reiherstraße“ verwechselt worden, so daß sich die Zustellung erheblich verzögerte und ich den Zuschlagsbeschluß erst nach drei Wochen erhielt.

Checkliste 15 „Abwicklung“

Abwicklung vor dem Verteilungstermin

1. Ist der Zuschlag schon im Versteigerungstermin erteilt worden oder wurde ein besonderer Verkündungstermin bestimmt? Wann ist gegebenenfalls der Verkündungstermin?
2. Wann ist der Verteilungstermin?
3. Haben Sie den Zuschlagsbeschluß ca. eine Woche nach dem Versteigerungs- bzw. Verkündungstermin vom Amtsgericht erhalten? Hat sich die Zustellung des Zuschlagsbeschlusses evtl. verzögert?
4. Haben Sie nach Verkündung des Zuschlags (spätestens nach Erhalt des Zuschlagsbeschlusses) die Beleihungsunterlagen für die Finanzierung zusammengestellt?
5. Haben Sie innerhalb von drei Wochen nach Verkündung des Zuschlags einen Darlehensvertrag abgeschlossen?
6. Haben Sie nach Abschluß des Darlehensvertrages die Grundschuldbestellung beim Notar (falls erforderlich) durchführen lassen?
7. Haben Sie spätestens zwei Wochen vor dem Verteilungstermin Ihrer Bank einen schriftlichen Zahlungsauftrag erteilt?
8. Hat die Bank Ihren Zahlungsauftrag umgehend ausgeführt? (eventuell schriftliche Bestätigung geben lassen!) Haben Sie die Restsumme (restliches Bargebot einschließlich vier Prozent Zinsen minus Zahlung der Bank) spätestens zwei Wochen vor dem Verteilungstermin an die Gerichtskasse überwiesen? Oder wollen Sie die Restsumme am Verteilungstermin in bar bzw. mit bestätigtem Landeszentralbankscheck persönlich begleichen? Haben Sie ein oder zwei Tage vor dem Verteilungstermin beim zuständigen Rechtspfleger nachgefragt, ob alle Zahlungen bei Gericht eingegangen sind?

Abwicklung nach dem Verteilungstermin

9. Haben Sie die Grunderwerbsteuer in Höhe von 3,5 Prozent des Meistgebotes einschließlich bestehenbleibender Rechte an das zuständige Finanzamt gezahlt? (spätestens innerhalb von vier Wochen nach Erhalt des Grunderwerbsteuerbescheids vom Finanzamt)

Hinweis: Einige Banken verlangen vor Auszahlung des Darlehens die sog. Unbedenklichkeitsbescheinigung des Finanzamts (Bestätigung, daß Sie die Grunderwerbsteuer bezahlt haben). In diesem Fall sollten Sie die Grunderwerbsteuer unter Vorlage des Zuschlagsbeschlusses von sich aus zahlen und die Unbedenklichkeitsbescheinigung anfordern.

10. Haben Sie eventuelle Notariatskosten für die Grundschuldbestellung bezahlt?
11. Haben Sie die Zuschlagsgebühr nach Aufforderung an die Gerichtskasse gezahlt?
12. Haben Sie den neuesten Grundbuchauszug erhalten, aus dem hervorgeht, daß Sie als Eigentümer des Grundstücks eingetragen sind?
13. Haben Sie die Eintragungsgebühr (Gebühr für die Eintragung der Eigentumsänderung) und eventuell die Gerichtskosten für die Grundschuldeintragung nach Aufforderung an die Gerichtskasse gezahlt?

Arbeitshilfe 10 „Zeitplan“ (Beispiel A)

Zeitliche Abwicklung vor und nach dem Verteilungstermin

1. Versteigerungstermin am:	28.11.1996
2. Verteilungstermin am:	3.02.1997
3. Zuschlagsbeschluß erhalten am:	6.12.1996
4. Beleihungsunterlagen abgegeben am:	28.11.1996
5. Darlehensvertrag abgeschlossen am: (ca. 2-3 Wochen nach Zuschlagsverkündung)	10.12.1996
6. Grundschuldbestellung beim Notar am:	23.12.1996
7. Zahlungsauftrag an Bank erteilt am:	15.1.1997
8. Zahlung an Gerichtskasse am: (ca. 2 Wochen vor dem Verteilungstermin)	15.1.1997
● Zahlung der Bank:	
Darlehnssumme nominal	130.000 DM
./. evtl. Disagio	
● Zahlung des Erstehers:	1.458,19 DM
(restliches Bargebot einschl. 4 % Zinsen ./. Zahlung der Bank)	

9.	Erhalt des Grunderwerbsteuerbescheids am: (mit Zahlung von 2.900 DM bis zum 10.2.1997)	7.1.1997
10.	Zahlung der Notariatskosten für die Grundschuld- bestellung in Höhe von 350 DM am:	15.2.1997
11.	Zahlung der Zuschlagsgebühr in Höhe von 677,50 DM an die Gerichtskasse am:	15.1.1997
12.	Eintragung in das Grundbuch am:	10.3.1997
13.	Zahlung der Grundbuchkosten am: (Gebühr für Eintragung der Eigentumsänderung 350 DM + Gebühr für Eintragung der Grundschulden 445,50 DM)	26.3.1997

Termin mit der Bank

Auf jeden Fall sollten Sie gleich nach der Versteigerung einen Termin mit Ihrem Finanzierungsinstitut (Bank, Bausparkasse oder Lebensversicherung) abstimmen, zu dem Sie sämtliche zur Verfügung stehenden Beleihungsunterlagen mitbringen. Berechnen Sie die tatsächlichen Anschaffungskosten (Ersteigerungspreis plus circa fünf Prozent Anschaffungsnebenkosten) und ziehen Sie davon Ihren geplanten Eigenkapitaleinsatz ab. Der Rest sollte dann von der Bank als Darlehen ausgezahlt werden.

Zuschlagsbeschluß evtl. nachreichen

Liegt Ihnen der Zuschlagsbeschluß noch nicht vor und ist der Kreditsachbearbeiter skeptisch, bitten Sie ihn doch einfach, den zuständigen Rechtspfleger anzurufen. Zudem werden Sie den Zuschlagsbeschluß nach Erhalt sofort nachreichen.

Der Banker wird, sofern dies bei der Finanzierungsplanung vor dem Versteigerungstermin noch nicht geschehen ist, folgende Unterlagen von Ihnen benötigen:

- Kopie des Gerichtsgutachtens (für die Wertschätzung der Bank, eventuell wird noch eine Besichtigung des Objekts durch eigene Schätzer durchgeführt)
- Kopie des Zuschlagsbeschlusses (für den Nachweis des Eigentumerwerbs und für die Ermittlung der Anschaffungskosten)

- Gehaltsbescheinigung des Arbeitgebers und letzter Einkommensteuerbescheid (für die Prüfung Ihrer Einkommensverhältnisse)
- Nachweis über vorhandenes Geld- und Grundvermögen sowie aktuelle Restschulden (für die Prüfung Ihrer Vermögensverhältnisse)
- Kopie des Grundbuchauszuges (für die Bestellung der Grundschuld durch einen Notar)
- Kopie der Feuerversicherungspolice (für den Nachweis der Gebäudeversicherung)
- Katasterpapiere wie Flurkartenauszug bzw. Auszug aus dem Liegenschaftsbuch (für den Nachweis von Lage, Größe und Nutzung des Grundstücks)

Beleihungsunterlagen

- Berechnung der Wohn- und Nutzfläche und des umbauten Raumes sowie Bauzeichnungen und Grundrißpläne (für die Berechnung des Beleihungswertes und der Beleihungsgrenze)
- evtl. Teilungserklärung mit Aufteilungsplan und Gemeinschaftsordnung (bei Eigentumswohnungen)
- evtl. bestehender Mietvertrag (bei vermieteten Objekten).

Banker als Gesprächspartner

Obwohl natürlich jede Bank diese Unterlagen für die Finanzierung benötigt, ist es beim Erwerb durch Zwangsversteigerung meist unmöglich, alle Unterlagen bereits nach der Verkündung des Zuschlags präsent zu haben. Ein mit der Materie vertrauter Banker wird dies auch sofort einsehen und sich mit Ihrem Versprechen, die fehlenden Unterlagen so schnell wie möglich zu besorgen, zufrieden geben.

Geraten Sie allerdings an einen sehr bürokratisch denkenden Banker, der zudem noch nie eine Finanzierung von Versteigerungsobjekten durchgeführt hat, müssen Sie viel Geduld aufbringen, um ihm alle Einzelheiten zu erklären. Ich habe leider in mehreren Fällen die Erfahrung machen müssen, daß die Prozedur vom Ersteigern (im Versteigerungstermin) bis zum Zahlen (im Verteilungstermin) selbst für Kreditsachbearbeiter bei Banken ein Buch mit sieben Siegeln ist.

Grundschuldbestellung und Darlehensauszahlung

Um so wichtiger erscheint es daher, die weiteren Termine nach Unterschrift unter den Darlehensvertrag, nämlich die **Grundschuldbestellung** beim Notar sowie die **Auszahlung des Darlehens** an die Gerichtskasse, mit Ihrem Gesprächspartner bei der Bank genauestens abzustimmen. Machen Sie gemeinsam mit Ihrem Banker einen Terminplan, an den sich beide – die Bank und Sie – unbedingt halten.

Den weiteren Weg finden Sie detailliert in der Checkliste 15 „Abwicklung" und in der Arbeitshilfe 10 „Zeitplan" beschrieben. Aus der Arbeitshilfe ersehen Sie, daß der **Darlehensvertrag** bereits gut zwei Wochen nach dem Versteigerungstermin abgeschlossen war. Nach erfolgter Grundschuldbestellung blieben mir dann noch weitere drei Wochen Zeit, um der Bank einen entsprechenden **Zahlungsauftrag** zu erteilen.

Tips zur Terminplanung

- Stellen Sie nach der Zuschlagserteilung einen genauen Terminplan für die Abwicklung bis zum Verteilungstermin auf!
- Legen Sie Ihrer Bank sämtliche zur Verfügung stehenden Beleihungsunterlagen vor und reichen Sie die fehlenden Unterlagen (zum Beispiel Kopie des Zuschlagsbeschlusses) so schnell wie möglich nach!
- Erteilen Sie Ihrer Bank einen Zahlungsauftrag mit Angabe des Termins zur Auszahlung des Darlehens!
- Kontrollieren Sie den zeitlichen Ablauf, und halten Sie telefonisch Kontakt mit dem zuständigen Sachbearbeiter der Kreditabteilung Ihrer Bank und dem zuständigen Rechtspfleger beim Amtsgericht! Tun Sie alles, um Pannen zu verhindern!

Abwicklung nach dem Verteilungstermin

Die weitere Abwicklung wird schon deshalb einfacher vonstatten gehen, weil der Zeitdruck (pünktliche Zahlung bis zum Verteilungstermin) nicht mehr auf Ihnen lastet und die noch ausstehenden „Papierkosten" von den entsprechenden Stellen (Finanzamt, Notariat, Grundbuchamt) angefordert werden.

Als Ersteher müssen Sie 3,5 Prozent vom Steigpreis (Meistgebot plus eventuell bestehenbleibende Rechte) als **Grunderwerbsteuer** an das zuständige Finanzamt abführen. Es kann sein, daß sich Ihr Finanzamt sehr viel Zeit mit der Anforderung dieses Betrages läßt. Dies sollte Sie nicht weiter stören, sofern Ihre Bank nicht vor Auszahlung des Darlehens die sogenannte **Unbedenklichkeitsbescheinigung** des Finanzamtes von Ihnen verlangt.

Grunderwerbsteuer

Diese Unbedenklichkeitsbescheinigung erhalten Sie aber nur, wenn Sie die Grunderwerbsteuer bezahlt haben und das Finanzamt nunmehr bescheinigen kann, daß der Eintragung in das Grundbuch steuerliche Bedenken nicht entgegenstehen.

Unbedenklichkeitsbescheinigung

Verlangt Ihre Bank ausnahmsweise diese Unbedenklichkeitsbescheinigung schon vor der Darlehensauszahlung, sollten Sie von sich aus die Grunderwerbsteuer an das zuständige Finanzamt zahlen (zum Beispiel Bareinzahlung bei Ihrer Hausbank) und mit Einzahlungsquittung sowie Zuschlagsbeschluß beim Finanzamt vorsprechen.

Für so gewissenhafte Steuerzahler hat jeder Finanzbeamte Verständnis. Er wird daher die Unbedenklichkeitsbescheinigung sofort ausstellen. Selbstverständlich kann es Ihnen – wie mir in meinem ersten Ersteigerungsfall – passieren, daß zwei Monate später die Grunderwerbsteuer noch einmal „offiziell" angefordert wird. Ein Anruf bei dem Finanzbeamten, der Ihnen die Unbedenklichkeitsbescheinigung so ungewöhnlich schnell ausgehändigt hat, genügt aber, um den „Irrtum vom Amt" aufzuklären.

Zug um Zug

Sicherlich wollen Sie wissen, welche Kosten noch auf Sie zukommen. Gehen wir der Einfachheit halber von der auch für die Einkommensteuer bedeutsamen Unterscheidung zwischen Anschaffungskosten einerseits und Werbungskosten andererseits aus.

Zu den **Anschaffungskosten** für das Haus beziehungsweise die Wohnung zählen (Beträge laut Arbeitshilfe 10 „Zeitplan"):

Berechnung der Anschaffungskosten

	Steigpreis (Meistgebot einschließlich bestehenbleibender Rechte)	145.000,00 DM
+	Grunderwerbsteuer (2 % von 145.000 DM, da Ersteigerung noch in 1996)	2.900,00 DM
+	Zuschlagsgebühr	677,50 DM
+	Eintragungsgebühr für Eigentumsänderung	350,00 DM
=	Anschaffungskosten für das Objekt (einschließlich Grund und Boden)	148.927,50 DM

geringe Anschaffungsnebenkosten

Die **Anschaffungsnebenkosten** (Grunderwerbsteuer, Zuschlagsgebühr, Eintragungsgebühr) beliefen sich in diesem Beispiel nur auf 2,7 Prozent des Steigpreises, da die Ersteigerung noch im Jahre 1996 erfolgte. Bei Ersteigerungen ab 1997 sollten Sie wegen der Erhöhung des Grunderwerbsteuersatzes auf 3,5 Prozent insgesamt 4,2 bis 4,5 Prozent für Anschaffungsnebenkosten ansetzen.

Zuschlagsgebühr

Die **Zuschlagsgebühr** umfaßt die Kosten des Beschlusses, durch welchen der Zuschlag erteilt wird. Sie fallen im Gegensatz zu den Verfahrenskosten dem Ersteher zur Last und werden nach dem Kostenverzeichnis des Gerichtskostengesetzes mit 6/10 der vollen Gebühr berechnet. In der Regel betragen sie rund 0,5 Prozent des Steigpreises. Im Anhang finden Sie eine Tabelle, der Sie die Zuschlagsgebühr entnehmen können.

Eintragungsgebühr

Die **Eintragungsgebühr** für die Eigentumsänderung im Grundbuch wird wie bei jedem anderen Immobilienerwerb nach der Kostenordnung berechnet, und zwar als volle Gebühr in Abhängigkeit vom Geschäftswert. Als Geschäftswert wird bei ersteigerten Objekten meist der Verkehrswert angenommen. In meinem Fall wurde jedoch der Ersteigerungspreis zugrundegelegt. Die Eintragungsgebühr liegt bei 0,2 bis höchstens 0,4 Prozent des Steigpreises. Auch für die Berechnung dieser Gebühr finden Sie im Anhang eine Tabelle.

Für Kapitalanleger sei noch erwähnt, daß von den Anschaffungskosten für das Objekt noch die anteiligen Grundstückskosten abgezogen werden müssen, um die Berechnungsgrundlage für die steuerlich so begehrten **Abschreibungen** zu erhalten. Bei ersteigerten Objekten kann man den Grundstücksanteil anhand des Gerichtsgutachtens herausrechnen oder von einem Erfahrungssatz (zum Beispiel 15 Prozent bei Eigentumswohnungen) ausgehen.

Berechnung der Abschreibung

In meinem Beispiel A rechnete ich wie folgt:

Anschaffungskosten insgesamt:	148.927 DM
anteilige Gebäudekosten: 85 % von 148.927 DM	= 126.588 DN
lineare Abschreibung: 2 % von 126.588 DM	= 2.532 DM
(ab 1997 in voller Höhe, für 1996 nur zu 1/12	= 211 DM,
da vermietete Eigentumswohnung	
am 28.11.1996 ersteigert wurde)	

Zu den **Werbungskosten,** die Sie als Vermieter im Zusammenhang mit der Ersteigerung abziehen können, zählen (Beträge laut meinem Beispiel A):

Berechnung der Werbungskosten

	4 % Zinsen für 67 Tage auf bares Restgebot	958,19 DM
+	Notariatskosten für die Grundschuldbestellung	350,00 DM
+	Grundbuchkosten für die Grundschuldeintragung	445,50 DM
+	sonstige Gebühren (Gebühren für bestätigten LZB-Scheck, Grundbuch- und Katasterauszug)	95,00 DM
=	sofort abzugsfähige Werbungskosten	1.848,69 DM

Zählt man diese Werbungskosten zu den obigen Anschaffungsnebenkosten hinzu, erhält man rund vier Prozent vom Steigpreis für die gesamten „Papierkosten" (bei einem alten Grunderwerbsteuersatz von zwei Prozent). Nach Erhöhung der Grunderwerbsteuer auf 3,5 Prozent ab 1997 sollten Sie mit 5,5 Prozent des Ersteigerungspreises kalkulieren, sofern Sie das ersteigerte Objekt weitgehend mit Fremdkapital finanzieren.

Höhe der Papierkosten

Kosten der dinglichen Absicherung

Die im Zusammenhang mit der Finanzierung Ihres ersteigerten Objekts anfallenden **Kosten der dinglichen Absicherung** (Notariats- und Grundbuchgebühren für die Grundschuldbestellung und -eintragung) können Sie nahezu auf 0 DM drücken, wenn Sie die Finanzierung mit der Gläubigerbank durchführen und mit dieser vereinbaren, daß die Grundschuld zu ihren Gunsten im Grundbuch bestehen bleiben soll, auch wenn sie nach den Versteigerungsbedingungen eigentlich erlöschen würde.

Liegenbelassungs-vereinbarung

Diese sogenannte **Liegenbelassungsvereinbarung** erspart Ihnen die Kosten einer besonderen Grundschuldbestellung und -eintragung. Eventuell müssen Sie aber eine geringe Liegenbelassungsgebühr bezahlen.

Selbstverständlich besteht Ihre persönliche Schuld gegenüber der Bank nur aus der im Darlehensvertrag festgelegten Darlehenssumme (zum Beispiel 130.000 DM), die im Grundbuch eingetragene dingliche Schuld (zum Beispiel 180.000 DM) ist ja abstrakt, also losgelöst von der zugrundeliegenden Darlehensschuld.

außergerichtliche Verteilung

Sie können im Einverständnis mit dem möglicherweise alleinigen Gläubiger außerdem die **außergerichtliche Verteilung** durchführen lassen. Das heißt, Sie weisen dem Gericht gegenüber durch eine öffentliche oder öffentlich beglaubigte Urkunde nach, daß Sie den oder die Gläubiger, deren Ansprüche durch Ihr Meistgebot gedeckt sind, befriedigt haben. In diesem Fall wird der gerichtliche Verteilungstermin erst gar nicht abgehalten.

Eine außergerichtliche Verteilung kann viel Arbeit für den Ersteher mit sich bringen, die sonst das Gericht für ihn erledigt. Sie empfiehlt sich aber, wenn die Gläubigerbank ihm dabei nach Kräften hilft.

Halten wir also fest: Die unvermeidbaren Anschaffungsnebenkosten wie Grunderwerbsteuer, Zuschlags- und Eintragungsgebühr belaufen sich auf maximal 4,5 Prozent des Steigpreises (für Ersteigerungen ab 1997). Die Höhe der bei vermieteten Objekten abzugsfähigen Werbungskosten hängt von der Art der Finanzierung ab (beispielsweise Finanzierung mit der Hausbank oder Gläubigerbank, hohes oder niedriges Disagio).

steuerlicher Unterschied zwischen Anschaffungsnebenkosten und Werbungskosten

Der steuerliche Unterschied ist dabei folgender: Die Anschaffungsnebenkosten zählen zu den Anschaffungskosten und werden nach Abzug des Grundstücksanteils entsprechend der Höhe des Abschreibungssatzes (zum Beispiel zwei Prozent für Kapitalanleger bei vermieteten Wohnimmobilien) auf die Jahre der Nutzung verteilt. Hingegen sind die Werbungskosten im Jahr, in dem sie entstanden sind, steuerlich voll abzugsfähig.

zusätzliche Anschaffungsnebenkosten

Anschaffungsnebenkosten hängen unmittelbar mit dem Erwerb des Objekts zusammen. Außer den drei bereits erwähnten Posten könnten dazu beispielsweise zählen: Kosten für ein privates Gutachten über das Objekt, Beratungshonorar oder Vermittlungsprovision im Zusammenhang mit dem Erwerb des Objekts, Fahrtkosten für Besichtigung des Objekts und Wahrnehmung von Gerichtsterminen (Akteneinsicht, Versteigerungs-, Verkündungs- und Verteilungstermin).

- Sammeln Sie alle Belege, die beim Ersteigern anfallen, und teilen Sie die Kosten in Anschaffungskosten und Werbungskosten (bei vermieteten Objekten) auf!
- Auch Anschaffungsnebenkosten (Grunderwerbsteuer, Zuschlags- und Eintragungsgebühr) zählen zu den Anschaffungskosten. Die anteiligen Anschaffungskosten für das Gebäude können bei vermieteten Objekten abgeschrieben werden!
- Werbungskosten sind bei vermieteten Objekten im Jahr der Entstehung steuerlich voll abzugsfähig!

4. Pro und contra Ersteigern: Chancen und Risiken für Bieter und Ersteher

Der teure Kauf ist meist die Kapitulation vor der Kompliziertheit des Einfachen. HANS KASPAR

Ersteigern günstiger als Kaufen

„Günstig ersteigern statt teuer kaufen“ – dies sollte das Ziel von Bietinteressenten sein. Leider unterliegen manche Bieter und späteren Ersteher dem Irrtum, daß Ersteigern immer günstiger als Kaufen sei. Als angeblichen Beweis führen sie den Ersteigerungspreis (Steigpreis) an, der soundsoviel Prozent unter dem Verkehrswert liege.

Steigpreise im Vergleich zu Kaufpreisen

Was nützt aber ein **Steigpreis** in Höhe von 80 Prozent des Verkehrswertes, wenn der vom Gutachter ermittelte Verkehrswert um mindestens 25 Prozent über ortsüblichen Vergleichspreisen liegt: „Überbewertete“ Versteigerungsobjekte sind also mit Vorsicht zu genießen.

rechtliche Chancen

Der Immobilienerwerb durch Zwangsversteigerung bietet nicht nur wirtschaftliche, sondern auch rechtliche **Chancen und Risiken**. Zwar wird der Ersteigerer schon mit Erteilung des Zuschlags rechtlicher Eigentümer, auf die spätere Eintragung im Grundbuch kommt es nicht an.

rechtliche Risiken

Mit dem **sofortigen Eigentumserwerb** ist jedoch nicht automatisch die Räumung des Objekts durch den Schuldner oder Mieter verbunden. Den **Kündigungsschutz** von Wohnungsmietern können Sie beispielsweise – entgegen landläufiger Meinung – mit dem Ersteigern nicht aushebeln. Es gilt der Grundsatz „Ersteigern bricht nicht Miete“. Auch die Räumung durch den Schuldner kann zu großen Problemen führen, falls sich dieser beharrlich weigert. Sie sollten daher versuchen, diese und andere Stolperfallen rund um das Ersteigern von Haus und Wohnung zu vermeiden.

4.1 Wirtschaftliche Chancen: Schnäppchensuche mit Erfolg

Preisvorteil beim Ersteigern

Ob sich das Ersteigern aus wirtschaftlicher Sicht überhaupt lohnt, kann nur im Vergleich mit einem freihändigen Kauf entschieden werden. Vergleichen Sie also Steigpreis und Kaufpreis vergleichbarer Objekte. Nur wenn der Steigpreis tatsächlich niedriger liegt als ein **ortsüblicher Kaufpreis** für vergleichbare Objekte, haben Sie das viel zitierte Schnäppchen beim Amtsgericht gemacht. Nutzen Sie also den **Preisvorteil**, den ersteigerte Objekte gegenüber per notariellem Kauf erworbenen Immobilien bieten.

Im Einkauf liegt der Gewinn

Ersteigern ist dann günstiger als Kaufen, wenn Sie das Objekt zu einem vergleichsweise günstigen Einstandspreis nach dem Kaufmannsgrundsatz „**Im Einkauf liegt der Gewinn**" ersteigern können. Wenn „Erfolg die Kunst ist, dem Sinnvollen das Rentable vorzuziehen" (nach Helmut Nahr), ist erfolgreiches Ersteigern gleichzusetzen mit rentablem Erwerb.

Nur realisierte Gewinne sind echte Gewinne

Ersteigern lohnt sich insbesondere bei Aussicht auf Wertzuwachs der Immobilie. Das heißt, ein zumindest gedachter Weiterverkauf soll zu einem merklich höheren Preis erfolgen. Schöngerechnete Wertsteigerungen auf dem Papier nützen Ihnen jedoch nichts. Wie an der Aktienbörse gilt der Satz: „Nur realisierte Gewinne sind echte Gewinne!"

steuerfreie Veräußerungsgewinne

Spekulation an sich ist ja nichts Ehrenrühriges (dies gilt nicht nur für die Aktienbörse). Daher sollte es auch Ihr Bestreben sein, wie ein guter Kaufmann günstig einzukaufen, um anschließend teurer zu verkaufen. Der **Veräußerungsgewinn** (Verkaufspreis minus Anschaffungskosten) bleibt beim privaten Immobilienerwerb durch Zwangsversteigerung im übrigen dann steuerfrei, wenn zwischen Zuschlagserteilung (als Zeitpunkt des Kaufs) und Weiterverkauf (Notartermin als Zeitpunkt des Verkaufs) mindestens zwei Jahre – ab 1999 wahrscheinlich mindestens fünf Jahre – liegen.

Besitzdauer von 10 Jahren einplanen

Mein Rat: Planen Sie aus Vorsichtsgründen eine mindestens zehnjährige **Besitzdauer** von vornherein ein. Dazu paßt mein erster Ersteigerungsfall (siehe Fall 8): Die Mitte Juni 1985 für 75.000 DM ersteigerte Eigentumswohnung verkaufte ich Ende Juni 1995 für 145.000 DM. Nach Berücksichtigung von lediglich 2.000 DM für Anschaffungsnebenkosten (Grunderwerbsteuer, Zuschlags- und Eintragungsgebühr) verblieb mir also ein steuerfreier Veräußerungsgewinn von 68.000 DM oder von 6,5 Prozent pro Jahr.

goldene Zeiten für Ersteigerer

Die Jahre 1985 bis 1988 waren goldene Zeiten für Ersteigerer, da die Preise auf dem Immobilienmarkt stark eingebrochen waren und das Ersteigern beim Amtsgericht noch relativ unbekannt war. Daher nutzte ich diese Phase für den preisgünstigen Immobilienerwerb durch Ersteigern. In den Folgejahren ging das Angebot an Versteigerungsobjekten stark zurück, während gleichzeitig das Bietinteresse stark anstieg. Folge: Ersteigern lohnte sich in der Hochpreis- und Hochzinsphase Anfang der 90er Jahre kaum noch.

neue Tiefpreis- und Tiefzinsphase ab 1995

Seit 1995 – dem Beginn einer neuen **Tiefpreis- und Tiefzinsphase** – sind die Aussichten auf ein Schnäppchen wieder gestiegen. Deutliche Parallelen zur Immobilienkrise Mitte der 80er Jahre animierten mich, erneut beim Amtsgericht „zuzuschlagen". Meine beiden letzten Ersteigerungsfälle habe ich in den Beispielen A und B bzw. den Fällen 1 und 2 dokumentiert. Sie bescherten mir zwei Eigentumswohnungen in Düsseldorf für Preise unter 2.500 DM und monatliche Nettokaltmieten von über 13 DM pro qm Wohnfläche.

Mietrendite über 6%

Ich gab für diese Wohnungen im Durchschnitt nicht mehr als das 15fache der nachhaltig erzielbaren Jahresnettokaltmiete aus. Die anfänglich erzielte **Mietrendite** lag daher deutlich über sechs Prozent. Vergleichbare Kaufpreise für in der Nachbarschaft gelegene Wohnungen lagen bei 3.200 DM pro qm Wohnfläche und bescherten den Käufern lediglich Mietrenditen von höchstens fünf Prozent. Über den Maklerspruch „So geht die Rechnung auf! ... für clevere Kapitalanleger!" konnte ich daher nur müde lächeln.

So geht die Rechnung auf! *…für clevere Kapitalanleger!*

Kaufpreis einer 2-Zimmer-Wohnung mit 57,7 m²	DM 185.505,50
Grunderwerbsteuer, Maklergebühren, Notar- und Grundbuchkosten ca. 8,5 %	DM 15.767,57
Gesamtaufwand	DM 201.273,47
Eigenkapital ca. 20 %	DM -41.273,47
Finanzierungsbedarf	DM 160.000,00

Ausgaben (ohne Tilgung)

Darlehen	Auszahlung	Zins	Monatsbetrag
160.000,00	100 %	5,12 %*	DM -682,66
Hausverwaltung, Instandhaltungen und Rücklagenbildung derzeit ca.			DM -64,35
			DM -747,01

Einnahmen

Miete (DM 13,43 x 57,7 m²)	DM 774,91
Monatlicher Überschuß (vor Tilgung)	**DM 27,90**

Die Mindesttilgung beträgt 1 % der Darlehenssumme.
Steuervorteile sind in diesem Beispiel noch nicht berücksichtigt.
Wir empfehlen ein Beratungsgespräch bei Ihrem Steuerberater.

***5,12 % Zins**

* bei einer Finanzierung wie in diesem Beispiel,
100 % Auszahlung, 5 Jahre Zinsfestschreibung, anf. eff. Jahreszins 5.24 %, (n. PAngVO)
Angebot freibleibend aus begrenztem Sonderkontingent. (Stand: 25. 4. 97)

Wir laden Sie ein, unser Projekt in Düsseldorf - Medienmeile Hafen - auf der Germaniastraße 34/36 kennenzulernen.

Hier bieten wir Ihnen in einer gepflegten Wohnanlage, unweit der Medienmeile, gut vermietete attraktive 2-Zimmer-Wohnungen von 47,2 m² bis 59,5 m² zur Kapitalanlage an.

Nutzen Sie die Vorteile des Standortes Düsseldorf - Medienmeile Hafen. Die Landeshauptstadt Düsseldorf bietet mit Blick auf das zukünftige Europa hervorragende Standortqualitäten.

Düsseldorf - eine sichere Adresse für Kapitalanleger!

Erwerb über Makler

Doch auch Immobilienmakler oder private Eigentümer offerieren zuweilen preisgünstige Immobilien. Sie sollten daher die Lektüre des Immobilienteils Ihrer Tageszeitung keinesfalls vernachlässigen. Beispiel: Zwei im Jahr 1982 fertiggestellte Eigentumswohnungen in Düsseldorf erwarb ich Anfang 1995 über einen Makler, und zwar ebenfalls für unter 2.500 DM pro qm Wohnfläche.

Erwerb von Gläubigerbank

Der **freihändige Erwerb** statt des Ersteigerns kann also ebenso günstig sein. Auch ein **Erwerb von der Gläubigerbank** aus der Sicherheitenverwertung kann in Frage kommen.

Kurios, aber wahr: Von vier Objekten in der gleichen Eigentumswohnungsanlage (Düsseldorf-Unterbilk in der Nähe der Medienmeile Hafen) erwarb ich zwei vom Privateigentümer über die Vermittlung eines Maklers, eine durch Zuschlag beim Amtsgericht und eine von der Gläubigerbank.

Für insgesamt 200 qm Wohnfläche zahlte ich insgesamt 457.000 DM plus 60.000 DM für vier Tiefgaragen-Stellplätze oder im Durchschnitt 2.285 DM pro qm Wohnfläche (ohne TG-Stellplatz). Die Mieteinnahmen für diese vier Eigentumswohnungen belaufen sich auf zusammen rund 36.000 DM im Jahr (netto kalt).

Mieten so hoch wie Kosten

In Höhe von 495.000 DM nahm ich Hypothekendarlehen auf und legte die Zinsen in Höhe von durchschnittlich 6,75 Prozent nominal auf zehn Jahre fest (bei 100 Prozent Auszahlung). Die jährlichen Hypothekenzinsen von 33.400 DM und die nicht umlagefähigen Verwaltungs- und Instandhaltungskosten in Höhe von 4.000 DM werden fast vollständig durch die Mieteinnahmen gedeckt.

selbsttragende Immobilie

Diese vier Eigentumswohnungen tragen sich also praktisch selbst, und dies bei einem Eigenkapitaleinsatz von nur neun Prozent der gesamten Anschaffungskosten von 545.000 DM. Die „**sich selbsttragende Immobilie**" kann daher durchaus Wirklichkeit werden, und dies vor Steuern.

Von einem Steuersparmodell kann indes kaum gesprochen werden, da die Steuerersparnisse infolge der Abschreibung lediglich dazu benutzt werden, um die laufende Tilgung zu ermöglichen.

kein Steuersparmodell

Ein „Anti-Steuersparmodell" stellt auch mein vorläufig letzter Ersteigerungsfall (siehe Beispiel B bzw. Fall 2) dar. Den Steigpreis von 141.000 DM zuzüglich 6.000 DM Anschaffungsnebenkosten finanzierte ich durch ein Hypothekendarlehen von 140.000 DM und Eigenkapital von lediglich 7.000 DM. Trotz der geringen Eigenkapitalquote von knapp fünf Prozent liegen die jährlichen Mieteinnahmen von 11.280 DM über der Summe aus Hypothekenzinsen von 9.450 DM (= 6,75 Prozent nominal von 140.000 DM, Nominalzins bei 100 Prozent Auszahlung und 10 Jahren Zinsbindung) und nicht umlagefähigen Verwaltungs- und Instandhaltungskosten von 1.400 DM.

Ein Ein- oder Zweifamilienhaus zur Selbstnutzung habe ich jedoch bis zum heutigen Tage für mich selbst nicht ersteigern können. Trotz großer Bemühungen scheiterte ich auch in der eigentlich günstigen Ersteigerungsphase von 1985 bis 1988 immer daran, daß mich ganz heiße Bietkonkurrenten regelmäßig überboten. Ende 1988 erwarb ich dann auf klassischem Wege per notariellem Kaufvertrag ein zehn Jahre altes Zweifamilienhaus (Doppelhaushälfte mit 180 qm Wohnfläche) in begehrter Wohnlage von Erkrath-Hochdahl bei Düsseldorf für nur 420.000 DM.

kostengünstiges Bauen

Künftige Selbstnutzer sollten vor allem auch das immer mehr in Mode kommende **kostengünstige Bauen** in Erwägung ziehen. Wenn die Neubaupreise nur geringfügig über den Kauf- oder Ersteigerungspreisen für vergleichbare Eigenheime aus zweiter Hand liegen, kann das selbstgebaute Haus oder der Kauf eines Neubaus vom Bauträger durchaus Sinn machen.

Kostenvorteile beim Ersteigern

Ersteigern bietet neben möglichen Preisvorteilen auf jeden Fall **Kostenvorteile**, sofern man die Nebenkosten beim Ersteigern betrachtet. Zuschlags- und Eintragungsgebühr gehen zusammen über 0,8 bis ein Prozent des Ersteigerungspreises nicht hinaus. Sie liegen damit unter vergleichbaren Notar- und Grundbuchgebühren beim freihändigen Kauf (üblicherweise ein bis 1,5 Prozent des Kaufpreises). Maklerprovisionen fallen nicht an, sofern Sie die Immobilie selbst ersteigern.

Zinsvorteile beim Ersteigern

Als Ersteigerer genießen Sie außerdem **Zinsvorteile**. Für die Zeit von der Zuschlagserteilung bis zum Verteilungstermin zahlen Sie nur vier Prozent Zinsen auf das Bargebot abzüglich hinterlegter Sicherheitsleistung. Wenn Sie als Kapitalanleger in das laufende Mietverhältnis eintreten, erhalten Sie die Miete schon ab dem Tag des Zuschlags, während die Hypothekenzinsen für das aufgenommene Darlehen erst ab Auszahlung des Darlehens an die Gerichtskasse fällig werden.

keine Kreditnebenkosten

Besondere Kreditnebenkosten wie Wertschätzungsgebühren und Bereitstellungszinsen fallen beim Ersteigern in der Regel nicht an. Falls Sie mit der Gläubigerbank finanzieren und eine Liegenbelassung der Grundschulden vereinbaren, entfallen sogar die Gebühren für eine gesonderte Grundschuldbestellung und -eintragung.

Fassen wir die entscheidenden wirtschaftlichen Vorteile des Immobilienerwerbs durch Zwangsversteigerung zusammen:

- Preisvorteil
  (Steigpreis liegt häufig unter ortsüblichen Kaufpreisen für vergleichbare Objekte)

Preis-, Kosten- und Zinsvorteil

- Kostenvorteil
  (Zuschlags- und Eintragungsgebühren liegen unter vergleichbaren Notariats- und Grundbuchgebühren beim freihändigen Kauf; Maklerprovision entfällt)

- Zinsvorteil
  (nur vier Prozent Zinsen bis zum Verteilungstermin; in der Regel keine besonderen Wertschätzungsgebühren und Bereitstellungszinsen).

hoher Zeitaufwand

Es darf allerdings nicht verschwiegen werden, daß das Ersteigern eines Hauses oder einer Wohnung sehr viel Zeit erfordert und nicht im Schnellverfahren erledigt werden kann. Sie müßten fairerweise Ihre Zeitstunden mit beispielsweise mindestens 50 DM pro Stunde einkalkulieren.

Erfolg hat auf Dauer nur der Tüchtige. Ein französisches Sprichwort sagt: „Wenn Du einmal Erfolg hast, kann es Zufall sein. Wenn Du zweimal Erfolg hast, kann es Glück sein. Wenn Du dreimal Erfolg hast, so ist es Fleiß und Tüchtigkeit". Entwickeln Sie daher Fleiß und Tüchtigkeit!

- Verlassen Sie sich nicht auf den vom Gutachter ermittelten Verkehrswert, sondern ermitteln Sie ortsübliche Kaufpreise für vergleichbare Objekte!

- Ersteigern Sie nur zu Preisen, die unter vergleichbaren Kaufpreisen oder zumindest nicht darüber liegen! Ermitteln Sie den wirklichen Schnäppchenpreis!

4.2 Wirtschaftliche Risiken: Zu teurer Einstieg und Werteverfall

Es gibt leider immer einige Leute, die glauben, beim Ersteigern müsse man nur Glück haben. Sie verwechseln das Bieten mit einem Glücksspiel und den Gerichtssaal mit einem Spielcasino. Wenn sie sich zudem kein Gebotslimit gesetzt haben, lassen sie sich von ihren Bietkonkurrenten unter Umständen auf einen Preis hochtreiben, der unter wirtschaftlichen Gesichtspunkten nicht mehr zu rechtfertigen ist. Nach dem **„Bietrausch"** im Versteigerungstermin folgt dann meist die Ernüchterung bei der späteren Übernahme des Objekts.

Bietrausch vermeiden

Vermeiden Sie also das Risiko eines zu teuren Erwerbs und kapitulieren Sie nicht vor der Kompliziertheit (Praxis der Zwangsversteigerung) des Einfachen (Bieten bis zum Gebotslimit, das Sie vorher gewissenhaft festgelegt haben).

Lernen Sie auch aus Fehlern, die andere vor ihnen begangen haben. Aus Geldgier („Gier frißt Hirn") haben sie **Steuersparmodelle** mit Immobilien erworben, die sich hinterher als hoffnungslos überteuerte Bauherren-, Bauträger- oder Erwerbermodelle herausstellten. Als Gewinner grüßen Anbieter und Vermittler, die Anleger schauen jedoch in die Röhre. Nicht selten kommen auch heute noch vermietete Eigentumswohnungen als gescheiterte Bauherrenmodelle unter den Hammer.

überteuerte Steuersparmodelle meiden

Halten Sie sich an den Ratschlag von Winston Churchill: „Der Kluge kann nicht alle Fehler selbst machen. Er gibt auch anderen eine Chance".

Ist es aber ein Fehler, auf die langfristig positive Wertentwicklung von Immobilien zu setzen? Viele Skeptiker befürchten angesichts gesunkener Immobilienpreise, daß es mit der viel gepriesenen Wertsteigerung für lange Zeit vorbei sei.

Werteverfall bei Immobilien nicht realistisch

Wer sich das Horrorszenario eines ständigen **Werteverfalls** bei Häusern und Wohnungen ausmalt, mag dies tun. Mit der Wirklichkeit der kommenden Jahre wird dies jedoch wohl kaum übereinstimmen.

Meine Einschätzung des Marktes für Wohnimmobilien sieht für die Zukunft recht optimistisch aus. Gerade, weil Preise und Mieten für Häuser und Wohnungen seit 1994 infolge des vergrößerten Neubauangebots nachgegeben haben, sinken die Risken für Preis- und Mieteinbrüche um die Jahrtausendwende.

höchste Zeit zum Einstieg

Alle zehn Jahre durchlebt der Immobilienmarkt seine Hoch- bzw. Tiefpreisphase. Die momentane **Tiefpreisphase** wird – zumindest auf dem Wohnungsmarkt – spätestens im Jahr 2000 durch steigende Preise wieder abgelöst. Doch auch die für Einsteiger so angenehme **Tiefzinsphase** wird dann vorüber sein. Für kluge Anleger heißt es daher in den Jahren 1997 bis 1998: „Höchste Zeit zum Einstieg!“.

Wirtschaftliche Risiken gehen Sie vor allem dann ein, wenn Sie Objekte in einer Hochpreis- und Hochzinsphase wie 1990 bis 1992 ersteigern. Steigen Preise und Zinsen in Zukunft wieder drastisch, wird sich das Ersteigern von Immobilien wirtschaftlich kaum noch lohnen.

antizyklisches Verhalten

Der Umkehrschluß kann daher nur lauten: Ersteigern (oder Kaufen) Sie dann, wenn Preise und Zinsen am Boden sind. Verhalten Sie sich antizyklisch und schwimmen Sie gegen den Strom! Die in den Medien verbreiteten schlechten Nachrichten über sinkende Immobilienpreise sind meist gute Nachrichten für clevere Einsteiger.

- Vermeiden Sie zu teures Ersteigern, indem Sie sich ein Preislimit setzen und dieses auf keinen Fall überschreiten!
- Steigen Sie nicht in Hochpreis- und Hochzinsphasen in Immobilien ein, sondern nutzen Sie Tiefpreis- und Tiefzinsphasen für den preis- und zinsgünstigen Erwerb von Haus und Wohnung!

4.3 Rechtliche Chancen: Lastenfreier Eigentumserwerb schon mit Erteilung des Zuschlags

Viele Bietinteressenten werden durch die rechtlichen Vorschriften und die Abwicklung des Zwangsversteigerungsverfahrens abgeschreckt, so daß sie einen günstigen Erwerb lieber auslassen, als sich möglicherweise in den Fallstricken des Verfahrens zu verhaken. Oft liegt die Hemmschwelle zu hoch. Und auch eine psychologisch vielleicht verständliche, aber eigentlich völlig unnötige „Angst vor dem Gericht" kommt zuweilen vor. Man befürchtet – wider besseres Wissen – rechtliche Nachteile und übersieht die rechtlichen Vorzüge für den Ersteher.

hohe Hemmschwelle

Daher seien zunächst die leider viel zu wenig bekannten rechtlichen Chancen, die ein Immobilienerwerb durch Zwangsversteigerung mit sich bringt, aufgeführt:

rechtliche Vorteile für Ersteigerer

- **Rechtssicherheit** für den Ersteher, da dieser schon durch den Zuschlag Eigentümer wird, also nicht erst durch Eintragung in das Grundbuch
- meist **lastenfreier Erwerb** des Hauses oder der Wohnung, wenn keine grundbuchlichen Rechte übernommen werden müssen, da diese mit der Erteilung des Zuschlags erlöschen.

Diese **rechtlichen Chancen** werden besonders dann deutlich, wenn Sie das Ersteigern mit dem gewöhnlichen Kauf eines Objektes vergleichen. Mit dem Abschluß des notariellen Kaufvertrages werden Sie nämlich noch nicht Eigentümer. Es wird meist nur eine **Eigentumsvormerkung** (meist als Auflassungsvormerkung bezeichnet) zu Ihren Gunsten im Grundbuch eingetragen. Zur Übertragung des Eigentums ist aber außer der Einigung zwischen Verkäufer und Käufer (sogenannte Auflassung) noch die Eintragung der Eigentumsänderung in das Grundbuch erforderlich.

Auflassung und Eintragung beim Kauf

Rechtliche Probleme zwischen Abschluß des notariellen Kaufvertrages und Eintragung des neuen Eigentümers im Grundbuch können aber entstehen, wenn Gläubigerbanken die **Löschungsbewilligung** für die eingetragenen Grundschulden verweigern. Dies geschieht häufig bei überschuldeten Eigentümern, bei denen die restlichen Hypothekenschulden über dem erwarteten Veräußerungserlös liegen.

Erhöhte Vorsicht ist dann geboten, wenn der Zwangsversteigerungsvermerk schon vor der Auflassungsvormerkung eingetragen wurde, denn diese Auflassungsvormerkung bewirkt keine automatische Grundbuchsperre.

Nachteile bei fehlender Löschungsbewilligung

Wenn also die Bank keine Löschungsbewilligung erteilt und auch nicht erteilen wird, hat der Kaufinteressent zwar einen notariellen Kaufvertrag in der Tasche, aber kein Objekt. Zur ersehnten Eintragung als Eigentümer in das Grundbuch wird es dann nicht kommen. Eventuell gezahlte Notariats- und Maklergebühren sind futsch oder müssen auf dem Prozeßwege zurückgefordert werden.

lastenfreier Erwerb beim Ersteigern

Einen weiteren rechtlichen Vorteil bietet das Ersteigern, wenn Sie das Objekt lastenfrei erwerben. In den weitaus meisten Fällen bleiben keine im Grundbuch stehenden Rechte bestehen. Diese werden also nach Erteilung des Zuschlags gelöscht. Der **lastenfreie Erwerb** beim Ersteigern schützt Sie auch vor einer Übernahme von nicht im Grundbuch eingetragenen Schulden des Voreigentümers.

Falle Schuldübernahme beim Kauf

Beim freihändigen Kauf müssen Sie jedoch nach § 419 BGB für Schulden des Verkäufers, die nicht aus dem Grundbuch ersichtlich sind, eventuell mithaften. In diese böse Falle der **Schuldübernahme** tappen Sie, wenn das verkaufte Objekt das gesamte Vermögen des Verkäufers darstellt und die restlichen Hypothekenschulden den Verkaufspreis nicht übersteigen. Die Haftung für darüber hinausgehende Schulden können Sie beim notariellen Kauf nicht grundsätzlich ausschließen. Sie können sich lediglich vom Verkäufer zusichern lassen, daß er nicht über sein Vermögen als Ganzes verfügt bzw. keine zusätzlichen Schulden besitzt.

Halten wir fest: Keine rechtlichen Risiken geht der Ersteher ein, der ein mängelfreies, nicht bewohntes Objekt lastenfrei ersteigert. Liegt eine dieser Voraussetzungen nicht vor, sollten Sie die Risiken so weit wie möglich begrenzen. Scheuen Sie sich auch nicht, bei rechtlichen Besonderheiten den Rechtspfleger zu fragen und, falls dieser auch überfragt sein sollte, kostenlosen Rat bei anderen Stellen einzuholen (zum Beispiel beim Bau- oder Wohnungsamt).

Risiken begrenzen

- Genießen Sie die rechtlichen Vorteile des sofortigen Eigentumserwerbs beim Ersteigern!
- Klären Sie schon vor dem Versteigerungstermin, ob Sie das Objekt im Ersteigerungsfalle lastenfrei erwerben oder ob Sie bestehenbleibende Rechte übernehmen müssen!

4.4 Rechtliche Risiken: Vorsicht, Fallen

Schlimmer als Schwierigkeiten ist die Tendenz, sie zu meiden. EMIL OESCH

Die rechtliche Risiken und möglichen Nachteile für den Ersteher eines Versteigerungsobjekts sind ebenfalls weithin unbekannt. Sie ergeben sich aber zwangsläufig aus den Vorschriften des Zwangsversteigerungsgesetzes (ZVG) und der Zivilprozeßordnung (ZPO).

Die wichtigsten Risiken für den Ersteher sind:

rechtliche Risiken beim Ersteigern

- **Gewährleistungsausschluß** nach § 56 ZVG. Das heißt: Der Ersteher hat keinerlei Gewährleistungsansprüche gegen den Schuldner oder andere Personen. Er erwirbt auf eigenes Risiko, eine Mängelhaftung durch den Voreigentümer findet auf keinen Fall statt.
- **Schuldnerschutz** nach § 765a ZPO. Nach dieser Generalklausel des Zwangsvollstreckungsrechts kann der Schuldner

die Räumung und Herausgabe des von ihm bewohnten Objekts verhindern, wenn dies wegen „ganz besonderer Umstände eine Härte bedeutet, die mit den guten Sitten nicht vereinbar ist".

- **Kündigungsschutz** für Wohnungsmieter. Der Ersteher kann dem Wohnungsmieter auch im Ersteigerungsfalle nur dann unter Einhaltung der gesetzlichen Kündigungsfrist kündigen, wenn er ein berechtigtes Interesse (zum Beispiel Eigenbedarf) hat.
- **Übernahme von Dauerschuldverhältnissen und sonstigen Lasten**. Bleiben Rechte in der Zweiten Abteilung bestehen, die ein Dauerschuldverhältnis begründen (zum Beispiel Wohnungsrecht, Nießbrauch, Reallast), werden der Wert des Objekts und die freie Verfügbarkeit erheblich gemindert. Eventuell müssen auch nicht im Grundbuch eingetragene Baulasten oder Wohnungsbindungen übernommen werden.

Gewährleistungs-ausschluß

Zu Risiko 1 (Gewährleistungsausschluß):
Der Ersteigerer hat grundsätzlich keinen Anspruch auf Gewährleistung bei Mängeln oder Schäden am versteigerten Objekt. Daher ist eine Prüfung der Qualität der Immobilie von außen und innen unerläßlich. Dies sollte vor allem dann geschehen, wenn der Gutachter das Objekt nicht von innen besichtigt hat.

Lassen Sie das Objekt hinsichtlich Baumängel und Bauschäden durch einen Baufachmann prüfen und holen Sie Kostenvoranschläge von Handwerksunternehmen für die Schätzung der entsprechenden Kosten ein!

Wenn Sie das Objekt nicht von innen besichtigen können und erst nach Erteilung des Zuschlags eine umfangreiche Mängelliste erstellen müssen, kann Sie der Gewährleistungsausschluß nach § 56 ZVG teuer zu stehen kommen.

Zwar wird die Gewährleistung auch beim freihändigen Kauf weitgehend ausgeschlossen. Dies gilt jedoch nicht für arglistig verschwiegene Mängel. Die übliche Klausel in notariellen Kaufverträgen lautet: *„Das Kaufobjekt wird übertragen ohne Gewähr für eine bestimmte Größe und Beschaffenheit des Grundstücks und der Wohnung in dem Zustand, in dem es sich heute befindet. Eine Haftung für Sachmängel ist ausgeschlossen. Die Vertragsparteien stellen hiermit ausdrücklich fest, daß ein Gewährleistungsausschluß – ausgenommen beim arglistigen Verschweigen von Sachmängeln – gewollt ist"*.

typische Klausel in Kaufverträgen

zu Risiko 2 (Schuldnerschutz):
Ist das Versteigerungsobjekt noch vom Eigentümer (sagen Sie besser nicht Schuldner zu ihm) bewohnt, sollten Sie sich schon im Vorfeld der Versteigerung mit ihm einigen. Sie ersparen sich eine Menge Ärger, wenn Sie vor dem Versteigerungstermin eine schriftliche Zusicherung des Eigentümers haben, daß er – im Falle des Ersteigerns durch Sie – das Objekt innerhalb von beispielsweise zwei Monaten freiwillig räumt. Vielleicht erklärt er sich bei Zahlung einer **Abstandssumme** auch zu einer sofortigen Räumung bereit.

gütliche Einigung gegen Abstandssumme

Eine gütliche Einigung ist allemal besser als das Beharren auf einer Rechtsposition. Wie stellt sich die Rechtslage aber dar, wenn Sie sich mit dem Eigentümer nicht einigen können? Nun, die Rechtslage ist eigentlich völlig klar. Der Zuschlagsbeschluß gilt zugleich als **Räumungstitel**. Die Vollstreckungsklausel wird vom Urkundsbeamten der Geschäftsstelle des Amtsgerichts auf dem Zuschlagsbeschluß vermerkt, mit dem Gerichtssiegel versehen und unterschrieben.

Zuschlagsbeschluß als Räumungstitel

Damit wird der Zuschlagsbeschluß für vollstreckbar erklärt. Sie können also einen Gerichtsvollzieher mit der Räumung der Immobilie beauftragen. Einen Räumungsprozeß brauchen Sie also gegen den Eigentümer, der das Objekt noch selbst bewohnt, nicht zu führen. Auch die Zubilligung einer Räumungsfrist gemäß § 721 ZPO scheidet aus, da sich § 721 nur auf Urteile bezieht, die aufgrund eines Prozesses ergangen sind.

Allerdings bleibt für den Vollstreckungsschuldner (wie er von Juristen genannt wird) als Notbehelf noch der § 765a ZPO. Nach dieser Generalklausel des Vollstreckungsrechts kann der Schuldner Räumung und Herausgabe verhindern, wenn er beim Vollstreckungsgericht den Antrag stellt, in dem er nachweist, daß Räumung und Herausgabe „wegen ganz besonderer Umstände eine Härte bedeuten, die mit den guten Sitten nicht vereinbar ist".

Schuldnerschutz nach § 765a ZPO

Diese **Härteklausel** könnte beispielsweise angewandt werden, wenn dem Schuldner infolge hohen Alters oder schweren Leidens ein Umzug in eine andere Wohnung nicht zuzumuten oder wenn das Vorgehen des Erstehers als unsittlich, unmoralisch oder schikanös einzustufen ist.

Härteklausel

Wird dieser Vollstreckungsschutzantrag vom Gericht abgelehnt, kann der Schuldner noch andere Mittel einsetzen. Er kann gegen die ablehnende Entscheidung **Rechtspflegererinnerung** einlegen, und er kann **sofortige Beschwerde** beim Landgericht erheben. Falls die Beschwerde beim Landgericht ohne Erfolg bleibt, kann unter Umständen gegen die Entscheidung des Landgerichts noch Beschwerde beim Oberlandesgericht eingelegt werden.

Rechtspfleger-erinnerung und Beschwerdeweg

Sind sämtliche Rechtsmittel ausgeschöpft worden, bleibt letztlich noch das Mittel der **Verfassungsbeschwerde** beim Bundesverfassungsgericht. Sie können leicht erahnen, wie lange ein solches Verfahren dauert, bei dem alle Mittel (Vollstreckungsschutzantrag, Rechtspflegererinnerung, Beschwerde beim Landgericht, Beschwerde beim Oberlandesgericht, Verfassungsbeschwerde) vom Schuldner eingesetzt werden.

Verfassungs-beschwerde

Es dürfte klar sein, daß sich das Ersteigern eines Objekts aus moralischen Gründen verbietet, wenn die Räumung des Hauses oder der Wohnung eine außergewöhnliche Härte für den Schuldner bedeutet und dieser aus verständlichen Gründen zu keiner Einigung mit Ihnen als Ersteher bereit ist. Des einen Leid' sollte in solchen Fällen nicht des andern Freud' werden, denn Skrupellosigkeit zahlt sich letztlich nie aus. Eine Räumung und Heraus-

moralische Bedenken

gabe durch den Eigentümer sollten Sie also, wenn irgend möglich, nicht erzwingen.

zu Risiko 3 (Kündigungsschutz):
Ist das Objekt von einem Mieter bewohnt, der weiter darin wohnen bleiben möchte, sollten Sie als Kapitalanleger den Mietvertrag genauestens hinsichtlich Mietdauer, Miethöhe und Nebenkostenregelung überprüfen und in diesen Mietvertrag nach dem bekannten Rechtsgrundsatz „Kauf bricht nicht Miete" eintreten. Sie treten also mit allen Rechten und Pflichten in das laufende Mietverhältnis ein.

Ausnahmekündigungsrecht

Zwar kann der Ersteher nach § 57a ZVG vom gesetzlichen **Ausnahmekündigungsrecht** Gebrauch machen und das Mietverhältnis unter Einhaltung der gesetzlichen Kündigungsfrist (bei Wohnungen grundsätzlich drei Monate) für den ersten zulässigen Termin schriftlich kündigen. Bei Wohnungskündigungen müssen Sie jedoch ein berechtigtes Interesse (zum Beispiel Eigenbedarf oder fehlende angemessene wirtschaftliche Verwertung) nachweisen.

Kündigungsschutz für Wohnungsmieter

Die Vorschrift nach § 57a ZVG gewährt Ihnen also lediglich einen zeitlichen Vorteil, falls ein längerlaufender Zeitmietvertrag vorliegt. Die gesetzliche Mieterschutzgesetzgebung (§§ 556a-c, 564b, 565a-e BGB sowie das Wohnraumkündigungsschutzgesetz) können Sie also durch das Ersteigern nicht aushebeln.

Achten Sie als potentieller Selbstnutzer auch auf folgendes: Der Wohnungsmieter kann Ihrer Eigenbedarfskündigung widersprechen und die Fortsetzung des Mietverhältnisses bei Vorliegen einer Härte für ihn und seine Familie verlangen.

Eigenbedarfskündigung mit ungewissem Ausgang

Falls der Mieter der Kündigung des Erstehers, der zum Beispiel Eigenbedarf angemeldet hat, unter Berufung auf die Härteklausel des § 556a Abs. 1 BGB widerspricht, wird der Ersteher wohl oder übel Eigenbedarfsklage erheben und einen Prozeß mit ungewissem Ausgang führen müssen.

Ergeht ein Räumungsurteil zu seinen Gunsten, kann der Mieter immer noch einen Antrag auf Gewährung einer Räumungsfrist stellen. Wird ihm diese Räumungsfrist, die maximal ein Jahr betragen darf, vom Gericht gewährt und zieht er nach Ablauf dieser Frist immer noch nicht aus, muß der Ersteher die zwangsweise Räumung betreiben.

Räumungsurteil mit Räumungsfrist

Auch wenn der Ersteher den Räumungsprozeß gewinnt und die Zwangsräumung letztlich erreicht, ist dies nicht mehr als ein Pyrrhus-Sieg. Er hat viel Zeit (von der Kündigung bis zur endgültigen Zwangsräumung können Jahre vergehen), viel Geld (Kostenvorschüsse für Anwalt und Gericht, eventuell noch Transport- und Lagerkosten für die untergestellten Möbel) und mit ziemlicher Sicherheit auch viele Nerven verloren. Wäre da eine Einigung mit dem Mieter schon vor dem Versteigerungstermin nicht sinnvoller gewesen?

Zwangsräumung mit Zeit- und Geldverlust

Mein Rat: Vermeiden Sie einen Räumungsprozeß gegen den Mieter, falls Sie das Versteigerungsobjekt selbst bewohnen wollen. Stellen Sie eine attraktive Abfindungszahlung in Aussicht oder lassen Sie den Mieter noch einige Zeit in Ihrem ersteigerten Objekt wohnen.

zu Risiko 4 (Übernahme von Lasten):
Falls Sie als Ersteher Lasten übernehmen müssen, sollten Sie höllisch aufpassen und vor dem Versteigerungstermin genaue Informationen beim Amtsgericht, bei der Gemeinde oder sogar bei einem Rechtsanwalt einholen.

Übernahme von Grundschulden und Hypotheken

Grundschulden und Hypotheken in der Dritten Abteilung des Grundbuchs, die dem bestrangig betreibenden Gläubiger vorangehen, müssen zwar bestehen bleiben. Die Übernahme ist aber rechtlich und wirtschaftlich unproblematisch, wenn Sie diese bei der Abgabe Ihrer Gebote im Versteigerungstermin berücksichtigt haben.

Übernahme von Lasten mit geringer Wertminderung

Lasten mit geringer Wertminderung in der Zweiten Abteilung (zum Beispiel Wege-, Durchfahrts-, Leitungs-, Antennenanlage-

und Fernmelderecht) können Sie getrost übernehmen, da diese den Wert des Objekts gar nicht oder nur gering beeinträchtigen. Es ist jedoch ratsam, die den Grundbucheintragungen zugrundeliegenden Bewilligungen beim Vollstreckungsgericht einzusehen, um sich über Inhalt und Umfang der Belastung klar zu werden.

Übernahme von Dauerschuldverhältnissen

Gefährlich kann es jedoch werden, sofern beschränkt persönliche Dienstbarkeiten aus der Zweiten Abteilung (zum Beispiel Wohnungsrecht, Nießbrauch, Reallast bzw. Rente) nach Erteilung des Zuschlags bestehen bleiben. Diese Dauerschuldverhältnisse stellen **Lasten mit erheblicher Wertminderung** dar, da sie Ihr Nutzungsrecht am Objekt stark einschränken.

schwierige Bewertung

Der wirtschaftliche Wert dieser Grundstücksbelastungen ist nur schwer zu ermitteln, da er in der Regel von der Lebensdauer des Berechtigten abhängt. Meist ist die Bewertung nur anhand von Sterbetafeln und Verrentungstabellen vorzunehmen, da der Tod des Berechtigten nun einmal nicht vorhersehbar ist. Es ist schon eine makabre Vorstellung, das Ableben von Wohn- oder Rentenberechtigten zur Grundlage von Bietüberlegungen machen zu müssen.

Übernahme von Baulasten

Auch **öffentliche Baulasten und Wohnungsbindungen** müssen übernommen werden, obwohl sie im Grundbuch meist nicht verzeichnet sind. Es gilt der Grundsatz: „Unkenntnis schützt vor Strafe nicht!“. Der Weg zum Bau- und Wohnungsamt ist also anzuraten.

Baulasten sowie Bau- und Nutzungsbeschränkungen sind im **Baulastenverzeichnis** eingetragen oder können sich aus öffentlich-rechtlichen Bestimmungen (Nutzungsverordnung) ergeben.

Übernahme von Wohnungsbindungen

Die **Wohnungsbindungen** (Belegungs- und Mietpreisbindung) erlöschen drei Jahre nach Zuschlagserteilung zum Ende eines Kalenderjahres, falls die öffentlichen Mittel als Darlehen bewilligt worden sind. Sind die öffentlichen Mittel lediglich als Zuschüsse bewilligt, erlöschen die Bindungen mit dem Zuschlag.

keine Haftung für Hausgeldrückstände

Falls Sie eine Eigentumswohnung ersteigern, haften Sie grundsätzlich nicht für **Hausgeldrückstände** des Voreigentümers. § 56 ZVG bestimmt: „Von dem Zuschlag an gebühren dem Ersteher die Nutzungen und trägt er die Lasten“. Sie haften also nur für das ab Zuschlagserteilung fällige Hausgeld. Hausgeldrückstände treffen Sie als Ersteher auch dann nicht, wenn dies in der Teilungserklärung bestimmt ist oder wenn die Eigentümerversammlung dies beschlossen hat.

Eine Ausnahme gibt es jedoch: Erfolgt ein Beschluß der Eigentümerversammlung über eine Nachzahlung von Abrechnungsfehlbeträgen erst nach dem Zuschlag, haften Sie als Ersteher und neuer Miteigentümer auch für entsprechende Nachforderungen.

Mut statt Angst

Mit der Aufzählung der rechtlichen Risiken möchte ich Ihnen zum Abschluß aber keinen Schrecken einjagen. Wenn Sie eventuell bestehende Risiken begrenzen können und bei der Festlegung Ihres Gebotes einkalkulieren, werden Sie sich nicht in den Fallstricken des Zwangsversteigerungsrechts verheddern.

Zum Schluß möchte ich Ihnen wieder Mut machen zum erfolgreichen Ersteigern. Halten Sie sich am besten an die folgenden „Zehn Gebote“, die ich im „Zeitmagazin“ vom 4.11.1994 veröffentlichen ließ:

Zehn Gebote für Bietinteressenten

1. Vertrauen Sie nicht blind dem bei Gericht einsehbaren Gutachten, sondern überzeugen Sie sich selbst von Lage, Zustand und Ausstattung des Objekts.

2. Besichtigen Sie das Haus oder die Wohnung, sofern dies möglich ist, auch von innen, und nehmen Sie einen Baufachmann mit, falls Sie nicht selbst vom Fach sind.

3. Nehmen Sie auf der Geschäftsstelle für Zwangsversteigerungen Einsicht in den Grundbuchauszug.

4. Nehmen Sie so früh wie möglich Kontakt mit den Gläubigerbanken auf, deren Namen Sie dem Grundbuchauszug entnehmen können. Sprechen Sie schon vor dem Versteigerungstermin mit ihnen über den möglichen Erwerbspreis, aber lassen Sie sich nicht auf Ausbietungsgarantien ein, die nur Sie verpflichten.

5. Stellen Sie auf jeden Fall schon vor dem Versteigerungstermin die Finanzierung durch eine vorläufige Darlehenszusage sicher. Platzt die Finanzierung nämlich später, kommt die Immobilie erneut unter den Hammer.

10 Gebote für Bietinteressenten

6. Setzen Sie sich vor dem Versteigerungstermin ein Gebotslimit, halten Sie dies unbedingt ein und hüten Sie es wie ein Staatsgeheimnis.

7. Sorgen Sie für eine ausreichende Sicherheitsleistung in Höhe von zehn Prozent Ihres Gebotslimits, zum Beispiel in Form von Bargeld oder einem bestätigten LZB-Scheck.

8. Rufen Sie kurz vor dem Termin beim zuständigen Rechtspfleger und eventuell bei der Gläubigerbank an, ob der Termin noch steht oder ob das Verfahren eingestellt wurde.

9. Legen Sie sich für die Bietstunde eine ausgefeilte Biettaktik zurecht, und lassen Sie sich nicht durch Bietkonkurrenten aus der Ruhe bringen. Da Ihr Hauptkonkurrent in der Regel die Gläubigerbank ist, sprechen Sie noch während der Bietstunde mit dem Bankenvertreter.

10. Sorgen Sie, falls Sie Meistbietender geblieben sind und den sofortigen Zuschlag erteilt bekommen haben, für eine zügige finanzielle Abwicklung bis zum Verteilungstermin, der etwa sechs bis acht Wochen nach dem eigentlichen Versteigerungstermin liegt.

5. Anhang

5.1 Glossar: Kleines Lexikon für Bietinteressenten
Von A wie Ablösung des Gläubigers bis Z wie Zweittermin

5.2 Nebenkosten-Tabelle für Ersteigerer:
Grunderwerbsteuer, Zuschlags- und Eintragungsgebühren

5.3 Dokumente rund um das Ersteigern:
Von der Ankündigung des Versteigerungstermins bis zur Eintragung des Erstehers im Grundbuch

5.1 Glossar: Kleines Lexikon für Bietinteressenten
– Von A wie Ablösung des Gläubigers bis Z wie Zweittermin –

Abgabe von Geboten ➞ Gebot

Ablösung des Gläubigers
Jeder, der durch die ➞ Zwangsvollstreckung in das Grundstück Gefahr läuft, sein Recht oder den Besitz am Grundstück zu verlieren, hat gemäß § 268 Abs. 1 BGB ein Ablösungsrecht, das heißt er kann zum Beispiel den ➞ betreibenden Gläubiger durch Zahlung an ihn oder an das ➞ Vollstreckungsgericht befriedigen. Die Ablösung des bestrangig betreibenden Gläubigers verschafft dem Ablösenden eine überragende Rechts- und Machtposition .

Abtretung des Meistgebots
Der Meistbietende tritt nach ➞ Schluß der Versteigerung und vor ➞ Verkündung des Zuschlags die Rechte aus dem ➞ Meistgebot an einen anderen ab. Der andere (Zessionar) übernimmt die Verpflichtung aus dem Meistgebot (siehe § 81 Abs. 2 ZVG) . Beide Erklärungen müssen entweder im Versteigerungstermin zu Protokoll oder nachträglich in einer öffentlich beglaubigten Urkunde (zum Beispiel im späteren ➞ Verkündungstermin) erfolgen. Der Zuschlag wird nicht dem Meistbietenden, sondern dem anderen, dem ➞ Ersteher, erteilt. Beide - Meistbietender und Ersteher - haften als Gesamtschuldner für alle Verpflichtungen aus dem Meistgebot (siehe § 81 Abs. 4 ZVG3 und für die ➞ Zuschlagskosten, es fällt doppelte Grunderwerbsteuer - für die Abgabe des Meistgebots und für die Abtretung des Meistgebots - an.

Abweichende Versteigerungsbedingungen
Von den gesetzlichen ➞ Versteigerungsbedingungen kann auf Antrag eines Beteiligten abgewichen werden. Beispiele sind: abweichende Feststellung des ➞ geringsten Gebots, Vereinbarung von Mindesterhöhungsbeträgen für ➞ Übergebote, höhere Verzinsung des Bargebots, Zulassung von ➞ Gruppen- beziehungsweise ➞ Gesamtausgeboten, alleinige Zulassung von Gesamtausgeboten unter Verzicht auf ➞ Einzelausgebote.

Akteneinsicht
Gemäß § 42 ZVG hat jeder das Recht auf Einsichtnahme in bestimmte Teile der ➞ Versteigerungsakten (zum Beispiel: Gerichtsgutachten, Grundbuchauszug). Dieses erweiterte Einsichtsrecht geht über das Einsichtsrecht gemäß § 12 GBO (Die Einsicht des Grundbuchs ist jedem gestattet, der ein berechtigtes Interesse darlegt.) hinaus. Die Einsichtnahme erfolgt auf der Geschäftsstelle während der Dienststunden (meist von 9 bis 12 Uhr). Gerichtliche Abschriften können nicht verlangt werden.

Anmeldung von Forderungen
Gläubiger mit Grundpfandrechten (Hypothek oder Grundschuld) melden ihre Forderungen meist schriftlich vor dem ➞ Versteigerungstermin an. Anmeldungen müssen spätestens im Versteigerungstermin vor Beginn der ➞ Bietstunde erfolgen (beispielsweise Mietvorauszahlungen von Mietern).

Anordnung der Zwangsversteigerung
Die ➞ Zwangsversteigerung eines Grundstücks wird gemäß §15 ZVG vom ➞ Vollstreckungsgericht auf Antrag angeordnet. Stellt ein Gläubiger den ➞ Antrag, müssen insbesondere ➞ Vollstreckungstitel, Vollstreckungsklausel und Zustellungsnachweis vorliegen. Wird die Zwangsversteigerung vom Gericht angeordnet, erfolgt gleichzeitig die Anweisung an das Grundbuchamt, den ➞ Versteigerungsvermerk in das Grundbuch einzutragen.

Antrag, Antragsteller und Antragsgegner
In der Regel wird der Antrag auf ➞ Zwangsversteigerung vom Gläubiger gestellt. Bei der ➞ Teilungsversteigerung, also der Zwangsversteigerung zum Zwecke der Aufhebung der Gemeinschaft, ist der Antragsteller meist ein Miteigentümer (zum Beispiel Ehemann), der damit die Rolle des ➞ betreibenden Gläubigers wahrnimmt. Der andere Miteigentümer (zum Beispiel Ehefrau) ist Antragsgegner und hat nur die Rolle des Vollstreckungsschuldners. Allerdings kann der anfängliche Antragsgegner dem Verfahren beitreten (➞ Beitritt) und wird damit auch zum Antragsteller. Gemäß §181 ZVG ist ein ➞ vollstreckbarer Titel beim Antrag auf Zwangsversteigerung zum Zwecke der Aufhebung der Gemeinschaft nicht erforderlich.

Aufhebung der Gemeinschaft ➞ Teilungsversteigerung

Aufhebung des Verfahrens
Das ➞ Vollstreckungsgericht wird das Verfahren aus einem ➞ Anordnungs- oder ➞ Beitrittsbeschluß in bestimmten Fällen aufheben und damit beenden. Soll das Verfahren neu eröffnet werden, ist ein erneuter Anordnungs- oder Beitrittsbeschluß erforderlich. Aufhebungsgründe sind zum Beispiel: zweimalige ➞ ergebnislose Versteigerung (§ 77 Abs. 2 ZVG), Zurücknahme des Antrags (siehe § 29 ZVG), dreimalige ➞ einstweilige Einstellung auf ➞ Bewilligung des Gläubigers (§ 30 Abs. 1 ZVG), nicht fristgemäßer Antrag auf ➞ Fortsetzung des Verfahrens bei einstweiliger Einstellung (siehe § 31 Abs . I ZVG), ➞ entgegenstehende Rechte (§ 28 ZVG) .

Ausbietungsgarantie
Bei der strengen Ausbietungsgarantie (auch Ausbietungsgarantie mit stärkerer Wirkung genannt) verpflichtet sich der Bietinteressent (Garant) gegenüber dem Gläubiger (Garantienehmer), im ➞ Versteigerungstermin ein Gebot in einer vorher vereinbarten Mindesthöhe abzugeben. Mögliche ➞ Gegenleistungen des Gläubigers sind: Verzicht auf eigene ➞ Übergebote, Verzicht auf ➞ Sicherheitsleistung bei Geboten des Garanten, Vorzugskonditionen bei der Finanzierung, Verzicht auf weitere Interessentensuche. Die strenge Ausbietungsgarantie bedarf nach herrschender Ansicht der notariellen Beurkundung, da die Verpflichtung zur Abgabe eines Gebotes eine bedingte Erwerbsverpflichtung gemäß § 313 BGB darstellt. Wenn der Garant entgegen seiner Verpflichtung kein Gebot abgibt, können Schadensersatzansprüche entstehen. So kann zum Beispiel der Gläubiger bei einem Zuschlag auf ein niedrigeres Gebot den Differenzbetrag (Mindestgebot des Garanten laut Ausbietungsgarantie minus Meistgebot eines anderen im Versteigerungstermin) geltend machen. Von der strengen Ausbietungsgarantie ist die ➞ Ausfallverhütungsgarantie (auch schlichte Ausbietungsgarantie oder Ausbietungsgarantie mit schwächerer Wirkung genannt) zu unterscheiden.

Ausfallverhütungsgarantie
Bei der Ausfallverhütungsgarantie (auch Ausbietungsgarantie mit schwächerer Wirkung oder

schlichte Ausbietungsgarantie genannt) verpflichtet sich der Garant - im Gegensatz zur strengen ➞ Ausbietungsgarantie - gegenüber dem Gläubiger, dafür zu sorgen, daß dieser bei der ➞ Zwangsversteigerung keinen Ausfall beziehungsweise keine Verluste erleidet. Erfüllt der Garant seine Verpflichtung nicht, muß er dem Gläubiger den Schaden, also die Höhe des Ausfalls, ersetzen. Ob die Ausfallverhütungsgarantie der notariellen Beurkundung bedarf, ist unter Fachleuten umstritten.

Ausgebot, Ausgebotsarten und -formen
Während der Bietinteressent in der ➞ Bietstunde ➞ Gebote abgeben kann, beziehen sich die Ausgebote auf die Grundstücke. Die Ausgebote sind nach dem Willen des Gesetzgebers grundsätzlich ➞ Einzelausgebote, das heißt mehrere zu versteigernde Grundstücke sind gemäß § 63 Abs. 1 ZVG grundsätzlich einzeln auszubieten. Auf Verlangen eines ➞ Beteiligten können jedoch auch ➞ Gruppenausgebote oder ➞ Gesamtausgebote zugelassen werden. Treffen ein Ausgebot nach den gesetzlichen Versteigerungsbedingungen - zum Beispiel Einzelausgebot - und ein Ausgebot nach den ➞ abweichenden Versteigerungsbedingungen - zum Beispiel Gesamtausgebot - zusammen, spricht man von ➞ Doppelausgebot.

Ausnahmekündigungsrecht des Erstehers
Der Ersteher hat gemäß § 57 a ZVG gegenüber dem Mieter oder Pächter ein einmaliges außerordentliches Kündigungsrecht, das heißt, er kann dem Mieter beziehungsweise Pächter zum ersten gesetzlich zulässigen Termin (zum Beispiel am dritten Werktag des Monats nach Zuschlagserteilung) unter Einhaltung der gesetzlichen Frist kündigen. (Bei Wohnungen gilt grundsätzlich eine Frist von drei Monaten. Eine Verlängerung kommt nicht in Betracht, da es sich nach herrschender Auffassung um eine befristete außerordentliche Kündigung handelt.) Allerdings wird das Ausnahmekündigungsrecht beschränkt bei vom Mieter geleisteten Mietvorauszahlungen oder Baukostenzuschüssen (siehe § 57c Abs. 1 ZVG), außerdem ist bei Wohnräumen die gesetzliche Mieterschutzgesetzgebung (siehe insbesondere §§ 556 a Abs. 1, 564 b Abs. 1 u. 2, 571 Abs. 1 BGB) zu beachten. In der Praxis gewährt das Ausnahmekündigungsrecht dem Ersteher lediglich einen zeitlichen Vorteil, da der Ersteher ein von vertraglich vorgesehenen Kündigungsfristen unabhängiges Kündigungsrecht ausüben kann.

Ausschluß der Gewährleistung
Der ➞ Ersteher hat nach §56 ZVG keinerlei Gewährleistungsansprüche, es erfolgt keine Mängelhaftung. Er erwirbt also auf eigenes Risiko und hat nicht einmal Schadenersatzansprüche gegen den Schuldner, wenn dieser das Gebäude oder die Wohnung kurz vor dem ➞ Versteigerungstermin noch beschädigt, da der Schuldner zu diesem Zeitpunkt noch Eigentümer war.

Aussetzung der Verkündung
Die Verkündung der Zuschlagsentscheidung muß nicht im Versteigerungstermin erfolgen. Häufig beantragen die Gläubiger die Aussetzung dieser Entscheidung für ein bis zwei Wochen, wenn ihnen das Meistgebot im Moment zu niedrig erscheint. Kommt der Rechtspfleger diesem Antrag nach, wird ein besonderer ➞ Verkündungstermin, der ebenso wie der Versteigerungstermin öffentlich ist, bestimmt. Die Bestimmung dieses Termins wird gemäß § 87 Abs. 2 ZVG verkündet und durch Anheftung an die Gerichtstafel bekanntgemacht.

Bargebot

Das in der ➞ Bietstunde abgegebene ➞ Gebot ist immer nur ein Bargebot, das heißt, es umfaßt gemäß § 49 Abs. 1 ZVG nur den bar zu zahlenden Teil des ➞ geringsten Gebots sowie den das geringste Gebot übersteigenden Betrag. Im Bargebot sind also die ➞ bestehenbleibenden Rechte nicht enthalten. Um den wirtschaftlichen Wert des Gebots zu ermitteln, müssen vom Bieter die bestehenbleibenden Rechte „im Geiste" zum Gebot, das ja nur ein Bargebot ist, hinzugezählt werden. Bargebot bedeutet übrigens nicht, daß der gebotene Betrag in Bargeld aufgebracht werden muß, sondern meint die Summe, die im Falle der ➞ Zuschlagserteilung vom ➞ Ersteher an das Gericht gezahlt werden muß, und zwar spätestens im ➞ Verteilungstermin. Das Bargebot muß also gemäß § 49 ZVG im Verteilungstermin „berichtigt" werden, es ist vom Zuschlag an mit 4 Prozent zu verzinsen und kann durch ➞ Hinterlegung unter Verzicht auf Rücknahme schon vor dem Verteilungstermin gezahlt werden. Häufig lassen die Ersteher die im ➞ Versteigerungstermin erbrachte ➞ Sicherheitsleistung hinterlegen und zahlen nur das restliche Bargebot im Verteilungstermin .

Befriedigungsfiktion

Wird einem ➞ Berechtigten, zum Beispiel einer Gläubigerbank, der Zuschlag zu einem Gebot erteilt, das einschließlich der ➞ bestehenbleibenden Rechte unter 7/10 des Verkehrswertes liegt, dann wird gemäß § 114 a ZVG unterstellt („fingiert"), daß der Gläubiger zu 7/10 des Verkehrswertes befriedigt ist. Der ➞ Zuschlag kann allerdings nur erteilt werden, wenn der Anspruch des Gläubigers bei einem Gebot in Höhe von 7/10 des Verkehrswertes gedeckt sein würde. Sinn dieser Vorschrift ist es, den Gläubiger nicht zu zwingen, seine Forderung auszubieten, und den Schuldner im Falle des Ersteigerns durch den Gläubiger so zu stellen, als ob dieser 7/10 des Verkehrswertes geboten hätte. Dem Schuldner werden also 7/10 des Verkehrswertes auf seine Schuld angerechnet, eine eventuell verbleibende Restschuld bleibt aber bestehen. Der Gläubiger wiederum erleidet nur dann einen endgültigen Verlust, wenn er beim Weiterverkauf des Objektes weniger als 7/10 des Verkehrswertes erlöst.

Beitritt

Ein Gläubiger, der nach bereits erfolgter ➞ Anordnung der ➞ Zwangsversteigerung einen weiteren Antrag stellt, tritt damit dem Verfahren bei. Er hat, wenn sein Beitritt zu dem Verfahren zugelassen wird, dieselben Rechte wie der ➞ betreibende Gläubiger. Insofern sind sowohl der „Anordnungs"gläubiger als auch der „Beitritts"gläubiger betreibende Gläubiger. Der Beitrittsbeschluß gemäß § 27 ZVG muß nicht in das Grundbuch eingetragen werden, da ja der ➞ Versteigerungsvermerk bereits vorliegt beziehungsweise noch eingetragen wird.

Bekanntmachungsteil

Der Bekanntmachungsteil ist die erste Phase des ➞ Versteigerungstermins. Er beginnt mit dem Aufruf der Sache und endet mit der Aufforderung des Rechtspflegers zur Abgabe von ➞ Geboten. Dieser Teil, dessen Inhalte im § 66 ZVG aufgeführt sind, wird weitgehend vom zuständigen Rechtspfleger bestritten und dauert im Regelfall 15 bis 30 Minuten .

Belastungen ➞ Lasten

Berechtigte

Berechtigte sind bestimmte Gläubiger, die zur Befriedigung aus dem Grundstück berechtigt sind und für die einige Sondervorschriften gelten, zum Beispiel: § 85 a Abs. 3 ZVG: Bietet ein Berechtigter weniger als 5/10 des Verkehrswertes, so wird der ➞ Zuschlag dennoch erteilt, wenn das ➞ Meistgebot einschließlich der ➞ bestehenbleibenden Rechte plus Ausfallbetrag des Meistbietenden 5/10 des Verkehrswertes erreicht. §74 b ZVG: Bietet ein Berechtigter weniger als 7/10 des Verkehrswertes, so wird der Zuschlag dennoch erteilt, wenn das Meistgebot einschließlich der bestehenbleibenden Rechte plus Ausfallbetrag des Meistbietenden 7/10 des Verkehrswertes erreicht und wenn dieser Ausfallbetrag im Range (➞ Ranggrundsatz) unmittelbar hinter dem letzten Betrag steht, der durch das abgegebene Meistgebot noch gedeckt ist. § 114 a ZVG: Wird einem Berechtigten im Sinne des § 74 b ZVG der Zuschlag erteilt, so wird unterstellt, daß er zu 7/10 des Verkehrswertes befriedigt ist, wenn sein Anspruch bei einem Gebot in Höhe von 7/10 des Verkehrswertes gedeckt sein würde (➞ Befriedigungsfiktion). § 74 a Abs. 1 ZVG: Liegt der Anspruch des Berechtigten im Bereich von 7/10 des Verkehrswertes, so kann dieser bei von Dritten abgegebenen Meistgeboten Antrag auf Versagung des Zuschlags wegen Nichterreichens der ➞ 7/10-Grenze stellen.

Beschlagnahme
Die Anordnung der Zwangsversteigerung gilt gemäß § 20 ZVG zugunsten des Gläubigers als Beschlagnahme des Grundstücks. Die Beschlagnahme wird wirksam mit der Zustellung des Anordnungsbeschlusses an den Schuldner beziehungsweise mit Anweisung an das Grundbuchamt, den ➞ Versteigerungsvermerk in das Grundbuch einzutragen. Sie bewirkt ein ➞ Veräußerungsverbot, das heißt, ein Verkauf des Grundstücks durch den Schuldner wird gegenüber dem Gläubiger unwirksam, es sei denn, daß der Gläubiger sein Einverständnis zu diesem Rettungserwerb gegeben hat.

Beschwerde
Die sofortige Beschwerde ist möglich bei der gerichtlichen Festsetzung des ➞ Verkehrswertes (siehe § 74 a Abs. 5 ZVG) sowie bei Entscheidungen, die vor der Beschlußfassung über den Zuschlag erfolgen und unmittelbar die ➞ Anordnung, ➞ Aufhebung, ➞ einstweilige Einstellung oder ➞ Fortsetzung des Verfahrens betreffen (siehe § 95 ZVG). Die Beschwerde gegen die Entscheidung über den Zuschlag (sogenannte Zuschlagsbeschwerde) wird vom Landgericht als Beschwerdegericht entschieden, gegen die Entscheidung des Landgerichtes kann unter Umständen noch Beschwerde beim Oberlandesgericht eingelegt werden, letztlich bleibt noch das Mittel der Verfassungsbeschwerde beim Bundesverfassungsgericht. Näheres ist geregelt in den §§ 97 bis 104 ZVG sowie in den Vorschriften der ZPO. Der ➞ Ersteher wird gemäß § 90 Abs. 1 ZVG nur dann Eigentümer, wenn der Zuschlagsbeschluß nicht im Beschwerdeweg rechtskräftig aufgehoben wird. Wird der ➞ Zuschlagsbeschluß rechtskräftig wieder aufgehoben, so ist es, als ob er nicht erteilt wäre. Lasten und Nutzungen sind dann zwischen dem vermeintlichen Ersteher und dem bestehenbleibenden Eigentümer des Grundstücks abzurechnen.

Bestätigte LZB-Schecks
Als ➞ Sicherheitsleistung sind gemäß § 69 Abs. 2 ZVG auch von der Bundesbank oder von den Landeszentralbanken bestätigte Schecks zulässig. Diese Schecks werden von den Kreditinstituten (zum Beispiel Hausbank) ausgestellt und innerhalb von acht Tagen nach Ausstellung bei der Bundesbank beziehungsweise der Landeszentralbank zur Einlösung vorgelegt. Da zwischen dem ➞ Versteigerungstermin und dem letzten Tag der Vorlegungsfrist mindestens drei volle Tage, die nicht unbedingt Werktage zu sein brauchen, liegen müssen, empfiehlt es sich, diese Schecks zwei bis drei Tage vor dem Versteigerungstermin zu besorgen. Der Bestätigungsvermerk auf der Rückseite des

Schecks lautet wie folgt: „Wir verpflichten uns, diesen Scheck über DM ... bis zum ... während der Geschäftsstunden einzulösen. Von anderen Bankanstalten kann der Scheck in Zahlung genommen werden. Eine Barzahlung erfolgt bei ihnen nicht". Dazu muß der Scheck natürlich Datum, Siegel und Unterschrift tragen. Über die Zulassung oder Ablehnung eines bestätigten LZB-Schecks im Versteigerungstermin entscheidet der Rechtspfleger.

Bestehenbleibende Rechte
Dies sind Rechte, die bei der Feststellung des → geringsten Gebots berücksichtigt sind und nicht zu dem bar zu zahlenden Teil (zum Beispiel Verfahrenskosten und rückständige Grundsteuern) gehören (siehe § 52 Abs. 1 ZVG). Die danach bestehenbleibenden Rechte (zum Beispiel Grunddienstbarkeiten, beschränkt persönliche Dienstbarkeiten, Grundschulden, Hypotheken) sind vom → Ersteher zu übernehmen und müssen „im Geiste" zu seinem → Meistgebot, das ja nur ein → Bargebot ist, hinzugezählt werden. Bestehenbleibende Rechte sind immer die Rechte, die Vorrang vor dem bestrangig → betreibenden Gläubiger haben. Die Rechte, die nach den → Versteigerungsbedingungen nicht bestehen bleiben sollen, werden gelöscht, es sei denn, daß der Ersteher und ein Berechtigter (beispielsweise Gläubigerbank) das Liegenbelassen (→ Liegenbelassungsvereinbarung) eines Rechts vereinbart haben (siehe § 91 Abs. 2, 3 ZVG).

Beteiligte
Beteiligte sind nach § 9 ZVG in jedem Falle Gläubiger und Schuldner. Hinzu können Mieter und Pächter oder andere Personen, für die ein Recht im Grundbuch eingetragen ist oder die ein Recht an dem Grundstück anmelden, kommen. Die Beteiligten haben zahlreiche Antrags- und Zustimmungsbefugnisse (→ abweichende Versteigerungsbedingungen).

Betreibende Gläubiger
Dies sind Gläubiger, die das Verfahren zur → Zwangsversteigerung beantragt haben oder dem Verfahren gemäß § 27 ZVG beigetreten sind. Beide – sowohl der Anordnungsgläubiger als auch der Beitrittsgläubiger – betreiben das Verfahren, sind also betreibende Gläubiger. Der betreibende Gläubiger ist „Herr des Verfahrens". Eine besonders starke Machtposition hat dabei der bestrangig betreibende Gläubiger (also der Gläubiger, der den höchsten beziehungsweise besten Rang einnimmt), da sich das → geringste Gebot allein nach ihm richtet, und da er jederzeit, sogar noch vor der Verkündung des Zuschlags, die → einstweilige Einstellung des Verfahrens bewilligen kann.

Bewilligung der einstweiligen Einstellung durch den Gläubiger
Der bestrangig → betreibende Gläubiger kann gemäß § 30 ZVG die → einstweilige Einstellung des Verfahrens bewilligen, und zwar zweimal und sogar noch kurz vor der → Verkündung des Zuschlags.

Bietabkommen
Bietabkommen im weiteren Sinne sind sowohl die → negativen Bietabkommen, die Bietinteressenten vom Bieten abhalten sollen, als auch die Ausbietungs- und → Ausfallverhütungsgarantien, die einen bestimmten → Versteigerungserlös garantieren sollen. Während Ausbietungs- und Ausfallverhütungsgarantieverträge in der Regel vor dem → Versteigerungstermin zwischen Gläubigerbank und Bietinteressent abgeschlossen werden, erfolgen negative Bietabkommen häufig erst während der Bietstunde bei den Bietinteressenten untereinander. Negative Bietabkommen können sittenwidrig sein.

Bietstunde, Bietinteressenten
Die Bietstunde (auch Bieterstunde oder Bietungsstunde genannt) ist die zweite Phase des → Versteigerungstermins. Sie beginnt mit der Aufforderung zur Abgabe von → Geboten und endet mit dem → Schluß der Versteigerung. Gemäß § 73 Abs. 1 ZVG muß sie mindestens eine volle Stunde dauern, sie kann sich natürlich verlängern, wenn noch weiter geboten wird. Wenn auch nach dem dritten Aufruf des → Meistgebots trotz Aufforderung des Rechtspflegers ein Gebot nicht mehr abgegeben wird, ist die Bietstunde und damit die eigentliche Versteigerung beendet. Die Bietstunde ist also die Stunde der Bietinteressenten, die in dieser Zeit Gebote abgeben können. Während der → Bekanntmachungsteil als erste Phase und die → Verhandlung über den Zuschlag als dritte Phase weitgehend vom Rechtspfleger und den Gläubigervertretern gestaltet werden, ist die Bietstunde als zweite Phase des Versteigerungstermins von den Aktivitäten der Bietinteressenten abhängig. Auch wenn kein Bietinteressent anwesend ist oder keiner Gebote abgeben will, wird die Bietstunde - wie der Name sagt - eine volle Stunde dauern, eine Verkürzung ist also grundsätzlich nicht statthaft.

Bietungsvollmacht
Will sich der Bieter durch einen anderen (Bevollmächtigten) vertreten lassen, dann benötigt dieser eine öffentlich beglaubigte Urkunde, aus der sich die Vertretungsmacht ergibt, es sei denn, daß die → Vertretungsmacht bei dem Gericht offenkundig ist (siehe § 71 Abs. 2 ZVG). In aller Regel wird es sich hier um eine notariell beglaubigte Bietungsvollmacht handeln, eine privatschriftliche Vollmacht genügt auf keinen Fall. Meist ist die notariell beglaubigte Bietungsvollmacht auf einen Höchstbetrag für die abzugebenden → Gebote beschränkt. Bei Geboten für ein Handelsunternehmen reicht ein beglaubigter Handelsregisterauszug, aus dem sich die Vertretungsbefugnis zum Erwerb von Grundstücken ergibt. Der Bevollmächtigte selbst muß sich durch einen gültigen Personalausweis legitimieren.

Bürgschaft als Sicherheitsleistung, Bürgen
Als → Sicherheitsleistung ist gemäß § 69 Abs. 4 ZVG auch eine Bürgschaft zulässig, außer für → Gebote des Schuldners oder eines neu eingetragenen Eigentümers. Da der Bürge laut § 239 BGB tauglich sein muß und die Bürgschaftserklärung den Verzicht auf die Einrede der Vorausklage (selbstschuldnerische Bürgschaft) enthalten muß, wird in der Praxis wohl nur eine Bankbürgschaft (Bürgschaft der Gläubigerbank oder der Hausbank) in Frage kommen. Die Bürgschaftserklärung kann von der Gläubigerbank zum Beispiel mündlich im Versteigerungstermin abgegeben werden.

Doppelausgebot
Ein Doppelausgebot liegt vor, wenn sowohl ein → Ausgebot nach dem Gesetz als auch ein Ausgebot mit der Abweichung (→ abweichende Versteigerungsbedingungen) zugelassen werden, das heißt das Grundstück wird mit und ohne Abweichung angeboten. Jeder → Beteiligte kann nach § 59 Abs. 1 ZVG eine von den gesetzlichen Vorschriften abweichende Feststellung des → geringsten Gebots und der → Versteigerungsbedingungen verlangen, nach § 63 Abs. 2 ZVG neben dem gesetzlich vorgesehenen → Einzelausgebot auch ein → Gesamt- oder → Gruppenausgebot.

Eigentumserwerb durch Zuschlag
Nach § 90 Abs. 1 ZVG wird der → Ersteher schon durch den → Zuschlag Eigentümer des Grundstücks, sofern nicht im → Beschwerdeweg der Zuschlagsbeschluß rechtskräftig aufgehoben wird.

Der Zuschlagsbeschluß kommt einem Richterspruch gleich und hat die Bedeutung eines Staatshoheitsaktes. Es handelt sich bei der → Zuschlagserteilung also um einen originären (rechtsbegründenden) Erwerb, die spätere Eintragung des Erstehers in das Grundbuch hat nur deklaratorischen (rechtserklärenden) Charakter. Der Ersteher ist nicht Rechtsnachfolger des Schuldners. Der Eigentumsübergang wird mit der → Verkündung des Zuschlags wirksam, aber erst mit dessen Rechtskraft unanfechtbar.

Einstweilige Einstellung des Verfahrens
Das Zwangsversteigerungsverfahren kann aus unterschiedlichen Gründen einstweilig eingestellt werden, zum Beispiel: § 30 a Abs. I ZVG: einstweilige Einstellung auf Antrag des Schuldners auf die Dauer von höchstens sechs Monaten, wenn Aussicht besteht, daß durch die Einstellung die Versteigerung vermieden wird und wenn die Einstellung nach den persönlichen und wirtschaftlichen Verhältnissen des Schuldners angemessen erscheint. § 30 Abs. 1 ZVG: einstweilige Einstellung auf → Bewilligung des Gläubigers, insbesondere des bestrangig → betreibenden Gläubigers, der die einstweilige Einstellung noch zwischen dem Schluß der Versteigerung und der → Verkündung des Zuschlags bewilligen und damit zu niedrig erscheinende → Meistgebote Dritter oder eigene Meistgebote zu Fall bringen kann. Im Falle einer einstweiligen Einstellung wird das Verfahren nur auf Antrag des Gläubigers fortgesetzt (→ Fortsetzung des Verfahrens). Dieser Antrag muß innerhalb von sechs Monaten gestellt werden, sonst wird das Verfahren aufgehoben (→ Aufhebung des Verfahrens).

Einzelausgebot
Nach § 63 Abs. 1 ZVG sind mehrere in demselben Verfahren zu versteigernde Grundstücke, Grundstücks-Bruchteile oder grundstücksgleiche Rechte grundsätzlich einzeln auszubieten, jedoch kann jeder → Beteiligte gemäß § 63 Abs. 2 ZVG neben dem Einzelausgebot auch → Gesamt- oder → Gruppenausgebote verlangen. Häufig wird von Gläubigerseite beantragt, ein Gesamtausgebot unter Verzicht auf Einzelausgebote zuzulassen. Dies wird insbesondere dann der Fall sein, wenn das Versteigerungsobjekt (zum Beispiel Haus und Garage, beides je zur Hälfte Ehemann und Ehefrau) eine wirtschaftliche Einheit darstellt und das Gesamtausgebot auf ein größeres Bietinteresse stoßen wird.

Entgegenstehende Rechte
Dies sind Rechte, die aus dem Grundbuch ersichtlich sind und der → Zwangsversteigerung oder der → Fortsetzung des Verfahrens entgegenstehen (siehe § 28 ZVG). Sind dem Gericht solche Rechte bekannt, ist das Verfahren aufzuheben oder einstweilig einzustellen.

Ergebnislose Versteigerung
Wird im ersten → Versteigerungstermin überhaupt kein → Gebot abgegeben, oder sind sämtliche Gebote erloschen, so wird gemäß § 77 Abs. 1 ZVG das Verfahren einstweilig eingestellt (→ einstweilige Einstellung). Das eingestellte Verfahren wird nur auf Antrag des Gläubigers fortgesetzt (→ Fortsetzung des Verfahrens) und muß aufgehoben werden (→ Aufhebung des Verfahrens), wenn dieser Antrag nicht innerhalb von sechs Monaten ab Zustellung der Belehrung bei Gericht eingeht. Bleibt auch der zweite Versteigerungstermin ergebnislos, weil kein Gebot abgegeben oder alle abgegebenen Gebote erloschen sind, ist das Verfahren gemäß § 77 Abs. 2 ZVG aufzuheben.

Erlöschen von Rechten

Die Rechte, die nach den → Versteigerungsbedingungen nicht bestehenbleiben sollen, erlöschen gemäß § 91 Abs. 1 ZVG durch den → Zuschlag. Wenn überhaupt keine Rechte bestehenbleiben sollen, erwirbt der → Ersteher das Objekt lastenfrei. Allerdings können Ersteher und Gläubiger vereinbaren, daß ein an sich durch den Zuschlag erlöschendes Recht (zum Beispiel Grundschuld zugunsten des Gläubigers) liegenbelassen (→ Liegenbelassungsvereinbarung), das heißt bestehenbleiben soll. In diesem Falle vermindert sich der im → Verteilungstermin zu zahlende Betrag (→ Bargebot minus eventuelle Sicherheitsleistung) um diese Grundschuld (siehe § 91 Abs. 2, 3 ZVG).

Ersatzbetrag

Bei der Feststellung des → geringsten Gebots im → Versteigerungstermin hat der Rechtspfleger für den Fall, daß ein an sich → bestehenbleibendes Recht, das keine Grundschuld oder Hypothek ist, zum Zeitpunkt der → Verkündung des Zuschlags tatsächlich nicht besteht, einen Zuzahlungs- beziehungsweise Ersatzbetrag festzusetzen, da der Ersteher ansonsten ungerechtfertigt bereichert wäre. Dieser Ersatzbetrag ist vom → Ersteher aber nur in dem sehr unwahrscheinlichen Falle zu zahlen, daß das Recht (beispielsweise Grunddienstbarkeit) trotz seiner Eintragung in das Grundbuch bei Eintritt der Rechtskraft des → Zuschlagsbeschlusses nicht mehr existiert. Die in § 51 ZVG genannte Regelung ist streng zu unterscheiden von dem Ersatzanspruch, den ein Gläubiger beim Erlöschen von bestimmten Rechten (Erbbauzins, Nießbrauch, monatliche Rente) hat und der im Gegensatz zum erwähnten Ersatzbetrag erst im → Verteilungstermin festgesetzt wird.

Ersteher

Der Ersteher (auch Ersteigerer oder Erwerber genannt) ist in der Regel der → Meistbietende, dem der → Zuschlag erteilt wird (→ Zuschlagserteilung). In zwei Ausnahmefällen, nämlich der → Abtretung des Meistgebots und bei der → verdeckten Vertretung, sind Meistbietender und Ersteher nicht identisch. Der Ersteher wird durch den Zuschlag Eigentümer, sofern nicht im Beschwerdeweg (→ Beschwerde) der → Zuschlagsbeschluß rechtskräftig aufgehoben wird.

Ersttermin

Von einem Ersttermin spricht man (obwohl es diesen Begriff im Zwangsversteigerungsgesetz nicht gibt), wenn sowohl die → 5/10- als auch die → 7/10-Grenze noch gelten, das heißt, der → Zuschlag ist noch nicht wegen Nichterreichens einer dieser Grenzen versagt worden (→ Versagung des Zuschlags). Es kann also sein, daß die Grenzen immer noch gelten, obwohl bereits zwei → Versteigerungstermine (zum Beispiel ergebnislose Versteigerung im ersten Termin, einstweilige Einstellung auf → Bewilligung des Gläubigers im zweiten Termin) stattgefunden haben. Gegensatz zu Ersttermin: → Zweittermin.

Erwerbspreis → Steigpreis

Fortsetzung des Verfahrens

Im Falle einer → einstweiligen Einstellung darf das Verfahren gemäß § 32 ZVG nur auf Antrag des Gläubigers fortgesetzt werden. Wird dieser Antrag nicht innerhalb von sechs Monaten ab Zustellung der Belehrung bei Gericht gestellt, ist das Verfahren aufzuheben (→ Aufhebung des Verfahrens). Soll das Verfahren von neuem begonnen werden, muß der Gläubiger wiederum einen → Antrag auf Zwangsversteigerung stellen, auf Grund dessen das → Vollstreckungsgericht erneut die Zwangsversteigerung anordnet.

Fünf-Zehntel-Grenze (5/10-Grenze)
Die 5/10-Grenze dient in erster Linie dem Schuldnerschutz und soll Verschleuderungen von Grundstücken verhindern. Sie besagt gemäß § 85 a Abs. 1 ZVG, daß im → Ersttermin der → Zuschlag auf ein → Meistgebot einschließlich → bestehenbleibender Rechte, das unter 5/10 des vom Gericht festgesetzten → Verkehrswertes liegt, von Amts wegen versagt werden muß, es sei denn, daß der → Meistbietende ein → Berechtigter im Sinne des § 85 a Abs. 3 ist. Ist der Zuschlag in einem Termin wegen Nichterreichens der 5/10-Grenze versagt worden, gilt in dem neuen → Versteigerungstermin, der nun ein → Zweittermin ist, die 5/10-Grenze nicht mehr und ebensowenig die → 7/10-Grenze. Im Zweittermin kann, zumindest theoretisch, der Zuschlag auch bei einem Meistgebot, das unter 5/10 des Verkehrswertes liegt, erteilt werden. Allerdings kommt dies in der Praxis sehr viel seltener vor, als gemeinhin angenommen wird, da die Gläubigerbanken einen zu großen Ausfall verhindern wollen und zudem die Verschleuderung vermieden werden soll.

Gebot, Abgabe von Geboten
Das Gebot, das im → Versteigerungstermin während der → Bietstunde vom Bietinteressenten abgegeben wird, kann als „Kaufpreisangebot" dieses Interessenten verstanden werden. Es wird mündlich abgegeben und umfaßt nur das → Bargebot, also nicht die eventuell → bestehenbleibenden Rechte. Das Bargebot enthält allerdings den bar zu zahlenden Teil des → geringsten Gebots.

Gefahrübergang
Die Gefahr eines zufälligen Untergangs des Grundstücks (Erdbeben, Erdrutsch) geht mit dem Zuschlag, die Gefahr eines zufälligen Untergangs der übrigen Gegenstände (→ Zubehör) mit dem → Schluß der Versteigerung auf den Ersteher über, so geregelt im § 56 ZVG.

Geringstes Gebot
Das geringste Gebot ist ein absolutes Mindestgebot, das auch im → Zweittermin nicht unterschritten werden darf, weil es sonst als unwirksam (→ unwirksame Gebote) zurückgewiesen werden müßte. Es besteht gemäß § 44 ZVG aus einem bar zu zahlenden Teil (auch Barteil oder geringstes Bargebot genannt) und den eventuell → bestehenbleibenden Rechten, die dem bestrangig → betreibenden Gläubiger vorangehen und deshalb mit ihren Hauptsummen bestehen bleiben. Bleiben keine Rechte bestehen, besteht das geringste Gebot nur aus dem bar zu zahlenden Teil, der in jedem → Gebot oder → Bargebot enthalten ist und nicht gesondert vom Ersteher an das Gericht gezahlt werden muß. Zum bar zu zahlenden Teil gehören in der Regel nur die → Verfahrenskosten und die rückständigen Grundsteuern.

Gesamtausgebot
Ein Gesamtausgebot liegt vor, wenn mehrere in demselben Verfahren zu versteigernde Grundstücke, Grundstücks-Bruchteile oder grundstücksgleiche Rechte insgesamt ausgeboten werden. Es werden also alle Grundstücke (Flurstücke) zusammen ausgeboten. Das Gesamtausgebot kann von den → Beteiligten gemäß §63 Abs. 2 ZVG neben dem → Einzelausgebot verlangt werden, es kann vor oder nach dem Einzelausgebot erfolgen. Bei Zustimmung aller anwesenden Beteiligten kann auf das Einzelausgebot auch verzichtet und nur ein Gesamtausgebot zugelassen werden.

Gewährleistungsausschluß → Ausschluß der Gewährleistung
Gläubigerablösung → Ablösung des Gläubigers

Grundstückswert ➞ Verkehrswert

Gruppenausgebot
Ein Gruppenausgebot liegt vor, wenn mehrere in demselben Verfahren zu versteigernde Grundstücke, Grundstücks-Bruchteile oder grundstücksgleiche Rechte in Gruppen (zum Beispiel Wohnung Nr. 1 mit Garage Nr. 3 für Gruppe I und Wohnung Nr. 2 mit Garage Nr. 4 für Gruppe II) ausgeboten werden. Das Gruppenausgebot kann wie das Gesamtausgebot von den Beteiligten gemäß § 63 Abs. 2 ZVG neben dem ➞ Einzelausgebot verlangt werden.

Hinterlegung des Bargebots
Der ➞ Ersteher kann statt der Zahlung des ➞ Bargebots im ➞ Verteilungstermin den bar gebotenen Betrag schon vorher unter Ausschluß der Rücknahme gemäß § 49 Abs . 3 ZVG bei Gericht hinterlegen. Er kann gemäß § 69 Abs. 3 ZVG auch die Sicherheitsleistung für den Fall des ➞ Zuschlags als Teilzahlung auf das Bargebot anrechnen lassen. Die Verzinsungspflicht des Bargebots oder Teilen davon endet mit dem Zeitpunkt, zu dem der Betrag bei Gericht hinterlegt wird.

Konkursverwalterversteigerung
Die Zwangsversteigerung auf Antrag des Konkursverwalters gemäß §§ 172-174 ZVG ist eine sogenannte unechte Zwangsversteigerung, da ein Gläubiger-Schuldner-Verhältnis im üblichen Sinne fehlt. Der Konkursverwalter, der keinen Vollstreckungstitel benötigt, übernimmt als Antragsteller verfahrensrechtlich sowohl die Rolle des betreibenden Gläubigers als auch die des Vollstreckungsschuldners. Die Konkursverwalterversteigerung ist im Prinzip nichts anderes als eine Maßnahme im Rahmen der Liquidierung der Konkursmasse. Der Konkursverwalter muß daher nachweisen, daß das zu versteigernde Objekt zur Konkursmasse gehört und aus der Masse nicht freigegeben ist.

Kosten des Verfahrens ➞ Verfahrenskosten

Lasten
Gemäß § 56 ZVG trägt der ➞ Ersteher vom ➞ Zuschlag an die Lasten, dazu gehören die laufenden wiederkehrenden Leistungen aus den bestehenbleibenden Grundpfandrechten, die bestehenbleibenden Lasten in der II. Abteilung des Grundbuches (Grunddienstbarkeiten, beschränkt persönliche Dienstbarkeiten, Nießbrauch, Wohnungsrecht, Vorkaufsrecht, Reallast) sowie die laufenden Verpflichtungen aus öffentlichen Lasten (zum Beispiel Grundsteuer). Bei Eigentumswohnungen hat der Ersteher das Hausgeld (auch als Wohngeld bezeichnet) ab Zuschlag zu tragen, für Hausgeldrückstände des früheren Eigentümers haftet der Ersteher nicht. Nicht aus dem Grundbuch ersichtliche Lasten wie Baulasten oder Wohnungsbindungen müssen vom Ersteher grundsätzlich übernommen werden. Allerdings gelten nach dem Wohnungsbindungsgesetz Sonderregelungen beim Erwerb aus ➞ Zwangsversteigerung.

Liegenbelassungsvereinbarung
Nach § 91 Abs. 2 ZVG können Ersteher und Gläubiger vereinbaren, daß ein eigentlich erlöschendes Recht (ein Recht, das nach den ➞ Versteigerungsbedingungen nicht bestehenbleiben soll) doch bestehenbleiben soll. Häufig wird eine Grundschuld zugunsten des Gläubigers liegenbelassen, weil der Ersteher zum Beispiel die Finanzierung mit der Gläubigerbank durchführt. Das im ➞ Verteilungstermin zu zahlende ➞ Bargebot vermindert sich in diesem Falle um den Betrag dieser Grundschuld.

Meistbietender
Der Meistbietende ist derjenige, der zum → Schluß der Versteigerung das höchste zugelassene → Gebot abgegeben hat. Ob der Meistbietende den Zuschlag erhält, entscheidet sich in der → Verhandlung über den Zuschlag. Erhält er den Zuschlag, wird er zugleich → Ersteher, es sei denn, daß er das → Meistgebot an einen anderen abtritt (→ Abtretung des Meistgebots) oder im Termin beziehungsweise nachträglich in einer öffentlich beglaubigten Urkunde erklärt, für einen anderen geboten zu haben (verdeckte Vertretung).

Meistgebot
Das Meistgebot ist das höchste in der Bietstunde abgegebene und zugelassene Bargebot. Es ist identisch mit dem baren Meistgebot und enthält den bar zu zahlenden Teil des geringsten Gebots sowie den das geringste Bargebot übersteigenden Betrag. Um den wirtschaftlichen Wert des Meistgebots, also den möglichen Erwerbepreis, zu ermitteln, müssen zum baren Meistgebot eventuell bestehenbleibende Rechte im Geiste hinzugezählt werden, unter Umständen auch mit den Gläubigern vereinbarte Zahlungen außerhalb der Versteigerung. Erst das Meistgebot einschließlich bestehenbleibender Rechte und Zahlungen außerhalb der Versteigerung ergibt den wirklichen Erwerbs- beziehungsweise Steigpreis, falls der Zuschlag dem Meistbietenden erteilt wird.

Nachlaßversteigerung
Auch die Nachlaßversteigerung, also die → Zwangsversteigerung auf Antrag des Erben, ist wie die → Konkursverwalterversteigerung eine sogenannte unechte Zwangsversteigerung. Zweck des Verfahrens, das in den §§ 175-179 ZVG geregelt ist, ist es, festzustellen, ob und in welcher Höhe ein Nachlaßgläubiger einen Ausfall erleidet, denn erst dann kann der Erbe den Umfang seiner persönlichen Haftung bestimmen. Nach Annahme der Erbschaft kann also der Erbe die Zwangsversteigerung des Grundstücks beantragen. In der Praxis kommt die Nachlaßversteigerung so gut wie nicht vor.

Negatives Bietabkommen
Dieses → Bietabkommen soll im Gegensatz zur → Ausbietungs- und → Ausfallverhütungsgarantie Bietinteressenten vom Bieten abhalten, um einem bestimmten Bewerber einen möglichst günstigen Erwerb zu ermöglichen. Die Konkurrenz unter den Bietern soll also geschwächt oder sogar ausgeschaltet werden, was ja im Interesse des dann allein bietenden Bewerbers ist. Solche negativen Bietabkommen sind dann sittenwidrig, wenn Zahlungen auf den Wert des Grundstücks geleistet werden (zum Beispiel Bewerber A zahlt an vom Bieten abgehaltenen Interessenten B 5.000 DM), die nicht dem Grundstückseigentümer zugute kommen. Die Sittenwidrigkeit kann sich aus Inhalt, Beweggrund oder Zweck ergeben. Das eigentliche Problem solcher Abkommen besteht darin, daß man sie in aller Regel nicht feststellen und erst recht nicht nachweisen kann.

Ranggrundsatz, Rangklasse und Rangfolge
Der Ranggrundsatz besagt, daß die Gläubiger bei der → Zwangsversteigerung entsprechend ihrer Rangklasse (laut ZVG existieren insgesamt acht) und innerhalb der Rangklasse entsprechend ihrer Rangfolge befriedigt werden. So richtet sich die Rangfolge bei Grundschulden nach der zeitlichen Reihenfolge der Eintragungen im Grundbuch, falls kein Rangvorbehalt, Rangtausch oder Rangrücktritt vereinbart wurde. Es wird also erst der jeweils rangbessere Gläubiger befriedigt, bevor der nächste Gläubiger in der Rangfolge Zahlungen erhält. Diese „Befriedigungs- Reihenfolge" gleicht einer Hackordnung und weicht ab von der Regelung im Konkursfalle, bei der die nicht bevorrech-

tigten Gläubiger prozentual gleiche Quoten auf ihre Forderungen erhalten, falls sie überhaupt noch zum Zuge kommen.

Schluß der Versteigerung

Der Schluß der Versteigerung markiert das Ende der → Bietstunde, also der zweiten Phase des → Versteigerungstermins. Nach Ablauf der Bietstunde muß das letzte Gebot verkündet werden. Dies erfolgt mittels dreimaligem Aufruf durch den Rechtspfleger. Wenn nach dreimaligem Aufruf des letzten Gebots und trotz Aufforderung des Rechtspflegers, Gebote abzugeben, kein Gebot mehr abgegeben wird, muß der Schluß der Versteigerung vom Rechtspfleger verkündet werden (siehe auch § 73 ZVG). Die Bietstunde und damit die Versteigerung endet also nicht, im Gegensatz zu Kunstauktionen oder Mobiliar-Versteigerungen, mit dem dreimaligen Aufruf des letzten Gebots, sondern erst mit der → Verkündung des Schlusses der Versteigerung. Allerdings liegen zwischen dem dritten Aufruf des letzten Gebots und der Verkündung des Schlusses der Versteigerung nur Sekunden. Ob der taktische Schachzug des „Bietens in letzter Sekunde" besonderen Erfolg verspricht, ist zumindest zweifelhaft.

Sicherheitsleistung

Jeder Bieter muß im → Versteigerungstermin nach Abgabe seines → Gebotes auf Verlangen eines → Beteiligten Sicherheit in Höhe von 10 Prozent des → Bargebots leisten. Wenn die aus dem → Versteigerungserlös zu entnehmenden Verfahrenskosten höher sind als 10 Prozent des Bargebots, ist Sicherheit in Höhe dieses Betrages zu leisten. Zugelassen als Sicherheitsleistung sind laut § 69 ZVG folgende Mittel: Bargeld, → bestätigte LZB- Schecks, → Bürgschaft nach § 239 BGB, inländische Wertpapiere, wenn sie auf den Inhaber lauten und einen Kurswert haben, wobei Orderpapiere, die mit Blankoindossament versehen sind, den Inhaberpapieren gleichgestellt sind (kommt so gut wie nie vor, da diese Papiere meist bei der Bank deponiert sind).

Sicherungshypothek

Wenn die Forderung gegen den → Ersteher auf die → Berechtigten übertragen werden muß, weil das → Bargebot im → Verteilungstermin nicht bezahlt wurde, muß für die übertragene Forderung eine → Sicherungshypothek im Grundbuch eingetragen werden (siehe auch §§ 118 Abs. 1 und 128 Abs. 1 ZVG). Die Eintragung der Sicherungshypothek ist eine Zwangsmaßnahme, aber keine Vollstreckungemaßnahme, gegen den Ersteher. Der Anspruch aus der Sicherungshypothek ist nach der Ausführung des → Teilungsplans vollstreckbar, eine → Wiederversteigerung kann gemäß § 133 ZVG gegen den Ersteher auch ohne Zustellung des → Vollstreckungstitels oder der Vollstreckungsklausel erfolgen, und zwar auch dann, wenn der Ersteher noch nicht als Eigentümer in das Grundbuch eingetragen ist. Sicherungshypotheken können auch vor dem → Versteigerungstermin zugunsten bestimmter Gläubiger (zum Beispiel Finanzamt) im Grundbuch eingetragen sein.

Sieben-Zehntel-Grenze (7/10-Grenze)

Die 7/10-Grenze dient in erster Linie dem Gläubigerschutz und soll einen zu großen Ausfall bei bestimmten Gläubigern verhindern. Sie besagt gemäß 74a Abs. 1 ZVG, daß im → Ersttermin der → Zuschlag auf ein → Meistgebot einschließlich → bestehenbleibender Rechte, das über 5/10 und unter 7/10 des vom Gericht festgesetzten → Verkehrswertes liegt, auf Antrag eines bestimmten Gläubigers (nämlich des Gläubigers, dessen Anspruch im Bereich von 7/10 des Verkehrswertes liegt, da er aus der Differenz zwischen einem fiktiven Gebot in Höhe der 7/10-Grenze und dem tatsächlichen Meistgebot eine Zahlung erhalten würde) versagt wird. Antragsberechtigt sind demnach nicht die Gläubiger, die durch das abgegebene Meistgebot bereits voll befriedigt würden oder bei einem Gebot in Höhe der 7/10-Grenze noch nichts oder nicht mehr erhalten würden. Der 7/10-Antrag kann im gesamten Verfahren nur einmal gestellt werden, dies muß allerdings nicht im - zeitlich gesehen - ersten Versteigerungstermin geschehen. Es gilt für den Antrag also der Grundsatz der Einmaligkeit, aber nicht der Erstmaligkeit. Der Antrag ist abzulehnen, wenn der betreibende Gläubiger widerspricht und glaubhaft macht, daß ihm durch die → Versagung des Zuschlags ein unverhältnismäßiger Nachteil erwachsen würde. Außerdem findet § 74a ZVG keine Anwendung, wenn der Meistbietende ein → Berechtigter im Sinne des § 74b ZVG ist. Im Zweittermin gelten weder die 7/10- noch die 5/10-Grenze.

Steigpreis
Der Steigpreis (ein Begriff, der von Rechtspflegern und Gläubigerbanken verwandt wird, obwohl er nicht im Zwangsversteigerungsgesetz auftaucht) ist der tatsächliche Erwerbspreis für den → Ersteher und kann verstanden werden als ~ Kaufpreis für ein ersteigertes Objekt. Der Steigpreis setzt sich zusammen aus dem → Meistgebot, eventuell → bestehenbleibenden Rechten und eventuellen → Zahlungen außerhalb der Versteigerung. Meistgebot und bestehenbleibende Rechte zusammen sind Grundlage zur Berechnung der 3,5prozentigen Grunderwerbsteuer und der → Zuschlagskosten, während die Zahlungen außerhalb der Versteigerung zwar grunderwerbsteuer-, aber nicht zuschlagsgebührenpflichtig sind.

Teilungsmasse
Die Teilungsmasse ist die Masse, die im → Verteilungstermin festgestellt und später verteilt wird. Zur Teilungsmasse gehört insbesondere das bare → Meistgebot, außerdem die Zinsen des Bargebots, eventuelle Zuzahlungs- oder → Ersatzbeträge gemäß §§ 50 und 51 ZVG und Erlöse aus der besonderen Versteigerung oder anderweitigen Verwertung von Gegenständen (siehe § 107 Abs. 1 ZVG).

Teilungsplan
Gemäß §113 Abs. 1 ZVG wird im → Verteilungstermin ein Teilungsplan aufgestellt, der unter anderem die Teilungsmasse, die → bestehenbleibenden Rechte, die Schuldenmasse und die Zuteilung der Teilungsmasse auf die Ansprüche enthält.

Teilungsversteigerung
Die Teilungsversteigerung ist eine → Zwangsversteigerung zum Zwecke der Aufhebung einer Gemeinschaft. Ihr Zweck ist nicht die Beitreibung einer Forderung, sondern die Vorbereitung einer Auseinandersetzung zwischen Ehegatten beziehungsweise Erben oder anderen Grundstücksgemeinschaften. Der → Antragsteller übernimmt die Rolle des → betreibenden Gläubigers, ein vollstreckbarer Titel (→ Vollstreckungstitel) ist nicht erforderlich. Einzelheiten sind in den §§ 180-185 ZVG geregelt (unter anderem kein Ausnahmekündigungsrecht für den Ersteher).

Übergebot
Ein Übergebot ist ein → Gebot, das über einem vorausgehenden Gebot oder Bargebot liegt und dieses zum Erlöschen bringt, vorausgesetzt, daß es zugelassen wird (§ 72 ZVG). Der Mehrbetrag ist gesetzlich nicht festgelegt, er kann also theoretisch auch 1 DM beziehungsweise 0,01 DM betragen.

Allerdings hat der Gläubiger das Recht, als ➞ abweichende Versteigerungsbedingung zu beantragen, daß Übergebote nur zulässig sind, wenn sie das vorhergehende Gebot um mindestens X DM (zum Beispiel 1.000 DM) übersteigen.

Übertragung der Forderung gegen den Ersteher
Laut § 118 Abs. I ZVG wird die Forderung gegen den ➞ Ersteher auf den Berechtigten übertragen, wenn das ➞ Bargebot im Verteilungstermin nicht gezahlt wird. Der nach dem ➞ Teilungsplan Berechtigte tritt also an die Stelle des Vollstreckungsschuldners, und der ➞ Versteigerungserlös tritt an die Stelle des Grundstücks. Der Sicherung der laut § 118 ZVG übertragenen Forderung gegen den Ersteher dient die ➞ Sicherungshypothek.

Unbedenklichkeitsbescheinigung
Der ➞ Ersteher darf nach § 22 des Grunderwerbsteuergesetzes erst dann in das Grundbuch eingetragen werden, wenn dem ➞ Vollstreckungsgericht oder dem Grundbuchamt die Unbedenklichkeitsbescheinigung des zuständigen Finanzamts vorgelegt wird, das heißt, eine Bescheinigung, daß der Eintragung steuerliche: Bedenken nicht entgegenstehen. Das Finanzamt hat die Bescheinigung zu erteilen, wenn die Grunderwerbsteuer vom Ersteher bezahlt worden ist. Der Ersteher sollte außerdem darauf achten, daß einige Banken die Vorlage der Unbedenklichkeitsbescheinigung schon vor der Auszahlung der Darlehensmittel, die ja spätestens zum ➞ Verteilungstermin bereitgestellt sein müssen, verlangen.

Unwirksame Gebote
Unwirksame Gebote liegen zum Beispiel vor, wenn der Bieter sich nicht ausweisen kann, wenn die ➞ Vertretungsmacht mangels notarieller ➞ Bietungsvollmacht nicht nachgewiesen wird oder wenn weniger als das geringste Gebot geboten wird. Nach § 71 Abs. 1 ZVG müssen unwirksame Gebote zurückgewiesen werden. Es kann auch sein, daß Gebote unwirksam sind, weil die beantragte ➞ Sicherheitsleistung nicht oder nicht ordnungsgemäß (beispielsweise bestätigter LZB-Scheck, der schon einen Tag nach dem Versteigerungstermin fällig ist) erbracht wird.

Veräußerungsverbot
Die ➞ Beschlagnahme hat gemäß §23 Abs. 1 ZVG die Wirkung eines Veräußerungsverbots, und zwar eines relativen zum Schutz des Beschlagnahmegläubigers. Eine Veräußerung des Grundstücks nach der Beschlagnahme verstößt somit gegen das Veräußerungsverbot und ist dem ➞ betreibenden Gläubiger gegenüber unwirksam, sie hat nach § 26 ZVG auf den Fortgang des Verfahrens gegen den Schuldner keinen Einfluß.

Verdeckte Vertretung
Eine verdeckte Vertretung im Sinne des § 81 Abs. 3 ZVG liegt vor, wenn der ➞ Meistbietende, der zunächst im eigenen Namen geboten hat, im Termin oder nachträglich in einer öffentlich beglaubigten Urkunde erklärt, daß er für einen anderen geboten habe. Im Gegensatz zur offenen Vertretung beziehungsweise ➞ Bietungsvollmacht bleibt der wirkliche ➞ Ersteher zunächst im Hintergrund. Das Vorschieben eines „Strohmannes“ ist also ausdrücklich erlaubt, allerdings fällt wie bei der ➞ Abtretung des Meistgebots doppelte Grunderwerbsteuer an.

Verfahrenskosten
Die Verfahrenskosten (unter anderem Gebühren für das Verfahren, für die Abhaltung des Versteigerungstermins, Bekanntmachungskosten) zählen zum bar zu zahlenden Teil des → geringsten Gebots und sind aus dem → Versteigerungserlös vorweg zu entnehmen. Sie fallen im Gegensatz zu den Zuschlagskosten nicht dem → Ersteher zur Last, da sie in jedem abgegebenen Meistgebot bereits enthalten sind und nicht zusätzlich bezahlt werden müssen.

Verhandlung über den Zuschlag
Die Verhandlung über den Zuschlag ist die dritte und letzte Phase des Versteigerungstermins. Gemäß § 74 ZVG sind die anwesenden → Beteiligten nach dem Schluß der Versteigerung über den → Zuschlag zu hören. Der Zuschlag kann sofort erteilt, er kann versagt oder auf einen besonderen Verkündungstermin vertagt werden. Wenn der sofortige Zuschlag erteilt wird (meist auf Antrag der Gläubiger), wird der → Ersteher schon am Ende des Versteigerungstermins Eigentümer des Grundstücks (→ Eigentumserwerb, → Zuschlagsbeschluß).

Verkehrswert
Der Verkehrswert ist gemäß § 74a Abs. 5 ZVG identisch mit dem Grundstückswert. Er ist der Preis, der bei einem freihändigen Verkauf des Grundstücks erzielt werden könnte. Der Verkehrswert wird vom → Vollstreckungsgericht, also vom Rechtspfleger, festgesetzt, und zwar in der Regel auf Grund eines Sachverständigengutachtens (in Baden-Württemberg ist dies sogar Pflicht). In seltenen Fällen wird der Verkehrswert erst im → Versteigerungstermin festgesetzt. Der Beschluß über die gerichtliche Festsetzung des Verkehrswertes ist mit der sofortigen → Beschwerde anfechtbar (beispielsweise durch die Gläubigerbank oder durch den Schuldner).

Verkündung des Meistgebots, Verkündung des Zuschlags
Die Verkündung des → letzten Gebots erfolgt durch dreimaligen Aufruf des Rechtspflegers. Das → Meistgebot wird ebenso verkündet wie der → Schluß der Versteigerung, wenn nach dreimaligem Aufruf des letzten Gebots und trotz der Aufforderung des Rechtspflegers, Gebote abzugeben, kein Gebot mehr abgegeben wird. Mit der Verkündung des Meistgebots und des Schlusses der Versteigerung ist die → Bietstunde beendet (siehe § 73 ZVG). Die Verkündung des → Zuschlags erfolgt am Ende des → Versteigerungstermins oder in einem besonderen → Verkündungstermin. Es handelt sich dabei um den Beschluß, durch den der Zuschlag erteilt (→ Zuschlagserteilung) oder versagt (→ Versagung des Zuschlags) wird gemäß § 87 Abs. 1 ZVG.

Verkündungstermin
Ein besonderer Verkündungstermin, der in der Regel ein bis zwei Wochen nach dem → Versteigerungstermin liegt, wird vom Rechtspfleger bestimmt, wenn der Beschluß über die → Zuschlagserteilung beziehungsweise die Zuschlagsversagung (→ Versagung des Zuschlags) nicht schon im Versteigerungstermin verkündet wird. Falls dieser Beschluß bereits im Termin verkündet wird, entfällt natürlich ein besonderer Verkündungstermin. Nach § 87 Abs. 2 ZVG ist die Bestimmung des Verkündungstermins zu verkünden und durch Anheftung an die Gerichtstafel bekanntzumachen. Die Verkündung des Zuschlags wird häufig dann ausgesetzt oder vertagt (→ Aussetzung der Verkündung), wenn dies der Gläubiger beantragt, weil ihm das Meistgebot eines Dritten im Moment noch zu niedrig erscheint oder weil er beabsichtigt, das eigene Meistgebot an einen anderen abzutreten (→ Abtretung des Meistgebots). Allerdings ist die ab und zu beobachtete Praxis, den Zuschlag für

drei bis vier Wochen aussetzen zu lassen, sicherlich nicht im Sinne des Gesetzgebers (siehe § 87 Abs. 2: „Der Verkündungstermin soll nicht über eine Woche hinaus bestimmt werden").

Versagung des Zuschlags
Der → Zuschlag kann aus verschiedenen Gründen versagt, das heißt nicht erteilt werden, zum Beispiel:
- §§ 30 und 33 ZVG: → einstweilige Einstellung auf → Bewilligung des Gläubigers
- §§ 30a und 33 ZVG: einstweilige Einstellung auf Antrag des Schuldners
- § 85a ZVG: Versagung von Amts wegen bei Nichterreichen der → 5/10-Grenze im → Ersttermin
- § 74a ZVG: Versagung auf Antrag eines berechtigten Gläubigers bei Nichterreichen der → 7/10-Grenze im Ersttermin

Versteigerungsakte
Die Versteigerungsakte (Beamte sprechen auch von Beiheft) enthält in der Regel das Gerichtsgutachten und den Grundbuchauszug. Jeder hat das Recht auf Einsichtnahme in diese Akte (→ Akteneinsicht) gemäß § 42 ZVG. Sofern der Grundbuchauszug nicht in der Versteigerungsakte liegt, kann er beim Grundbuchamt eingesehen werden. Dies gilt auch, wenn man kein berechtigtes Interesse laut § 12 GBO nachweisen kann, da § 42 ZVG ein erweitertes Einsichtsrecht gewährt.

Versteigerungsbedingungen
Es werden gesetzliche (laut ZVG) und abgeänderte beziehungsweise → abweichende Versteigerungsbedingungen (auf Antrag der → Beteiligten) unterschieden. Die Versteigerungsbedingungen werden im Bekanntmachungsteil festgelegt, sie betreffen unter anderem die Feststellung des → geringsten Gebots, die Verzinsung des → Bargebots und die → Ausgebotsformen.

Versteigerungserlös
Die von dem → Ersteher zu leistende Zahlung erfolgt gemäß § 107 Abs. 2 ZVG an das Gericht und wird damit zum Erlös aus der → Zwangsversteigerung. Im → Verteilungstermin wird dann die → Teilungsmasse laut § 107 Abs. 1 ZVG festgestellt, die, wenn man einmal von den Erlösen aus der besonderen Versteigerung oder anderweitigen Verwertung von Gegenständen absieht, rechnerisch mit der Zahlung des Erstehers (bares → Meistgebot plus Zinsen des → Bargebots) übereinstimmt. → Zahlungen außerhalb der Versteigerung müssen zwar dem Schuldner angerechnet werden, sie zählen formal aber nicht zum Versteigerungserlös beziehungsweise zur → Teilungsmasse.

Versteigerungstermin
Der Versteigerungstermin besteht aus drei Phasen:
- → Bekanntmachungsteil (§ 66 ZVG)
- → Bietstunde (§ 73 ZVG)
- → Verhandlung über den Zuschlag (§ 72 und § 74 ZVG) Die Terminbestimmung muß nach § 43 Abs. 1 ZVG mindestens sechs Wochen vor dem Versteigerungstermin in dem für Bekanntmachungen des Gerichts bestimmten Blatt (Amtsblatt des zuständigen Regierungspräsidenten) bekanntgemacht werden.

Versteigerungsvermerk
Das Grundbuchamt hat nach → Anordnung der → Zwangsversteigerung durch das Gericht einen Zwangsversteigerungsvermerk in der Zweiten Abteilung des entsprechenden Grundbuchs einzutra-

gen. Der Vermerk lautet etwa: „Die Zwangsversteigerung ist vom → Vollstreckungsgericht ... unter ... K ... angeordnet, eingetragen am ...“. Der Versteigerungsvermerk bewirkt eine relative Verfügungsbeschränkung zu Lasten des Eigentümers (zum Beispiel → Veräußerungsverbot), allerdings keine Grundbuch-Sperre.

Verteilungstermin
Im Verteilungstermin wird der → Versteigerungserlös an die Gläubiger auf Grund eines Teilungsplans verteilt. Für den → Ersteher bedeutet dies, daß er bis zum Verteilungstermin alle Zahlungen an das Gericht geleistet haben muß, nämlich → Bargebot plus 4 Prozent Zinsen minus eventuell hinterlegte Beträge (zum Beispiel → Sicherheitsleistung). Der Verteilungstermin wird gemäß § 105 Abs. 1 ZVG nach → Zuschlagserteilung vom Rechtspfleger bestimmt, er liegt in der Regel etwa sechs Wochen nach der Verkündung des Zuschlags im Versteigerungs- oder in einem besonderen → Verkündungstermin.

Vertretungsmacht
Man unterscheidet zwischen der offenen Vertretung in Form der → Bietungsvollmacht, bei der der Bevollmächtigte ein → Gebot für einen Bieter abgibt und bei der im Falle der → Zuschlagserteilung → Meistbietender und → Ersteher identisch sind (siehe auch § 71 Abs. 2 ZVG), und der → verdeckten Vertretung, bei der der Meistbietende erst später (zum Beispiel kurz vor der → Verkündung des Zuschlags) erklärt, für einen anderen, der im Fall der Zuschlagserteilung dann Ersteher wird, geboten zu haben (siehe auch § 81 Abs. 3 ZVG).

Vollstreckbare Ausfertigung von Urteilen, Gerichtsbeschlüssen und Schuldtiteln
Eine vollstreckbare Ausfertigung ist eine mit der → Vollstreckungsklausel versehene Ausfertigung eines Urteils, Gerichtsbeschlusses (zum Beispiel Zuschlagsbeschluß) oder eines Schuldtitels (Vergleich, Kostenfestsetzungsbeschluß, Vollstreckungsbescheid, notarielle Urkunde). Sie wird, sofern es sich um Urteile und gerichtliche Urkunden handelt, von dem Urkundsbeamten der Geschäftsstelle des Gerichts erteilt.

Vollstreckbarkeit der übertragenen Forderung
Nach § 132 Abs. 1 ZVG ist die Forderung gegen den → Ersteher, die vom Vollstreckungsschuldner auf den Berechtigten im Falle der Nichtzahlung des → Bargebots übertragen wird und für die eine → Sicherungshypothek im Grundbuch eingetragen wird, gegen den Ersteher und jeden späteren Eigentümer vollstreckbar. Die → Zwangsvollstreckung erfolgt auf Grund einer → vollstreckbaren Ausfertigung des → Zuschlagsbeschlusses. Sie ist nach §133 ZVG auch ohne Zustellung des → Vollstreckungstitels zulässig und kann erfolgen, auch wenn der Ersteher noch nicht als Eigentümer in das Grundbuch eingetragen ist.

Vollstreckungsgericht
Vollstreckungsgericht ist das Amtsgericht, das für die → Zwangsversteigerung beziehungsweise → Zwangsverwaltung des in seinem Bezirk gelegenen Grundstücks zuständig ist.

Vollstreckungsschutz
Der Schuldner kann sich wie folgt gegen eine Zwangsvollstreckung wehren:
- Antrag auf → einstweilige Einstellung nach § 30a Abs. 1 ZVG (nur erfolgreich, wenn Aussicht

besteht, daß durch die Einstellung die Versteigerung vermieden wird und wenn die Einstellung nach den persönlichen und wirtschaftlichen Verhältnissen des Schuldners sowie nach der Art der Schuld der Billigkeit entspricht)

- Antrag auf Aufhebung, Untersagung oder einstweilige Einstellung einer Maßnahme der Zwangsvollstreckung gemäß § 765a Abs. 1 ZPO (nur erfolgreich, wenn die Maßnahme unter voller Würdigung des Schutzbedürfnisses des Gläubigers wegen ganz besonderer Umstände eine Härte bedeutet, die mit den guten Sitten nicht vereinbar ist. Der Antrag muß, sofern er sich gegen die → Zwangsversteigerung des Grundstücks als Verfahren und nicht nur gegen die Räumung und Herausgabe richtet, spätestens vor → Verkündung des Zuschlags gestellt werden.)

Vollstreckungstitel, Vollstreckungsklausel
Der → Zuschlagsbeschluß ist Vollstreckungstitel für den → Ersteher gegen den Eigentümer auf Räumung und Herausgabe laut § 93 Abs. 1 ZVG oder für den → Berechtigten gegen den Ersteher zwecks → Wiederversteigerung des Grundstücks gemäß § 133 ZVG. Die Vollstreckungsklausel „Vorstehende Ausfertigung wird dem (Bezeichnung der Partei) zum Zwecke der Zwangsvollstreckung erteilt" wird von dem Urkundsbeamten der Geschäftsstelle des Vollstreckungsgerichts auf dem Zuschlagsbeschluß vermerkt, mit dem Gerichtssiegel versehen und unterschrieben.

Vollstreckungsvermerk → Versteigerungsvermerk

Wiederversteigerung
Die Wiederversteigerung ist eine → Zwangsversteigerung in das Grundstück gegen den Ersteher, da dieser das → Bargebot im → Verteilungstermin nicht gezahlt hat. Sie erfolgt gemäß § 132 Abs. 2 ZVG auf Grund einer → vollstreckbaren Ausfertigung des → Zuschlagsbeschlusses und ist auch ohne Zustellung des vollstreckbaren Titels oder der nach § 132 ZVG erteilten Vollstreckungsklausel zulässig. Sie gilt auch schon als möglich, wenn der → Ersteher noch nicht als Eigentümer in das Grundbuch eingetragen ist (siehe auch § 133 ZVG).

Zahlungen außerhalb der Versteigerung
Wenn die → Bietstunde mit einem → Meistgebot abschließt, das den Vorstellungen des Gläubigers nicht entspricht, kann er, sofern er bestrangig → betreibender Gläubiger ist, den Zuschlag beispielsweise durch die → Bewilligung einer → einstweiligen Einstellung verhindern oder den → Meistbietenden zu einer Zahlung oder zu einem sonstigen Zugeständnis außerhalb der Versteigerung bewegen. In der Praxis wird häufig in solchen Fällen die → Verkündung des Zuschlags für ein bis zwei Wochen ausgesetzt (→ Aussetzung der Verkündung), um in dieser Zeit Verhandlungen mit dem Meistbietenden über die Höhe der außerhalb der Versteigerung zu leistenden Zahlungen zu führen. Wird der → Zuschlag im → Verkündungstermin dann erteilt, müssen die Zahlungen außerhalb der Versteigerung dem Schuldner zugute kommen.

Zubehör
Nach § 55 Abs. 2 ZVG erstreckt sich die Versteigerung des Grundstücks auch auf Zubehörstücke, die sich im Besitze des Schuldners oder eines neu eingetragenen Eigentümers befinden, und zwar auch dann, wenn sie einem Dritten gehören. Zum Zubehör zählen nach § 97 Abs. 1 BGB bewegliche Sachen, die dem wirtschaftlichen Zweck des Grundstücks dienen, aber nicht wesentlicher Bestandteil des Gebäudes, das heißt keine zur Herstellung des Gebäudes eingefügten Sachen sind (zum Beispiel Einbauküche, Bareinrichtung im Keller).

Zuschlag
Der Zuschlag bedeutet hinsichtlich des Grundstücks den Abschluß der → Zwangsversteigerung und eventuell auch den Abschluß des Versteigerungstermins, sofern dieser mit der sofortigen → Zuschlagserteilung endet. Juristisch betrachtet, gilt der Zuschlag als ein Eigentumsübertragungsakt des öffentlichen Rechts, ähnlich einer Enteignung. Er ist also kein Vertrag, sondern eine prozessuale Entscheidung, vergleichbar mit einem Richterspruch. Mit dem Zuschlag wird der → Ersteher gleichzeitig Eigentümer des Grundstücks (→ Eigentumserwerb durch Zuschlag), es handelt sich also um einen originären (rechtsbegründenden) Erwerb durch einen konstitutiven staatlichen Hoheitsakt, nämlich den Zuschlag.

Zuschlagsbeschluß, Zustellung des Zuschlagsbeschlusses
Der Zuschlagsbeschluß ist ein Beschluß über die Erteilung des → Zuschlags. Im Zuschlagsbeschluß - einem amtlichen Formular - sind gemäß § 82 ZVG das Grundstück, der → Ersteher, das → Meistgebot und die → Versteigerungsbedingungen zu bezeichnen. Etwa eine Woche nach der → Zuschlagserteilung wird der Zuschlagsbeschluß dem Ersteher zugestellt, der den Beschluß quasi als Ausweis über sein neues Eigentum benötigt. Außerdem wird der Zuschlagsbeschluß den → Beteiligten (Gläubiger, Schuldner) zugestellt (siehe auch §88 ZVG).

Zuschlagserteilung
Der → Zuschlag kann im → Versteigerungstermin sofort oder in einem späteren → Verkündungstermin erteilt werden. Er ist nach § 81 Abs. 1 ZVG grundsätzlich dem → Meistbietenden zu erteilen, es sei denn, daß dieser das Recht aus dem Meistgebot an einen anderen abgetreten hat (→ Abtretung des Meistgebots) oder vor der → Verkündung des Zuschlags erklärt, für einen anderen geboten zu haben (→ verdeckte Vertretung). Der Zuschlag wird nicht erteilt, wenn Versagungsgründe (zum Beispiel Nichterreichen der 5/10- Grenze im Ersttermin, einstweilige Einstellung auf → Bewilligung des bestrangig → betreibenden Gläubigers) vorliegen.

Zuschlagskosten
Die Zuschlagskosten sind die Kosten des Beschlusses, durch welchen der Zuschlag erteilt wird . Sie fallen dem → Ersteher laut § 58 ZVG zur Last und werden nach dem Kostenverzeichnis des GKG (Gerichtskostengesetz) berechnet. Die Berechnung bezieht sich auf das → Meistgebot einschließlich bestehenbleibender Rechte. Die Zuschlagskosten (auch Zuschlagsgebühr genannt) betragen rund 0,5 Prozent des → Steigpreises. Ihre genaue Höhe kann der im Anhang befindlichen Gebührentabelle entnommen werden.

Zuschlagsverkündung → Verkündung des Zuschlags
Zuschlagsversagung → Versagung des Zuschlags

Zuzahlung
Unter Zuzahlung ist der → Ersatzbetrag zu verstehen, der nach § 51 Abs .1 ZVG vom Ersteher für den Fall zu zahlen ist, daß ein an sich → bestehenbleibendes Recht, das keine Grundschuld oder Hypothek ist, zum → Zeitpunkt der Verkündung des Zuschlags tatsächlich nicht besteht. Eine Zuzahlungspflicht entsteht gemäß § 50 Abs. l ZVG auch, wenn eine bei der Feststellung des → geringsten Gebots berücksichtigte Hypothek oder Grundschuld nicht mehr besteht.

Zwangsversteigerung
Die Zwangsversteigerung ist eine Form der → Zwangsvollstreckung bei Immobilien. Neben der echten Zwangsversteigerung auf Antrag der Gläubiger gibt es noch Sonderformen, nämlich die → Konkursverwalterversteigerung, die → Nachlaßversteigerung und die → Teilungsversteigerung. Zweck der Zwangsversteigerung aus der Sicht der Gläubiger ist die volle oder teilweise Befriedigung aus dem → Versteigerungserlös. Stellt der Gläubiger den Antrag auf Zwangsversteigerung eines Grundstücks, müssen die drei Voraussetzungen „Titel, Klausel, Zustellung" erfüllt sein, das heißt, er benötigt einen → Vollstreckungstitel mit Vollstreckungsklausel und Zustellungsnachweis. Bei Grundstücken sind diese Voraussetzungen in der Regel sehr einfach zu erfüllen, da der Eigentümer sich fast immer in einer notariellen Urkunde der sofortigen Zwangsvollstreckung hinsichtlich des Gläubigeranspruchs aus einer Hypothek oder einer Grundschuld unterwirft (§ 794 Abs. 1 ZPO). Gemäß §800 ZPO wird diese „Unterwerfung", falls sie gegen den jeweiligen Eigentümer des Grundstücks zulässig sein soll, in das Grundbuch eingetragen („Fünfzigtausend Deutsche Mark Grundschuld mit 18 vom Hundert Jahreszinsen für die ... Bank. Der jeweilige Eigentümer ist der sofortigen Zwangsvollstreckung unterworfen. Eingetragen unter Bezug auf die Bewilligung vom ...").

Zwangsverwaltung
Die Zwangsverwaltung ist neben der → Zwangsversteigerung und der → Sicherungshypothek eine weitere Form der → Zwangsvollstreckung bei Immobilien. Zweck der Zwangsverwaltung (§§ 146 bis 156 ZVG) ist aus der Sicht der Gläubiger die Befriedigung aus den laufenden Erträgen (Mieten, Pachten) des Grundstücks. Während also die Zwangsversteigerung ein Veräußerungsverbot bewirkt, wird dem Schuldner bei der Zwangsverwaltung die Verwaltung und Nutzung entzogen. Allerdings hat der Schuldner nach §149 Abs. 1 ZVG ein Wohnrecht. Er kann also die ihm für seinen Hausstand unentbehrlichen Räume selbst nutzen, wenn er zur Zeit der → Beschlagnahme auf dem Grundstück wohnt.

Zwangsvollstreckung
Die Zwangsvollstreckung bei Immobilien soll in erster Linie den Gläubigern die Befriedigung über den Zugriff auf die Grundstücke des Schuldners ermöglichen. Sie kann in folgenden Formen erfolgen:

- → Zwangsversteigerung (§§ 15 bis 145 ZVG im besonderen)
- → Zwangsverwaltung (§§ 146 bis 156 ZVG im besonderen)
- → Sicherungshypothek (§ 128 ZVG sowie § 867 ZPO).

Zweittermin
Von einem Zweittermin spricht man (obwohl dieser Begriff im Zwangsversteigerungsgesetz nicht existiert), wenn in einem früheren Termin (→ Ersttermin) der → Zuschlag wegen Nichterreichens der → 5/10-Grenze oder der → 7/10-Grenze versagt wurde (→ Versagung des Zuschlags). Im Zweittermin gelten weder die 5/10- noch die 7/10-Grenze, zu beachten ist aber weiterhin das → geringste Gebot als absolute Untergrenze. Da die Gläubiger allzu große Verluste vermeiden wollen und andererseits eine Verschleuderung von Grundstücken nicht stattfinden darf (Verschleuderungsgrenze liegt etwa bei 30 bis 40 Prozent des → Verkehrswertes), ist es ein Irrtum zu glauben, daß im Zweittermin regelmäßig zu Tiefstpreisen ersteigert werden kann.

5.2 Nebenkosten-Tabelle für Ersteigerer:
- Grunderwerbsteuer, Zuschlags- und Eintragungsgebühren -

Wert	GErwSt*	Zuschl.geb.**	Eintr.geb.***	Gesamt
50.000 DM	1.750 DM	327,50 DM	160,00 DM	2.237,50 DM
100.000 DM	3.500 DM	477,50 DM	260,00 DM	4.237,50 DM
150.000 DM	5.250 DM	677,50 DM	350,00 DM	6.277,50 DM
200.000 DM	7.000 DM	877,50 DM	410,00 DM	8.287,50 DM
300.000 DM	10.500 DM	1.177,50 DM	560,00 DM	12.237,50 DM
500.000 DM	17.500 DM	1.772,50 DM	860,00 DM	20.132,50 DM
1 Mio. DM	35.000 DM	2.952,50 DM	1.610,00 DM	39.562,50 DM

*) GErwSt = Grunderwerbsteuer (beträgt für Zuschlagserteilungen ab 1.1.1997 generell 3,5 Prozent des Ersteigerungspreises, also des Meistgebotes plus evtl. bestehenbleibender Rechte plus evtl. Zahlungen außerhalb der Versteigerung)

**) Zuschl.geb. = Gebühr für die Erteilung des Zuschlags (wird vom Meistgebot einschließlich bestehenbleibender Rechte berechnet, Höhe richtet sich nach dem Gerichtskostengesetz)

***) Eintr.geb. = Gebühr für die Eintragung als Eigentümer in das Grundbuch (wird vom Meistgebot einschließlich bestehenbleibender Rechte bzw. vom Verkehrswert berechnet, Höhe der Gebühr richtet sich nach der Kostenordnung)

Amtsgericht

Geschäfts-Nr.

65 a K 179/95

(Bitte bei allen Schreiben angeben)

Ort und Tag

Düsseldorf, 15.7.1996

Anschrift und Fernruf

Zwangsversteigerung

Zutreffendes ist angekreuzt ☒ bzw. ausgefüllt

Im Wege der Zwangsvollstreckung soll(en) am
(Termin mit Tag, Datum und Uhrzeit)

Donnerstag, dem 28.11.1996 um 9.30 Uhr

~~imxxxxxxxxxx~~ **im Gebäude des Amtsgerichts**

(Ort, Straße, Haus-Nr., Stockwerk, Zimmer-Nr.)

40213 Düsseldorf, Mühlenstraße 34, 1. Obergeschoß, Saal A 101

das(der)(die) im

______ Grundbuch

von Unterbilk Blatt 11902

eingetragene(n)

- ☐ Grundstück
- ☒ Wohnungseigentum
- ☐ Erbbaurecht
- ☐ Anteil
- ☐ Teileigentum
- ☐ Wohnungserbbaurecht
- ☐ Teilerbbaurecht

Bezeichnung gemäß Bestandsverzeichnis:

107,67449644/10.000 Miteigentumsanteil an dem Grundstück Gemarkung Unterbilk, Flur 7, Flurstück 381, Gebäude- und Freifläche, Bruchstr.* 9, 11, 13, 15, 13a, 15a, 15b, Suitbertusstr. 12, Größe 6.358 m², verbunden mit dem Sondereigentum an der im Aufteilungsplan Nr.70c bezeichneten Wohnung in der Bruchstr.* 9, 11, 13, 15 im Erdgeschoß gelegen nebst Keller

* Straßenbezeichnung geändert

versteigert werden.

ZV 7 Bestimmung des Versteigerungstermins (§§ 36 ff ZVG) - gen. 6. 1989 - JVA Rheinbach Preisklasse 13

Der Versteigerungsvermerk ist in das genannte Grundbuch
am

1.2.1996 eingetragen worden.

Zu diesem Zeitpunkt war(en) als Eigentümer eingetragen:

Emil Schulte*, Düsseldorf,

heute unbekannten Aufenthalts

Der Verkehrswert wurde gemäß § 74a Abs. 5 ZVG festgesetzt auf:

DM

175.000,-

☐ Im Termin am __________ ist der Zuschlag versagt worden, weil das abgegebene Meistgebot einschließlich des Kapitalwertes der nach den Versteigerungsbedingungen bestehenbleibenden Rechte

☐ die Hälfte

☐ 7/10

des Grundstückswertes nicht erreicht hat.

Ist ein Recht in dem genannten Grundbuch nicht vermerkt oder wird ein Recht später als der Versteigerungsvermerk eingetragen, so muß der Berechtigte dieses Recht spätestens im Termin vor der Aufforderung zur Abgabe von Geboten anmelden. Er muß das Recht glaubhaft machen, wenn der Gläubiger widerspricht. Das Recht wird sonst bei der Feststellung des geringsten Gebots nicht berücksichtigt und bei der Verteilung des Versteigerungserlöses dem Anspruch des Gläubigers und den übrigen Rechten nachgesetzt. Soweit die Anmeldung oder die erforderliche Glaubhaftmachung eines Rechts unterbleibt oder erst nach dem Verteilungstermin erfolgt, bleibt der Anspruch aus diesem Recht gänzlich unberücksichtigt.

Es ist zweckmäßig, schon zwei Wochen vor dem Termin eine genaue Berechnung des Anspruchs, getrennt nach Hauptbetrag, Zinsen und Kosten der Kündigung und der die Befriedigung aus dem Versteigerungsgegenstand bezweckenden Rechtsverfolgung, einzureichen und den beanspruchten Rang mitzuteilen. Der Berechtigte kann die Erklärung auch zur Niederschrift der Geschäftsstelle abgeben.

Wer ein Recht hat, das der Versteigerung des Versteigerungsgegenstandes oder des nach § 55 ZVG mithaftenden Zubehörs entgegensteht, wird aufgefordert, die Aufhebung oder einstweilige Einstellung des Verfahrens zu bewirken, bevor das Gericht den Zuschlag erteilt. Geschieht dies nicht, tritt für das Recht der Versteigerungserlös an die Stelle des versteigerten Gegenstandes.

([redacted])
Rechtspfleger

*Name des Eigentümers geändert

Geschäfts-Nr.: 65 a K 179/95
(Bitte bei allen Schreiben angeben)

AMTSGERICHT DÜSSELDORF

BESCHLUSS

In dem Verfahren zur Zwangsversteigerung des im Wohnungsgrundbuch von

Unterbilk Blatt 11902

auf den Namen der

[redacted], zuletzt wohnhaft [redacted], [redacted], heute unbekannten Aufenthaltes,

eingetragenen Wohnungseigentums,

Bezeichnung gemäß Bestandsverzeichnis:

107,67449644/10.000 Miteigentumsanteil an dem Grundstück

Gemarkung Unterbilk, Flur 7, Flurstück 381, Gebäude- und Freifläche, [redacted] 9, 11, 13, 15, 13 a, 15 a, 15 b, [redacted], Größe 6358 m^2,

verbunden mit dem Sondereigentum an der im Aufteilungsplan mit **Nr. 70 c** bezeichneten **Wohnung in der [redacted]**, 11, 13, 15 im **Erdgeschoß gelegen nebst Keller,**

blieb im Versteigerungstermin am 28. November 1996 Meistbietender

Paul Werner Siepe,
geboren am 05.06.1942,
Kopernikusstraße 19, 40699 Erkrath.

Das vorbezeichnete Versteigerungsobjekt wird daher dem Meistbietenden für den durch Zahlung zu berichtigenden Betrag von

<u>**1 4 5 . 0 0 0 , 0 0 D M**</u>

(i. B.: einhundertfünfundvierzigtausend Deutsche Mark)

unter den folgenden Bedingungen **z u g e s c h l a g e n :**

1. Es bleiben keine im Grundbuch eingetragenen Rechte bestehen.

2. Der durch Zahlung zu berichtigende Betrag des Meistgebots ist von heute an mit 4 % zu verzinsen und mit diesen Zinsen bis zum Verteilungstermin an das Gericht zu zahlen.

3. Die Kosten dieses Beschlusses fallen dem Ersteher zur Last.

4. Im übrigen gelten die gesetzlichen Versteigerungsbedingungen.

Düsseldorf, 28. November 1996
Klejewski, Rechtspfleger
A u s g e f e r t i g t

Justizangestellte
als Urkundsbeamter
der Geschäftsstelle

Amtsgericht Düsseldorf

Amtsgericht Düsseldorf · Postfach 10 11 40 ·40002 Düsseldorf

Hausadresse:
Mühlenstraße 34
40213 Düsseldorf

Herrn
Paul Werner Siepe
Kopernikusstr. 19

40699 Erkrath

Telefon
(0211) 83 06 - 0
Durchwahl:
(0211) 83 06 - 2401
Telefax (0211) 83 06 - 24 17
Datum 29.11.1996
Aktenzeichen (Bei Antwort bitte angeben)
65 a K 179/95

In dem Zwangsversteigerungsverfahren
./. Schulte*

wird mitgeteilt, daß das im Verteilungstermin zu zahlende Meistgebot sich wie folgt berechnet:

a) bares Meistgebot	145.000,-- DM
abzgl. bereits erbrachter Sicherheitsleistung	14.500,-- DM
R e s t	**130.500,-- DM**
b) 4 % Zinsen daraus für die Zeit vom 28.11.1996 bis 02.02.1997 (= 67 Tage) bei 365 Zinstagen p.a.)	958,19 DM
noch zu zahlen:	**131.458,19 DM**

Sie haben folgende Möglichkeiten der Zahlung:

a) Barzahlung im Termin
(exakter Betrag, möglichst in großen Scheinen)

b) Überweisung auf das Konto der Gerichtskasse Düsseldorf Nr. 300 015 10 bei der Landeszentralbank Düsseldorf (BLZ 300 000 00) unter Angabe des Verwendungszweckes "**Verwahrgeld**; Steigpreis im Zwangsversteigerungsverfahren gegen Schulte 65 a K179/95.

*Name des Eigentümers geändert

Die Überweisung muß aus internen buchungstechnischen Gründen mindestens 2 Wochen vor dem Verteilungstermin veranlaßt werden, da andernfalls der Zahlungseingang dem Gericht nicht rechtzeitig nachgewiesen werden kann!
Verspätete Überweisungen müssen vom Gericht als Nichtzahlungen behandelt werden!

c) Übergabe eines bestätigten Landeszentralbankschecks, dessen Vorlegungsfrist nicht vor dem vierten Werktag nach dem Verteilungstermin abläuft.

Es wird um kurzfristige Mitteilung (ggf. telefonisch - 8306/2413) gebeten, auf welche Weise die Zahlung erfolgen wird.

[redacted], Rechtspfleger

B e g l a u b i g t

Justizangestellte

Geschäftsstelle des Amtsgerichts
Geschäfts-Nr.: 65 a K 179/95

Düsseldorf, 29.11.1996
Mühlenstraße 34,
Telefon: 0211/8306-2401
Telefax: 0211/8306-2417

Beachten Sie bitte die Hinweise auf der Rückseite!

In dem Verfahren zur Zwangsversteigerung
des im Grundbuch von

Unterbilk Blatt 11902

auf den Namen der

[redacted] zuletzt wohnhaft [redacted],
[redacted], heute unbekannten Aufenthaltes

eingetragenen Wohnungseigentums, Bezeichnung gemäß Bestandsverzeichnis:
107,67449644/10.000 Miteigentumsanteil an dem Grundstück **Gemarkung Unterbilk, Flur 7, Flurstück 381, Gebäude- und Freifläche, [redacted]straße 9, 11, 13, 15, 13a, 15a, 15b, [redacted]straße 12, Größe 6358 m²**, verbunden mit dem Sondereigentum an der im Aufteilungsplan mit **Nr. 70c** bezeichneten **Wohnung in der [redacted]straße 9,11, 13, 15 im Erdgeschoß gelegen nebst Keller**

ist Termin zur Verteilung des Versteigerungserlöses bestimmt auf den

3. Februar 1997, 10.00 Uhr

vor dem **Amtsgericht 40213 Düsseldorf, Mühlenstraße 34, 3. Stockwerk, Zimmer-Nr.: A 322.**

Auf Anordnung

Justizangestellte

Nichtöffentliche Sitzung des Amtsgerichts
Düsseldorf, 03.02.1997

Geschäfts-Nr.: 65 a K 179/95

G e g e n w ä r t i g :
[redacted], Rechtspfleger

Auf Hinzuziehung eines Urkundsbeamten der Geschäftsstelle wurde verzichtet, § 159 Abs. 1 Satz 2 ZPO.

In dem Verfahren zur Zwangsversteigerung des im Grundbuch von

Unterbilk Blatt 11902

auf den Namen der

[redacted], zuletzt wohnhaft [redacted], 78345 Moos, heute unbekannten Aufenthaltes

eingetragenen Wohnungseigentums, Bezeichnung gemäß Bestandsverzeichnis:
107,67449644/10.000 Miteigentumsanteil an dem Grundstück **Gemarkung Unterbilk, Flur 7, Flurstück 381, Gebäude- und Freifläche, [redacted], 11, 13, 15, 13a, 15a, 15b, [redacted], Größe 6358 m²**, verbunden mit dem Sondereigentum an der im Aufteilungsplan mit **Nr. 70c** bezeichneten **Wohnung in der [redacted] 9,11, 13, 15 im Erdgeschoß gelegen nebst Keller**

e r s c h i e n
in dem heutigen zur Verteilung des Erlöses bestimmten Termin nach Aufruf der Sache: niemand.

Vorbemerkungen zum Teilungsplan
Das Versteigerungsobjekt wurde durch rechtskräftigen Beschluß vom 28.11.1996 an

Paul Werner Siepe, geboren am 05.06.1942,
Kopernikusstraße 19, 40699 Erkrath,

für den durch Zahlung zu berichtigenden Betrag von **145.000,-- DM zugeschlagen.**

- 2 -

Daneben sind keine im Grundbuch eingetragenen Rechte bestehengeblieben.

Der Verkehrswert des Versteigerungsobjektes wurde gem. § 74 a Abs. 5 ZVG festgesetzt auf **175.000,-- DM** (Beschluß vom 16.07.1996).

Unter Berücksichtigung des Inhalts des Grundbuches und der vorliegenden Anmeldungen wurde nachstehender

T e i l u n g s p l a n

aufgestellt,
wobei die erste Beschlagnahme des Verfahrens am **24.01.1996** der Berechnung der Ansprüche zugrundegelegt wurde und auf das Verlesen des Planes verzichetet wurde:

A) Teilungsmasse:

Die Teilungsmasse besteht aus

1. dem Bargebot von **145.000,-- DM**

2. 4 vom Hundert Zinsen
aus 130.500,-- DM
für die Zeit vom 28.11.1996
(Zuschlag) bis 02.02.1997
(Tag vor Verteilungstermin)
- 67 Tage bei
365 Zinstagen p.a. - **958,19 DM**

Sa.: 145.958,19 DM

In Höhe eines Teilbetrages von 14.500,-- DM entfällt die Verzinsung gem. § 49 Abs.3 ZVG, da der Ersteher diesen Betrag im Versteigerungstermin unter Verzicht auf die Rücknahme an das Gericht gezahlt hat.

- 3

B) Schuldenmasse:

Aus dieser Teilungsmasse sind vorweg zu decken gem. § 109 ZVG die Kosten des Verfahrens, und zwar:

a) Gebühren KV 5110, 5120 zu § 11 I GKG (Wert: 175.000,-- DM)	**1.555,-- DM**	
b) Gebühr KV 5140 aaO (Wert: 145.000,-- DM)	**677,50 DM**	
c) Auslagen KV 9002 a, 9004 9005 aaO	**1.797,33 DM**	
	Sa.:	**4.029,83 DM**

Sodann sind in nachstehender Rangfolge zu decken:

1.) Anspruch der Stadt Düsseldorf (Stadtkasse) auf Zahlung der Grundsteuer als öffentliche Last gem. § 10 I Zf. 3 ZVG, für die Zeit vom 01.07.1995 bis 31.12.1995 und 01.07.1996 bis 27.11.1996 insgesamt, **327,48 DM**

2.) Anspruch der
Sparkasse [redacted],
[redacted]
aus der durch Zuschlag erloschenen Briefgrundschuld Abt.
III Nr. 2 : Brief liegt vor.

A) Kosten der dinglichen Rechtsverfolgung, § 10 II ZVG: Zustellung des Vollstreckungstitels	**954,73 DM**
B) Nebenleistungen 16 % Jahreszinsen aus 187.960,-- DM für die Zeit vom 01.01.1993 bis 02.02.1997 (1472 Tage)	**122.967,60 DM**
C) Grundschuldkapital	**187.960,00 DM**
Gesamtanspruch **III/2** an dieser Rangstelle:	**311.882,33 DM**

Das Aufführen weiterer Ansprüche erübrigt sich wegen Unzulänglichkeit der Teilungsmasse.

C) Zuteilung:

Aus der Teilungsmasse von	**145.958,19 DM**
werden vorweg entnommen die Kosten des Verfahrens mit	**4.029,83 DM**

und zugeteilt:

a) der Gerichtskasse Düsseldorf in Höhe von **2.029,83 DM**

b) der Sparkasse [redacted] als Erstattung des geleisteten Vorschusses **2.000,00 DM.**

Sodann werden weiter zugeteilt:

1. der Stadt Düsseldorf - Stadtkasse - auf den Anspruch B 1)	**327,48 DM**
2. der Sparkasse [redacted] auf den Anspruch B 2)	**141.600,88 DM**

Hinsichtlich ihres Restanspruchs fällt die Sparkasse der Stadt Heiligenhaus ebenso aus wie die übrigen zur Befriedigung aus dem Versteigerungsobjekt Berechtigten wegen ihrer Gesamtansprüche.

D) Verhandlung über den Teilungsplan fand nicht statt, da niemand erschienen war.

E) Ausführung des Teilungsplanes:

Dem Gericht liegen Zahlungsnachrichten der Gerichtskasse in Höhe von	**131.458,19 DM**
vor.	
Hinzu kommt die geleistete Sicherheit in Höhe von	**14.500,00 DM**
Sa.:	**145.958,19 DM**

- 5 -

Damit ist der Erlös gezahlt.

Die weitere Ausführung des Teilungsplanes erfolgt durch besondere Verfügung des Versteigerungsgerichts.

([redacted])
Rechtspfleger

Beglaubigt:

Justizangestellte

Amtsgericht Düsseldorf

Unbeglaubigte — Ablichtung gefertigt am: 12. Dezember 1996

74
Amtsgericht Düsseldorf, Postfach 10 11 40, 40002 Düsseldorf
Herrn/Frau/Firma
Paul Werner Siepe
Kopernikusstr. 19

40699 Erkrath

Es wird ausdrücklich darauf hingewiesen, daß die unterstrichenen Teile der Eintragung in der nachstehenden Ablichtung in Verbindung mit den Veränderungs- und Löschungsvermerken gelöscht sind. Gleiches gilt, wenn sich über der ersten und unter der letzten Zeile je ein waagerechter Strich befindet und beide Striche durch einen von oben links nach unten rechts laufenden Schrägstrich verbunden sind.

Amtsgericht

Düsseldorf

Grundbuch von

Unterbilk

Blatt 11902

Amtsgericht Düsseldorf **Grundbuch von** Unterbilk **Blatt** 11902 **Bestandsverzeichnis** Einlegebogen 1

[redacted]nde mmer der rund- tücke	Bisherige laufende Nummer der Grundstücke	Gemarkung (Vermessungsbezirk)	Karte: Flur	Karte: Flurstück	Liegenschaftsbuch	Wirtschaftsart und Lage	Größe: ha	a	m
1	2	a	b	b	c/d	e	4		
1		107,6744 9644 /10.000 Miteigentumsanteil an dem Grundstück							
		Unterbilk	7	381		Gebäude- und Freifläche [redacted] 9,11,13,15,13a,15a,15b [redacted]		63	58
		verbunden mit dem Sondereigentum an der Wohnung in der [redacted], 11,13 und 15 im Erdgeschoß gelegen, im Aufteilungsplan mit Nr. 70 C bezeichnet **sowie 1 Kellerraum**. Das Miteigentum ist durch Einräumung der zu den anderen Miteigentumsanteilen, eingetragen in Blatt 10300 bis mit Blatt 10370 sowie Blatt 11900 bis mit Blatt 11939, gehörenden Sondereigentumsrechte beschränkt. Der Wohnungseigentümer bedarf zur Veräußerung der Zustimmung des Verwalters. Dies gilt nicht im Falle der Veräußerung an den Ehegatten, Verwandte in gerader Linie und Verwandte zweiten Grades in der Seitenlinie oder bei einer Veräußerung im Wege der Zwangsvollstreckung oder durch den Konkursverwalter oder durch Realgläubiger, die im Wege der Zwangsvollstreckung Sondereigentum erworben haben. Es sind Sondernutzungsregelungen getroffen. Im Übrigen wird wegen des Gegenstandes und des Inhalts des Sondereigentums auf die Eintragungsbewilligungen vom 28.Oktober 1981, 2.Dezember 1982 und 7.Dezember 1983 Bezug genommen. Eingetragen am 4.März 1985. Undler Janke							
zu 1		Die Sondernutzungsregelungen sind bezüglich der Einstellplätze Nr. 108 und Nr. 133 geändert. Unter Bezugnahme auf die Bewilligung vom 21.Juli 1992 eingetragen am 24.August 1992. Unterschrift Unterschrift							

Bestand und Zuschreibungen: Zur lfd. Nr. der Grundstücke		Abschreibungen: Zur lfd. Nr. der Grundstücke	
5	6	7	8
1	Der Miteigentumsanteil ist bei Anlegung dieses Blattes von Blatt 10371 hierher übertragen am 4.März 1985. Undler Janke		

Zehner 0 1 3 4 5 6 7 8 9

Hunderter 0 1 2 3 5 6 7 8 9

Tausender 0 1 2 3 4 5 6 7 8

Amtsgericht Düsseldorf **Grundbuch von** Unterbilk **Blatt**

Erste Abteilung

Einlegebogen 1 Ab I

Laufende Nummer der Eintragungen	Eigentümer	Laufende Nummer der Grundstücke im Bestandsverzeichnis	Grundlage der Eintragung
1	2	3	4
a)	[redacted], geboren am [redacted] Wuppertal,	1	Aufgrund weiterer Teilung gemäß § 3 und 8 WEG vom 7.Dezember 1983 eingetragen am 4.März 1985.
b)	[redacted], geboren am [redacted] Velbert,		
	- in Gesellschaft bürgerlichen Rechts -.		
2	Sparkasse [redacted] in [redacted]	1	Aufgrund Zuschlagbeschlusses vom 20.Oktober 1987 - Amtsgericht Düsseldorf 65 b K 85 - 123/87 - eingetragen am 13.Januar 1988.
3	[redacted], geboren am [redacted]	1	Aufgelassen am 22. Dezember 1987, eingetragen am 6. Juli 1988.

Laufende Nummer der Eintragungen	Eigentümer	Laufende Nummer der Grundstücke im Bestandsverzeichnis	Grundlage der Eintragung
1	2	3	4

Grundbuch von **Unterbilk** Blatt 11902 **Zweite Abteilung** Einlegebogen Abt. **II**

[illegible]	Laufende Nummer der betroffenen Grundstücke im Bestandsverzeichnis	Lasten und Beschränkungen
	2	3
	1	Die Zwangsversteigerung des Wohnungseigentums ist angeordnet (AZ.: 65 b K 87/87). Eingetragen am 30.März 1987. [signature] [signature]
2	1	Die Zwangsversteigerung des Wohnungseigentums ist angeordnet (Amtsgericht Düsseldorf - 65 a K 179/95). Eingetragen am 01. Februar 1996. [signature] [signature]
3	1	Die Zwangsverwaltung des Wohnungseigentums ist angeordnet (Amtsgericht Düsseldorf - 65 a L 18/96). Eingetragen am 13. März 1996. [signature] [signature]

Veränderungen		Löschungen	
Laufende Nummer der Spalte 1		Laufende Nummer der Spalte 1	
4	5	6	7
		1	Gelöscht am 13.Januar 1988. [signature] [signature]

…tsgericht Düsseldorf **Grundbuch von** Unterbilk **Blatt** 11902 **Dritte Abteilung** Einlegebogen 1 **Abt. III**

Laufende Nummer der Eintragungen	Laufende Nummer der belasteten Grundstücke im Bestandsverzeichnis	Betrag	Hypotheken, Grundschulden, Rentenschulden
1	2	3	4
1	1	4.500.000,-DM a) 3.200.000,-DM b) 1.300.000,-DM	Vier Millionen fünfhunderttausend Deutsche Mark Grundschuld mit 12 vom Hundert Jahreszinsen für die Sparkasse der [redacted]. Der jeweilige Eigentümer ist der sofortigen Zwangsvollstreckung unterworfen. Eingetragen unter Bezugnahme auf die Bewilligung vom 8.Oktober 1980 am 7.November 1980 in Blatt 10299 und über Blatt 10371 mit dem belasteten Miteigentumsanteil hierher übertragen am 4.März 1985. M i t h a f t besteht in Blatt 11900 bis mit Blatt 11939.
2	1	187.960,-DM	Einhundertsiebenundachtzigtausendneunhundertsechzig Deutsche Mark Grundschuld mit 16 vom Hundert Jahreszinsen für die Sparkasse [redacted]. Sofort vollstreckbar gemäß § 800 ZPO. Eingetragen unter Bezugnahme auf die Bewilligung vom 22. Dezember 1987 am 8. Februar 1988.
3	1	7.872,85 DM	Siebentausendachthundertzweiundsiebzig 85/100 Deutsche Mark Sicherungshypothek mit 4 % Jahreszinsen seit dem 15. November 1995 für die [redacted]. Aufgrund des Beschlusses des Amtsgerichts Düsseldorf vom 20. Dezember 1995 (290 II 35/95 WEG) und unter Bezugnahme hierauf im Wege der Zwangsvollstreckung eingetragen am 17. Juni 1996.

Veränderungen			Löschungen		
Laufende Nummer der Spalte 1	Betrag		Laufende Nummer der Spalte 1	Betrag	
5	6	7	8	9	10
1	4.500.000,-DM	Die Mithaft in Unterbilk Blatt 11924 ist erloschen. Hier vermerkt am 10.November 1986.	1 a) 1 b)	3.200.000,-DM 1.300.000,-DM	Gelöscht am 13.Januar 1988.
1b	1.300.000,-DM	Ein letztrangiger Teilbetrag von eine Million dreihunderttausend Deutsche Mark abgetreten mit den Zinsen seit dem 8.Oktober 1980 an die [redacted]. Eingetragen am 11.Mai 1987.			

Amtsgericht Düsseldorf

Herrn/Frau/Firma
Paul Werner Siepe
Kopernikusstraße 19
40699 Erkrath

Abt. 74

Mühlenstraße 34
40213 Düsseldorf

Durchwahl: (0211) 8306 - 2226

Telefax: (0211) 8306 - 2059

Unsere Geschäftsnummer:
Unterbilk 11902/13,12
(Bitte bei allen Schreiben angeben!)

Ihre Geschäftsnummer:

Datum
10.03.1997

Diese Benachrichtigung wurde automatisch erstellt und ist ohne Unterschrift gültig.
Sie enthält die nach § 55 der Grundbuchordnung vorgesehenen Angaben.
Eine vollständige Übersicht des Grundbuchinhalts können Sie als Grundbuchablichtung gegen Zahlung der Kosten erhalten.

In der ersten Abteilung des Grundbuchs von Unterbilk Blatt 11902
(Eigentümer/in: Paul Werner Siepe Kopernikusstraße 19 40699 Erkrath (neue/r); [redacted] z.Zt. unbekannten Aufenthalts (bisherige/r)) wurde folgendes eingetragen:

Laufende Nummer der Eintragung	Eigentümer	Lfd.. Nr. des Grundstücks im Bestandsverzeichnis	Grundlage der Eintragung
4	Paul Werner Siepe, geboren am 05. Juni 1942	1	Aufgrund des Zuschlagsbeschlusses des Amtsgerichts Düsseldorf vom 28. November 1996 (65 a K 179/95) eingetragen am 10. März 1997.

In der zweiten Abteilung des Grundbuchs von Unterbilk Blatt 11902
(Eigentümer/in: Paul Werner Siepe Kopernikusstraße 19 40699 Erkrath (neue/r); [redacted] z.Zt. unbekannten Aufenthalts (bisherige/r)) wurde folgendes eingetragen:

Laufende Nummer des Rechts	Text der Eintragung
2,3	Gelöscht am 10. März 1997.

In der dritten Abteilung des Grundbuchs von Unterbilk Blatt 11902
(Eigentümer/in: [redacted] z.Zt. unbekannten Aufenthalts) wurde folgendes eingetragen:

Laufende Nummer des Rechts	Betrag	Text der Eintragung
2 3	187.960,-- DM 7.872,85 DM	Gelöscht am 10. März 1997.

In der dritten Abteilung des Grundbuchs von Unterbilk Blatt 11902
(Eigentümer/in: Paul Werner Siepe Kopernikusstraße 19 40699 Erkrath) wurde folgendes eingetragen:

Laufende Nummer der Eintragung	Laufende Nummer des Grundstücks	Betrag	Text der Eintragung

✉ Nachtbriefkasten für fristgebundene Eingaben: Amts- und Landgericht, Mühlenstraße 34 (35 m rechts neben dem Eingang)
Öffentliche Verkehrsmittel Rheinbahn bis Haltestelle Heinrich-Heine-Allee:
Linien U 70 • U 74 • U 75 • U 76 • U 77 • U 78 • U 79 • 703 •706 •712 • 713 • 715 •717
Bankverbindung: Postbank Köln, Kto. 113 92 - 501, BLZ 370 100 50

Seite 2 der Eintragungsnachricht zu Unterbilk 11902/13,12

4	1	130.000,-- DM	Einhundertdreißigtausend Deutsche Mark Grundschuld für die [redacted] mit 18 % Jahreszinsen. Sofort vollstreckbar nach § 800 ZPO. Unter Bezugnahme auf die Bewilligung vom 23. Dezember 1996 (UR - Nr. 2667/96 H - Notar Reimund Hassel) eingetragen am 10. März 1997.

Ende der Eintragungsnachricht zu Unterbilk 11902/13,12

Finanzamt
Düsseldorf-Süd

Bitte Steuernummer/Geschäftszeichen
in der Antwort angeben

Finanzverwaltung NRW · Postfach 10 10 25 · 40001 Düsseldorf

Herrn
Paul Siepe
Koperikusstr. 19

40699 Erkrath

Wir haben gleitende Arbeitszeit.
Ihren zuständigen Bearbeiter erreichen Sie telefonisch am besten:
Montag und Dienstag 8.30 bis 15.00 Uhr
und Mittwoch bis Freitag 8.30 bis 14.30 Uhr

Auskunft erteilt	
Telefon (02 11) 7 79 - 6	Zimmer

Steuernummer/Geschäftszeichen	Ihr Zeichen und Tag	Datum
106/8356/8239		07.01.1997

Grunderwerbsteuerbescheid

1. Sachverhalt

Durch Meistgebot vom 28.11.1996
Geschäfts-Nr.:65 a K 179/95 des Amtsgericht Düsseldorf
haben Sie den in diesem Vertrag näher bezeichneten Grundbesitz
zu 1/1 Anteil erworben.

2. Besteuerungsgrundlagen

Meistgebot	DM	145000,-
Wert der steuerpflichtigen Gegenleistung	DM	145000,-

3. Steuerfestsetzung und -berechnung

Aufgrund der §§ 1,9,11 Grunderwerbsteuergesetz
(GrEStG) wird die Grunderwerbsteuer hierdurch fest-
gesetzt auf 2 v.H. der steuerpflichtigen Gegenleistung

DM 2.900,-
===========

4. Zahlungsaufforderung

Bitte zahlen Sie den festgesetzten Betrag spätestens bis zum 10.02.1997.

Öffentl. Verkehrsmittel
Linien 706 und 715
Haltep.: Kruppstraße
S-Bahn S 6 u. S 7
Haltep.: Volksgarten

Dienstgebäude
Kruppstraße 110 - 112
40227 Düsseldorf

Telefon
(02 11) 7 79 - 9
Telefax
(02 11) 7 79 68 19

Sprechstunden
montags bis freitags
8.30 bis 12.00 Uhr
dienstags
13.30 bis 15.00 Uhr

Konten
Landeszentralbank Düsseldorf
Konto 300 01 502 BLZ 300 000 00
Stadtsparkasse Düsseldorf
Konto 10 125 003 BLZ 300 501 10

(03.96)

Gerichtskasse Düsseldorf

40227 Düsseldorf,
Willi-Becker-Allee 8
Fernruf: (0211) 7707-0

Schalterstunden	LZB Düsseldorf	
Montag - Freitag	Kontonummer :	30001511
von 8.30 - 12.30 Uhr	Bankleitzahl:	30000000

Kassenzeichen
1181549 212 2
Bei Zahlung unbedingt angeben!

Gerichtskasse, Postf.101140, 40002 Düsseldorf
Herrn/Frau/Firma/Büro
Paul Werner Siepe
eilig Kopernikusstr. 19
40699 Erkrath

RECHNUNG

Bitte beachten Sie auch die wichtigen Hinweise auf der Rückseite.

Sie erhalten diese Rechnung für den Zahlungspflichtigen. Veranlassen Sie bitte die Zahlung.

Ihr Geschäftszeichen

Bezeichnung der Sache
Zwangsversteigerungssache ./. [redacted]

Geschäftsnummer
65 a K 179/95

Gericht
Amtsgericht Düsseldorf

Rechnungsbetrag
677,50 DM gemäß nachstehender Berechnung

Interne Vermerke:
ZA II.-Sch.-Hftg. besteht

Lfd. Nr.	Gegenstand des Kostenansatzes und Hinweis auf die angewendete Vorschrift	Wert des Gegenstandes DM	Es sind zu zahlen DM
1	Gebühr f. d. Erteilung des Zuschlags KV 5130, § 29 GKG	145.000,--	677,50

Rechnungsreinschrift für Formularlesung Kost 3 1.03.94

Sie werden gebeten, binnen 2 Wochen den Rechnungsbetrag in Höhe von DM 677,50 **auf das oben bezeichnete Konto der Gerichtskasse unter Angabe des Kassenzeichens zu zahlen bzw. rechtzeitig die Zahlung zu veranlassen.**

Wichtige Hinweise auf der Rückseite

(GGRZ 31.10.95)

Gerichtskasse Düsseldorf

40227 Düsseldorf,
Willi-Becker-Allee 8
Fernruf: (0211) 7707-0

Schalterstunden
Montag - Freitag
von 8.30 - 12.30 Uhr

LZB Düsseldorf
Kontonummer : 30001511
Bankleitzahl: 30000000

Gerichtskasse, Postf.101140, 40002 Düsseldorf
Herrn/Frau/Firma/Büro
Paul Werner Siepe

Kopernikusstraße 19

40699 Erkrath

Kassenzeichen
1314564 212 2
Bei Zahlung unbedingt angeben!

RECHNUNG
Bitte beachten Sie auch die wichtigen Hinweise auf der Rückseite.

Sie erhalten diese Rechnung für den Zahlungspflichtigen.
Veranlassen Sie bitte die Zahlung.

Ihr Geschäftszeichen

Bezeichnung der Sache
Grundbuchsache Siepe

Geschäftsnummer
Unterbilk 11902/12

Gericht
Amtsgericht Düsseldorf

Rechnungsbetrag
795,50 DM gemäß nachstehender Berechnung

Interne Vermerke:
ZA X Il.-Sch.-Hftg. besteht

Lfd. Nr.	Gegenstand des Kostenansatzes und Hinweis auf die angewendete Vorschrift	Wert des Gegenstandes DM	Es sind zu zahlen DM
	Zitierte Paragraphen sind solche der Kostenordnung, soweit nicht anders angegeben. Der Gebührenbetrag ergibt sich aus der Tabelle zu § 32 Kostenordnung.		
1	Eintragung Eigentumsveränderung §§ 60 I,20I,19	145.000,00	350,00
2	Eintragung Grundpfandrecht §§ 62,23II	130.000,00	320,00
3	Brief Erteilung §§ 71I,23II	130.000,00	80,00
4	Brief Vordruck § 20 S.1 KostVfg		0,50
5	Beglaubigte Grundbuchablichtung(en) § 73I Z. 2,III,IV		35,00
6	Auslagen Einschreiben gegen Rückschein § 137 Nr.2		10,00

Rechnungsreinschrift für Formularlesung Kost 3 F1/03 94

Sie werden gebeten, binnen 2 Wochen den Rechnungsbetrag in Höhe von DM 795,50 **auf das oben bezeichnete Konto der Gerichtskasse unter Angabe des Kassenzeichens zu zahlen bzw. rechtzeitig die Zahlung zu veranlassen.**

(GGRZ: 14.10.96)

Wichtige Hinweise auf der Rückseite!

Literaturverzeichnis

Fachbücher zur Zwangsversteigerung von Immobilien

Drischler, Karl, Gesetz über die Zwangsversteigerung und die Zwangsverwaltung, Carl Heymanns Verlag, Köln (Textausgabe des ZVG mit erläuternden Hinweisen, insbesondere für Juristen)

Storz, Karl A., Praxis des Zwangsversteigerungsverfahrens, Leitfaden für Gläubiger, Schuldner und Rechtspfleger, Verlag C.H. Beck, München (besonders aus Sicht der Gläubigerbanken)

Zeller, Friedrich, Zwangsversteigerungsgesetz, Kommentar zum ZVG, Verlag C.H. Beck, München (Pflichtlektüre für Rechtspfleger)

Ratgeber zu Kauf, Finanzierung und Besteuerung von Immobilien

Siepe, Werner, Leitfaden für Käufer von Häusern und Eigentumswohnungen, Siepe Verlag, Erkrath

Siepe, Werner, So finanzieren Sie Ihr Eigenheim richtig, Siepe Verlag, Erkrath

Siepe, Werner, Richtig Steuern sparen mit Haus und Wohnung, Siepe Verlag, Erkrath

Stichwortverzeichnis

A

B